本书受国家自然科学基金青年项目“垄断势力的福利损失及产业政策优化研究：基于生产网络结构一般均衡模型方法”（项目批准号：72103013）的资助。

互联网对中国旅游业的影响研究

RESEARCH ON THE IMPACT OF THE INTERNET ON CHINA'S TOURISM INDUSTRY

王欠欠◎著

经济管理出版社
ECONOMY & MANAGEMENT PUBLISHING HOUSE

图书在版编目（CIP）数据

互联网对中国旅游业的影响研究/王欠欠著．—北京：经济管理出版社，2024.4
ISBN 978-7-5096-9580-7

Ⅰ.①互… Ⅱ.①王… Ⅲ.①互联网络—影响—旅游业发展—研究—中国 Ⅳ.①F592.3-39

中国国家版本馆 CIP 数据核字(2024)第 026831 号

责任编辑：申桂萍
助理编辑：张　艺
责任印制：许　艳
责任校对：张晓燕

出版发行：经济管理出版社
（北京市海淀区北蜂窝 8 号中雅大厦 A 座 11 层　100038）
网　　址：www. E-mp. com. cn
电　　话：(010) 51915602
印　　刷：北京晨旭印刷厂
经　　销：新华书店
开　　本：720mm×1000mm/16
印　　张：13.25
字　　数：268 千字
版　　次：2024 年 4 月第 1 版　　2024 年 4 月第 1 次印刷
书　　号：ISBN 978-7-5096-9580-7
定　　价：78.00 元

联系地址：北京市海淀区北蜂窝 8 号中雅大厦 11 层
电话：(010) 68022974　　邮编：100038

前　言

互联网的出现打破了传统的基于理解和信任的面对面的信息传递模式。依托信息技术等连接性服务的互联网可以使生产和技术“分离”活动在全球范围内迅速交互共享与调整，促进生产要素有效配置，充分发挥各国生产要素成本优势。信息传输、商务、交通运输等服务业加速全球生产分工，为双边旅游贸易发展带来了更多的机会和挑战。未来旅游业消费、服务和产业链的全球化拓展是我国旅游贸易高质量发展的关键。因此，从全球价值链（Global Value Chain，GVC）视角对我国旅游贸易进行重新评估具有重要理论和现实意义。目前，我国互联网经济正处于“消费互联网时代”的关键时期，在释放潜在消费活力、激发市场主体活力和带动区域经济均衡发展方面发挥着不可替代的作用。旅游业作为信息密集型产业，依托互联网重塑了自身发展形态，成为“互联网+”新业态的典型代表。尤其是互联网为旅游业发展提供了新的空间，成为旅游产业创新发展和效率提升的催化剂，助力我国旅游业转型升级。随着宏观经济环境的不断变化，我国旅游业正经历从粗放向集约、从旅游大国向旅游强国、从模仿向创新的历史性转变。在这些转变过程中，互联网发挥的作用是本书重点关注的问题。

基于互联网经济已经成为新的经济形态、中国旅游业发展增速放缓、中国旅游业发展进入高质量发展的新阶段，笔者提出互联网与双边旅游贸易同步增长存在怎样的内在联系、互联网如何影响全球价值链视角下中国旅游贸易的发展、互联网在中国旅游业技术进步中扮演何种角色三个问题作为本书的基本问题，并进行一系列的相关问题研究。本书的主要内容包括：①从传统的总量贸易视角论证了互联网对双边旅游贸易的影响，并对地区异质性等相关问题进行了细化分析。②基于全球价值链视角考察了互联网与中国旅游贸易的相关性。③从地区互联网发展与旅游业技术进步两个视角，完成了对我国31个省份（不包含港澳台地区）互联网发展指标体系构建和旅游业全要素生产率的测算，进一步实证检验了互联网对旅游业全要素生产率的影响水平和门槛效应，并对区域差异性问题进行了研究。

本书通过对互联网与旅游产业核心问题和相关问题的研究，得到以下结论：

①近年来，各地互联网发展的宏观环境不断改善，互联网基础设施普及率和应用水平得到了较大提升，但不同省际和区域之间的发展差异仍然存在，并且逐渐成为影响资源配置和经济均衡发展的重要因素；2006~2016年，中国旅游业全要素生产率有了较大增长，但是地区差异仍较为明显，造成这种现状的原因更多的在于各省旅游业技术进步程度存在明显差异。②从传统贸易角度来看，互联网对双边旅游的发展具有显著的正向促进作用。互联网对国际贸易的促进作用存在明显的行业异质性，相较于商品贸易和其他细分服务行业，双边旅游贸易的发展对信息获取具有更高的依赖性，受到互联网的影响更大。互联网对发展程度越高地区的双边旅游促进作用越大，具有一定的经济黏性。③相对于按照传统的贸易总值方法计算贸易逆差，全球价值链分析框架下的旅游贸易逆差缩减了10%~30%。旅游业处于全球价值链的中下游，更多是以为其他国家提供最终品出口的形式参与到全球价值链中。旅游业在全球价值链中的位置和参与度在我国出口部门中位于中下游。从全球价值链视角下考察互联网与中国旅游贸易的相关性，初步判断互联网对旅游贸易总量的影响是线性相关的，对旅游业竞争力和技术提升的影响可能存在非线性相关。④对于旅游技术进步来说，互联网对旅游业全要素生产率存在门槛效应。当互联网发展到一定水平时，会对旅游业全要素生产率产生显著的促进作用，门槛效应开始显现。但是，互联网发展的网络效应并非无限的，当互联网发展超过一定水平时，互联网发展对旅游业全要素生产率增长的作用会呈现递减趋势。

本书的研究创新主要体现在以下三个方面：①量化互联网发展对双边旅游贸易的影响程度。本书使用一致的双边旅游贸易数据和更为科学的互联网测度指标，定量分析了互联网对双边旅游贸易的影响，且研究视角和研究方法新颖。②在全球价值链视角下探讨互联网对中国旅游贸易的影响。将基于全球价值链核算货物贸易增加值的方法延伸到旅游贸易领域，对旅游贸易的增加值进行了测算，并进一步考察互联网对中国旅游业增加值出口、中国旅游业的“GVC参与度指数”和“GVC地位指数”的影响。③考察互联网发展对我国旅游业全要素生产率的门槛效应。本书选取互联网与旅游业全要素生产率的研究视角，从理论和实证方面回答了互联网发展对旅游业全要素生产率产生作用的“门槛效应”。

本书的研究意义在于系统、全面地分析了互联网对我国旅游业的影响并进行了实证研究，本书定义了我国旅游业全球价值链参与度指数（TGVCPA）和位置指数（TGVCPO）并对其进行了测算，从全球价值链视角分析了我国旅游业出口在国际贸易中的地位及竞争力。为进一步通过“互联网+”推动旅游业技术进步提供理论支撑，同时尝试将旅游业与其他部门放在全球价值链的框架下进行比较研究，为后续研究旅游业国际竞争力和地位提供了借鉴和参考。

目　录

第一章　绪论

第一节　研究背景

一、互联网经济成为中国新经济形态

我国经济发展进入了以创新性知识、创意产业为主导的“新经济时代”，正处于实现“更高质量、更有效率、更加公平、更可持续、更为安全的发展”的关键时期，如何通过新技术、新业态、新模式提升经济质量和效率成为重要的研究课题。当下企业生产活动对信息通信技术高度依赖，并且经济活动产生的价值有很大一部分来自信息产品的生产与分销。依托信息通信技术的互联网在现代社会中起着至关重要的作用，极大地促进了经济增长。互联网所处的信息技术产业本身是重要的生产部门，而且用于数据处理和传输的高科技产品与技术是制造业和服务业相关生产部门的重要生产投入。近年来，互联网被称作中国经济提质增效、转型升级的“新引擎”，以互联网经济为重要组成部分与关键驱动要素的中国信息经济对 GDP 的贡献率已逐步接近并赶超部分发达国家。2017 年 12 月 8 日，习近平总书记明确要求“实施国家大数据战略，加快建设数字中国”。尽管完全竞争的市场在现实世界中是不存在的，但是互联网的出现使市场变得更加接近于完全竞争的范式。我国互联网经济在带动区域经济均衡发展、促进传统产业转型和产业结构升级、提高全要素生产率、增强经济创新力和竞争力等方面发挥着不可替代的作用。通过厘清互联网发展背后的驱动力，探究互联网对经济发展的影响机制和传导机制，对我国经济发展具有重要意义。

互联网通过优化生产要素、更新业务体系、重构商业模式等途径来促成旅游业转型升级，二者发展息息相关。旅游业作为信息密集型经济活动，依托互联网

重塑了自身发展形态，成为“互联网+”新业态的典型代表。近年来，中国旅游业对全球经济的贡献不断提升，中国出境旅游人数和旅游消费均居世界第一。中国在市场规模、移动通信领域、硬件基础设施、大数据等方面具有天然优势，推动互联网与旅游业深度融合是推动我国旅游业技术进步的重要途径，如何进一步在旅游业结构调整和资源配置中充分发挥互联网的溢出效应是当下的重要议题。改革开放四十多年，我国旅游业改革“再出发”，对互联网与旅游业发展进行理论分析和经验总结具有重要意义。

二、中国旅游业发展增速放缓

改革开放四十多年来，我国的旅游业从入境旅游起步，到如今进入国内、出境和入境旅游三者并进的阶段。到 2017 年，我国旅游业综合贡献为 8.77 万亿元，占国民经济综合贡献的 11.04%，旅游直接和间接就业人数达 8000 万，对社会就业综合贡献达 10.28%①。我国已经成为全球重要的入境旅游市场、全球最大的出境旅游市场和最大的国内旅游市场。联合国世界旅游组织多年来对中国旅游发展的测算显示，2017 年我国旅游产业对国民经济综合贡献和社会就业综合贡献高于世界平均水平②。随着我国经济高速发展，旅游业已经在快速增长的道路上飞驰了 10 余年，我国的旅游业增速基本保持在 10%左右，与经济发展速度基本匹配。但是，自 2018 年中美贸易战以来，中国经济开始出现增速放缓等问题，这必然对旅游业造成较大影响。2017 年前旅游总人次与每人每次平均消费均呈现大幅增长的局面，但是自 2018 年以来经济总体增速放缓，引发旅游人数增速放缓和旅游人均消费下降的趋势（见图 1-1、图 1-2）。虽然旅游消费和投资继续保持增长趋势，但已经出现旅游业发展增速放缓迹象③（见图 1-3）。

旅游业增速放缓一方面会对景区、酒店和旅行社等旅游企业的利润造成冲击，另一方面也给旅游业发展带来了转型升级并进而走向高质量发展的时代机遇。2019 年 3 月 5 日，《政府工作报告》提出要发展壮大旅游业。“发展壮大旅游业”不仅是新增旅游景点景区、新建旅游项目等数量增长、规模扩张和要素投入，更重要的是注重旅游业质量提升、结构优化和创新驱动。互联网时代的消费习惯也给中国旅游业发展带来新的启发，把握市场、精准营销成为旅游企业发展的必备技能，这也是区域旅游业发展的必经之路。中国旅游业进入增速放缓阶

① 以习近平新时代中国特色社会主义思想为指导　奋力迈向我国优质旅游发展新时代——2018 年全国旅游工作报告［EB/OL］.（2018-01-09）. https：www. sohu. com/a/215566954. 100007805.

② 联合国世界旅游组织对中国旅游发展的测算。

③ 文化和旅游部发布 2018 年上半年旅游经济主要数据报告。

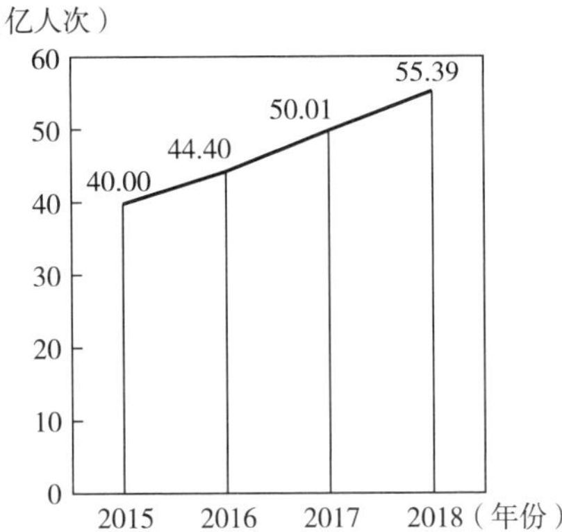

图 1-1　旅游总人次变化趋势

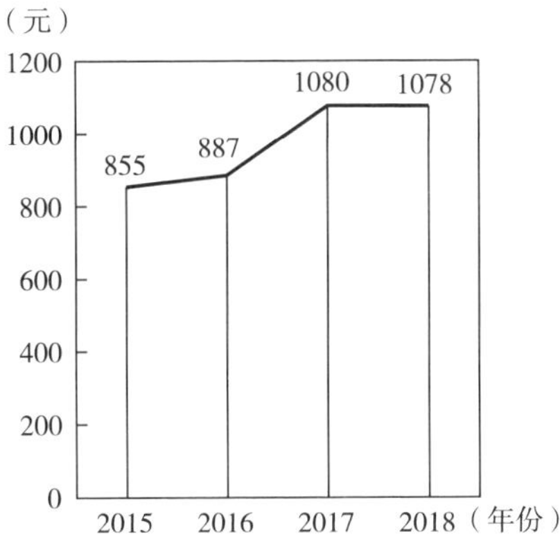

图 1-2　人均次旅游消费变化趋势

图 1-3　旅游业总收入变化趋势

段，重新对旅游业未来发展方向和路径进行思考对实现“发展壮大旅游业”的预期目标至关重要。

三、中国旅游业进入高质量发展新阶段

服务业高质量发展是中国经济新常态背景下的重要战略选择。服务业在扩大内需、促进消费方面具有重要使命，是保证社会和谐和转变经济发展方式的重要途径。旅游业作为服务业最大的分支，是推动我国服务业高质量崛起的重要领域。旅游业是市场化程度较高的产业，有利于更好地推动一二三产业融合发展，改善产品和服务供给，释放潜在消费活力，在激发市场主体活力和带动区域经济均衡发展方面发挥着不可替代的作用。因此，旅游业毋庸置疑将是实现服务业高质量发展的“重要高地”。2014 年，国务院发布的《关于促进旅游业改革发展的若干意见》明确指出，旅游开发需从粗放型向集约型转变，注重推动旅游业技术进步和提高旅游业效率。作为“五大幸福产业”之首的旅游产业的社会效益进一步释放，2017 年，我国人均出游已达 3. 7 次，旅游成为衡量现代生活水平的重要指标，成为人民幸福生活的刚需①。每年近 50 亿人次的旅游市场，成为传承中华文化、弘扬社会主义核心价值观、提升国民素质、促进社会进步的重要渠道。然而，当前旅游业发展存在着一种倾向：只注重量的增长而忽略质的提升。旅游产业改革创新步伐迟缓，依然热衷于走规模扩张、要素投入的老路，即新增旅游景点景区、新建旅游项目、好产品供给不足、中低端产品供给过剩、服务水平参差不齐、市场秩序混乱。

我国旅游业在高速增长阶段，旅游规模、市场化发展、行业管理空间、国际影响力都得到了极大提升。目前随着宏观经济环境的变化，为适应新一轮技术革命和经济、消费环境的新变化，契合旅游市场需求的高品质、多元化、个性化等新需求，中国旅游产业亟须转变发展方式，走集约、创新、大众、全域、休闲娱乐等深层次的发展道路。要在优质的旅游产品和服务、优化的产业素质和环境、优良的产业绩效与机制、优秀的发展理念和制度上踏石有印、抓铁留痕。旅游业发展需要跳出长期以来单纯对规模总量的偏好，以全新的视角协调旅游业发展与地区经济增长之间的关系对中国旅游业实现高质量发展具有重要的政策指导意义。

四、互联网时代重塑旅游产业新生态

近年来，全球旅游产业迅速崛起，成为拉动经济和社会发展的支柱产业，

---

① 以习近平新时代中国特色社会主义思想为指导　奋力迈向我国优质旅游发展新时代——2018 年全国旅游工作报告［EB/OL］.（2018-01-09）. https：//www. sohu. com/a/215566954. 100007805.

而这些翻天覆地的变化与信息技术的快速发展、与产业升级过程中的持续创新密切相关。国务院印发的《关于加快发展旅游业的意见》《“十三五”旅游业发展规划》，进一步坚定了中国旅游业要走速度、结构、质量与效益统一的内涵式发展道路。自1994年4月中国正式迈入互联网时代以来，中国互联网历经三次大发展浪潮，已经彻底改变了人们的生活、消费、沟通及出行方式。近年来，以互联网为代表的信息技术促进了旅游业的变革与发展，但也对旅游业的监管、市场、消费等层面带来了诸多挑战。由互联网引发的“新经济”形态（“互联网+”、大数据、人工智能等）逐步上升到战略规划和立法层面。互联网经济发展水平正在成为衡量一个地区是否具有经济发展主导权的标志。我国互联网经济正处于从把握“增量”转向挖掘“存量”的关键时期，《国务院关于积极推进“互联网+”行动的指导意见》、《国家旅游局关于实施“旅游+互联网”行动计划的通知》、党的十九大报告等从不同角度指出，要培育互联网在旅游业等中高端服务领域的新增长点和新动能。新技术在旅游业的广泛应用、新时期旅游消费形式的变化等共同推动旅游业内涵和外延的拓展。从供给角度来看，伴随着信息技术的不断突破，基于互联网的大数据可以为旅游企业提供旅游者的精准画像，预判市场趋势，互联网数据价值成为驱动旅游产业的核心力量。从需求角度来看，网络技术的不断创新，机器人、在线VR选房、人脸识别Check-in等新技术越来越多地在旅游业中应用，使包括旅游目的地搜寻、支付手段等在内的各种消费支撑技术得到了充分的发展。总的来说，互联网时代新型消费模式的出现倒逼旅游企业通过互联网将产品前移渗透到旅游者选择的决策阶段。

互联网的无国界优势，正在引发世界贸易形态的一场深刻变革，主导着新一代贸易体系利益格局的演化形成，并影响着与之配套的全球消费体系、全球生产体系、全球支付体系和全球物流体系的转型与发展，成为推动全球经济体系变革的新动力。互联网与旅游业融合发展催生了许多新业态、新模式，而相关法律法规和市场监管具有一定滞后性，“互联网+旅游”的多头管理，集中式、运动式整顿，无法适应新的市场治理需要，不利于旅游业的健康发展。要把握互联网对旅游业生态系统的影响，必须厘清互联网与旅游业两个关键要素：一是影响互联网发展的关键力量；二是旅游业系统内部的发展和投入产出机制。作为推动中国旅游产业发展、技术进步的重要保障，探究互联网在旅游业的发展中应“做什么”和“怎样做”，显得尤为重要。

五、理论研究紧跟实践发展的需要

互联网经济发展打破了传统经济概念下的资源重组与配置，极大增强了信息的透明度、降低了交易成本，重塑了旅游产业发展形态，提升了行业效率，正在成为衡量一个地区是否具有经济发展主导权的标志。旅游贸易正成为国际贸易增长的重要驱动力，作为国际服务贸易中的最大组成部分，在全球价值链中发挥着越来越重要的连接作用。随着旅游产业规模的不断扩大和旅游产业地位的日益提升，要实现旅游业的高质量发展，在资本、劳动力等要素投入约束日益增强的背景下，推动旅游业增长必须依靠旅游业技术进步。国内外学者对互联网与经济增长方面进行了相当丰富的研究，国外学者侧重基于熊彼特的内生增长理论将“技术扩散”纳入经济增长分析，从技术层面探讨互联网对经济增长的影响。国内学者从不同角度选用互联网发展水平的量化指标考察其对经济增长的影响水平、作用机理及其表现形式、传导机制和区域差异。在旅游产业效率研究方面，大量国内外学者根据实际研究情况，运用现代经济学的理论和方法度量了旅游产业的效率，并给予理论解释。在互联网与旅游业方面，国外学者多从消费者行为、旅游流预测等视角考察互联网对旅游业的影响；国内学者更多基于互联网背景、“互联网+”与旅游业进行定性研究。伴随着全球生产分割不断深入及国际旅游规模不断扩大，全球价值链贸易成为研究旅游贸易无法回避的领域（Park，1992）。我国在不断提升旅游贸易在全球价值链中的地位的过程中，建设科学的旅游数据体系测量旅游贸易的参与度显得尤为重要。从全球价值链视角研究旅游贸易问题的重要性，虽然已被大家广泛认识到，但没有相关的研究成果。与国际贸易的其他行业相比，旅游贸易增加值测度的研究成果，不仅滞后于实践的发展，而且深度远远不够。在中国旅游业高质量发展的关键时期，考察互联网在中国旅游贸易发展中的作用及互联网对中国旅游业技术进步的影响机制和影响效应，对政府制定科学决策具有重要意义。

互联网已经深入旅游业发展的各个方面，明确互联网发展水平与旅游业发展之间的关系是未来中国旅游产业发展所需要解决的重要问题。但互联网与旅游业是发展中国家实现全球化的重要但迄今尚未得到充分研究的领域。在现有互联网发展、中国旅游业发展两个领域已取得一些研究成果的基础上，亟待更多理论研究将两个领域联系起来，以指导互联网与旅游业发展的实践，为提高我国旅游业发展质量提供必要的参考。

第二节　研究问题和研究意义

一、研究问题

在对研究背景进行梳理和阐述的基础上，本书确立以下研究问题：以互联网作为研究视角，量化互联网在旅游业发展中的作用；基于贸易和效率的视角，探究互联网对旅游业发展的作用渠道，从而将互联网对旅游业发展的作用从“感性”层面上升到“理性”层面，为进一步制定互联网推动旅游业高质量发展的具体政策提供理论依据。

（一）基本问题

本书研究的基本问题是互联网与双边旅游贸易同步增长存在怎样的内在联系、互联网如何影响 GVC 视角下中国旅游贸易发展、互联网在中国旅游业技术进步中扮演何种角色。

（二）相关问题

1. 如何对互联网发展水平进行量化

近年来，互联网对经济的影响越发凸显，关于互联网与经济之间的研究逐渐增多，但是对互联网发展水平的量化一直是研究难点。现有研究对互联网作用的衡量比较单一，主要以互联网基础设施水平作为量化标准。如何更加科学地衡量全球范围内跨国互联网发展水平是本书的研究重点问题之一。具体到单个国家内部不同区域之间，但是随着互联网经济发展越发成熟，相关研究也在不断深入，影响互联网发展水平的更多因素需要被考虑，如地方互联网发展政策环境、行业环境等。对于众多的影响因素，最终如何筛选、如何确定、如何进行进一步测算？都是本书需要解决的问题。同时，相关研究更多的是借鉴其他领域的理论进行论证，因此，亟须构建互联网发展的相关理论，尤其是需要在地方互联网发展水平的相关理论基础上进一步完善。

2. 如何选取旅游业发展水平指标

本书主要从贸易和效率视角探讨互联网在旅游业中的作用。旅游业发展有多种衡量指标，对于如何选取贸易角度旅游业发展量化指标和效率角度旅游业发展指标是本书要解决的重要问题。具体来说，贸易视角下旅游业发展考虑选取传统贸易核算方法下的双边旅游贸易总量指标和全球价值链框架下中国旅游贸易相关测算指标进行研究；效率视角下旅游业发展则既考虑投入要素也考虑产出要素，选取中国31个省份（不包含港澳台地区）的旅游业全要素生产率作为地方旅游业发展的代理变量进行量化。具体量化指标的选择原则、过程在后文中详细阐释。

3. 如何测算全球价值链视角下中国旅游业相关指标

在生产过程全球布局趋势下，国际贸易中的“重复计算”不断增加，一方面体现了中国旅游业参与全球生产分工的程度加深；另一方面反映出传统总值贸易流量掩盖了增加值贸易结构，简单的概念和测度方法已经难以充分地描述和解释国际贸易模式。当前迫切需要从全球价值链视角出发，对以下相关问题进行深入研究：从增加值出口的视角，如何更加准确地测算中国与伙伴国家旅游贸易差额？中国旅游业增加值出口的现状及其动态变化趋势是怎样的？中国旅游业出口在全球价值链中的地位及其比较优势如何，以及与其他入境旅游国家相比有何差异？利用最新的全球价值链核算方法对这些问题进行定量分析，可以为旅游贸易增加值核算提供一个相对科学和可比的研究框架。

4. 如何科学测算中国省际旅游业全要素生产率

对于中国省际旅游业的发展，本书想要进一步研究互联网对旅游业具体的影响机制，需要对旅游业全要素生产率进行测算。旅游业效率测算方法目前已经相对成熟，国内外学者已经对旅游景区、旅游目的地、旅游企业等旅游业利益相关者的效率进行了测度，城市、省际及国际层面的旅游业效率也得到了广泛研究。本书从效率视角考察互联网对中国省际旅游业的影响，需要进一步验证互联网对旅游业全要素生产率的具体影响机制，并实证研究互联网对旅游业全要素生产率存在的影响水平和门槛效应。因此需要基于现有研究成果，筛选投入产出指标对旅游业全要素生产率进行科学的分解测算。

二、研究意义

（一）理论意义

互联网对经济影响的研究是重要的研究领域。考虑到旅游业作为信息密集型行业，受互联网的影响更大。本书首次将旅游贸易置于全球价值链的产业环境下，剔除传统贸易中各关联部门“重复计算”的影响，更加客观地对中国旅游业在全球价值链中的地位进行判断，进而对旅游业内部关联行业自身发展和我国旅游贸易进一步开放提供理论支持，为后续在GVC视角下考察中国旅游贸易的相关研究提供重要的理论基础。此外，本书提出互联网对旅游业影响的实证研究框架：结合互联网与旅游业发展的新环境，一方面从传统贸易和全球价值链贸易视角分析了互联网与旅游贸易的影响机制，测算了互联网最新的双边代理变量，实证研究了互联网旅游贸易的影响，丰富了互联网与旅游贸易的理论研究；另一

方面构建了互联网量化指标体系，测算了中国31个省份的互联网发展水平，首次从效率的视角探究了互联网对中国省际旅游业的影响机制，在丰富互联网经济理论研究的同时，为传统旅游经济研究提供了新的理论视角。

（二）现实意义

本书对互联网与旅游业的研究，是基于旅游业的国际旅游业和国内旅游业的分类，考察互联网对旅游业贸易发展各方面的影响，以及中国地方互联网对旅游业的影响。本书从贸易和效率视角展开研究能从本质上更直观地反映互联网对中国旅游业发展的影响渠道和机制，对制定旅游业相关政策具有重要的现实意义。首先，在全球贸易保护主义抬头的大环境下，在全球价值链的框架下对旅游贸易进行重新测算，可以认清中国旅游贸易与全球其他国家之间的“真实”贸易差额、明确旅游业与中国其他产业部门之间的相对竞争力，为旅游贸易相关政策制定以及重点发展方向提供借鉴。其次，明确中国省际互联网发展水平和旅游业技术进步水平不均衡，全面考察互联网对旅游业全要素生产率的影响水平和门槛效应，可以为制定均衡中国各地区的互联网发展水平和提高旅游业技术进步水平的相关政策提供参考。最后，互联网经济将会是未来帮助中国经济实现跨越式发展的重要潜力领域，探索互联网发展与旅游贸易增长、旅游业技术进步的内在联系和影响机制，有利于制定更加精准的政策以应对互联网时代旅游业发展过程中的重点情况和新问题，对我国旅游业转变经济方式和转换发展动力具有重要指导意义。

第三节　研究设计

一、研究思路和内容

（一）研究思路

本书的研究思路主要是提出问题、分析问题、解决问题。具体来说，本书的研究对象是互联网与旅游业。

1. 提出问题

基于自身关注和研究的领域，从旅游业发展现实的角度出发，提出研究问题：互联网与旅游业发展之间存在必然联系，但目前对二者的认知只停留在感性层面，缺乏理论层面更深入的研究。同时，基于互联网经济已经成为新的经济形态、中国旅游业发展增速放缓、中国旅游业进入高质量发展的新阶段，提出互联网与双边旅游贸易同步增长有怎样的内在联系、互联网如何影响GVC视角下中国旅游贸易的发展、互联网在中国旅游业技术进步中扮演何种角色三个新问题作为本书研究的基本问题，并进行一系列的探讨。

2. 分析问题

从旅游业的结构组成来说，主要分为国际旅游业和国内旅游业。考察互联网对旅游业的影响需要从国际和国内两个层面进行。从互联网发展程度来说，不同国家互联网发展水平存在明显的差异。具体到国家，中国各省际互联网发展水平由于经济基础、产业结构、资源禀赋、战略导向等不同而表现出明显的阶梯分布特征，存在明显的地区集聚效应。通过对互联网与中国旅游业发展新进展的梳理以及对新问题的总结，确定了两个分析问题的角度：①互联网与中国旅游业发展——贸易视角。首先，从成本节约、溢出效应、异质性效应三个方面分析互联网对旅游贸易的影响机制；其次，分别从传统贸易和全球价值链贸易角度，选择研究的理论与实证模型。②互联网与中国旅游业技术进步——效率视角。首先，从动力机制、传导机制方面分析互联网对中国旅游业全要素生产率的影响；其次，选取中国 31 个省份作为研究单元，完成省际互联网与中国旅游业全要素生产率的测算；最后，基于国家内部区域范围进行互联网对旅游业全要素生产率影响水平和门槛效应的探讨。

在实证研究过程中，笔者从全球产出视角论证了互联网对双边旅游贸易旅游业发展的基本影响，并对地区异质性等相关问题进行细化分析；基于全球价值链的视角考察互联网与中国旅游贸易的相关性；从地区互联网发展与旅游业技术进步两个视角，分别完成对中国 31 个省份的互联网发展指标体系构建和旅游业全要素生产率的测算，进一步实证检验互联网对旅游业全要素生产率的影响水平和门槛效应，并对区域差异性问题进行研究。该环节是本书的主要成果输出过程，通过定量结果和可视化的图表对本书构建的理论基础进行了检验。

3. 解决问题

笔者对研究结果进行总结，并从完善互联网在旅游业发展中的作用的指标体系、互联网促进双边旅游贸易的发展、互联网促进中国旅游业 GVC 位置和参与度提升、互联网助推中国旅游业技术进步的路径选择四个方面，提出对未来互联网与旅游业发展的政策启示和应对策略（见图 1-4）。

（二）研究内容

本书的内容主要分为七章，包括绪论、文献综述、相关概念界定与理论基础、互联网对双边旅游贸易的影响研究、互联网与中国旅游业——基于全球价值链视角、互联网与中国旅游业全要素生产率：影响水平与门槛效应、结论与展望。

第一章，绪论。本章提出支撑本书的五个研究背景、确定研究的基本问题和相关问题、阐明研究的理论和现实意义、勾勒研究设计的思路脉络。

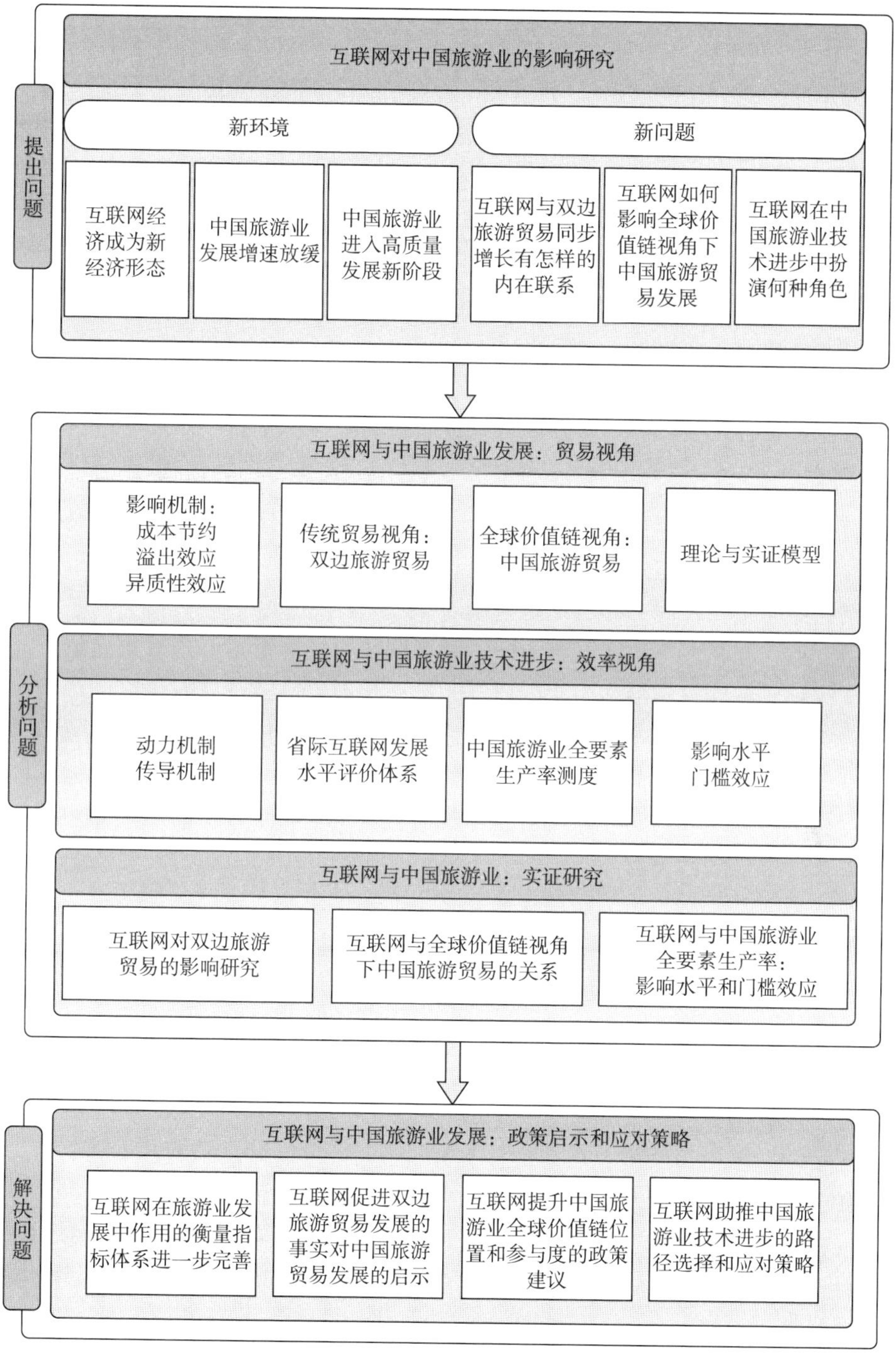

提出问题
互联网对中国旅游业的影响研究
新环境
新问题
互联网经济成为新经济形态
中国旅游业发展增速放缓
中国旅游业进入高质量发展新阶段
互联网与双边旅游贸易同步增长有怎样的内在联系
互联网如何影响全球价值链视角下中国旅游贸易发展
互联网在中国旅游业技术进步中扮演何种角色
分析问题
互联网与中国旅游业发展：贸易视角
影响机制：
成本节约
溢出效应
异质性效应
传统贸易视角：
双边旅游贸易
全球价值链视角：
中国旅游贸易
理论与实证模型
互联网与中国旅游业技术进步：效率视角
动力机制
传导机制
省际互联网发展水平评价体系
中国旅游业全要素生产率测度
影响水平
门槛效应
互联网与中国旅游业：实证研究
互联网对双边旅游贸易的影响研究
互联网与全球价值链视角下中国旅游贸易的关系
互联网与中国旅游业全要素生产率：
影响水平和门槛效应
解决问题
互联网与中国旅游业发展：政策启示和应对策略
互联网在旅游业发展中作用的衡量指标体系进一步完善
互联网促进双边旅游贸易发展的事实对中国旅游贸易发展的启示
互联网提升中国旅游业全球价值链位置和参与度的政策建议
互联网助推中国旅游业技术进步的路径选择和应对策略

图 1-4 本书的研究思路

第二章，文献综述。本章首先针对互联网与经济、互联网与旅游业、互联网与旅游贸易、互联网与旅游效率相关文献进行检索分析，了解目前互联网与旅游业研究前沿；其次基于文献检索分析的结果分别对互联网、旅游业发展的重点文献进行梳理和述评，立足现有研究基础寻找互联网与旅游业主题研究的空白点，证实现有研究对该领域基本问题和相关问题的研究不足，为本书进一步研究提供创新空间。

第三章，相关概念界定与理论基础。本章首先对本书基本研究问题涉及的核心概念"互联网发展水平""旅游业""旅游业全要素生产率"进行界定；其次梳理与本书研究相关的经济增长、信息经济、网络经济、全球投入产出、区域经济发展、旅游系统等理论基础，并阐释其在本书中的作用。

第四章，互联网对双边旅游贸易的影响研究。本章主要从传统贸易视角，着眼于全球旅游市场，讨论互联网带给全球重要客源地和目的地的影响。互联网的双向链接带来对双边市场的影响，因此选择双边网址链接数据作为互联网的代理变量，考察其双边旅游贸易的影响程度和影响差异性，为进一步从中国视角研究互联网与旅游贸易之间的影响奠定基础。

第五章，互联网与中国旅游业——基于全球价值链视角。全球价值链贸易是近几年国际贸易新兴前沿和主流的研究领域，全球价值链贸易的研究已逐步渗透到宏观经济、产业经济等诸多领域，在经济学科研究中的重要性日益突出。因此，本书对贸易的研究离不开对全球价值链的讨论，那么如何在全球价值链框架下对旅游贸易进行评价？互联网对全球价值链视角下旅游贸易的影响如何？是本章需要主要解决的问题。

第六章，互联网与中国旅游业全要素生产率：影响水平与门槛效应。互联网的发展伴随着 R&D 的高投入，因此它是技术和创新的集中领域。基于互联网的信息流动在提高经济效率中发挥着越来越重要的作用。因此，研究互联网对旅游业全要素生产率的影响是有意义和价值的。本章主要分析互联网对中国旅游业全要素生产率的影响水平，并进一步讨论互联网的门槛效应如何影响中国旅游业全要素生产率的增长。

第七章，结论与展望。本章在对本书的研究结论进行总结的基础上，进一步提出相关政策启示，以期对未来的研究和实践提供一定程度的指导。当然，本书的研究也存在很大改进空间，本章在最后指出了本书研究存在的不足，并对未来的研究方向进行展望，提出了该领域未来应重点关注的研究方向。

二、研究方法

（一）文献梳理与可视化检索分析相结合

围绕互联网与旅游业发展的研究主题，本书详细梳理现有文献中对互联网与经济、互联网与贸易、互联网与旅游、旅游业技术进步等领域的研究成果，结合知识图谱（CiteSpace）进行文献检索分析，把握相关研究领域理论演进的内在联系和机理。

（二）理论分析与实证分析相结合

理论与实证分析是进行研究最基本和核心的方法，本书以国内外互联网发展、旅游贸易与国内旅游业、旅游业技术进步以及其他相关理论为指导，通过量化中国 31 个省份旅游产业发展中互联网发展水平和旅游业技术进步程度，并对互联网发展水平和旅游业发展进行建模分析，从而实现实证研究概化，形成理论与实证研究之间的反馈互补机制。

（三）要素解构与系统重建相结合

在对相关文献进行梳理和分析的基础上，本书借鉴相关交叉学科理论，对互联网发展水平和旅游业发展的影响要素进行分解、筛选，基于全球价值链视角对中国旅游贸易进行解构和重建，构建互联网发展水平的指标体系，系统结合旅游业投入要素和产出要素测算旅游业全要素生产率。

（四）系统分析与比较分析相结合

系统分析是站在全局的角度考察问题，对比分析是对选定的研究对象进行横向和纵向对比研究。本书系统分析互联网对旅游业发展的影响，同时针对不同国家、中国 31 个省份互联网发展水平和旅游业发展进行比较分析，有助于系统全面地认识互联网发展与旅游业发展之间关系。

三、样本和数据

（一）样本选择

基于本书要解决的核心问题“互联网对双边旅游贸易发展的影响”“GVC 视角下互联网与中国旅游贸易的相关性分析”和“互联网对中国省际旅游业发展的影响水平和门槛效应”等，本书选择的样本需要集中在互联网发展水平的衡量和旅游业发展指标的选取与评价两个方面。总体来说，全球互联网发展水平不均衡，在互联网对旅游贸易的影响方面，本书选取 2000~2012 年双边年旅游贸易数据进行研究。首先主要以出入境旅游活动的国家和地区作为研究单元①，双边旅游贸易数据涵盖目的地国家和进行出入境旅游的地区；其次考虑到全球分工的大背景，基于 GVC 视角对中国旅游贸易相关指标进行重新测算，获取 2000~2014 年中国旅游贸易的相关数据。在互联网发展水平的量化方面，1994 年我国首次接入国际互联网，互联网对我国经济的影响在 2000 年前后开始凸显，2005 年集中爆发。结合互联网发展各项数据的可获得性、完整性和持续性，本书选择 2006~2016 年中国 31 个省份的互联网发展水平和旅游业发展相关指标作为样本。

（二）数据收集

数据收集主要是获取跨国互联网发展水平的量化指标、中国省际互联网发展水平各项指标与跨国旅游贸易数据、全球投入产出数据、省际旅游业发展的相关指标。跨国互联网发展水平分为宏观环境、基础设施、普及规模、应用水平四个方面，分别体现互联网发展水平对旅游业全要素生产率的间接影响和直接影响。省际层面互联网行业基础设施、普及规模数据较易获取，互联网发展省际宏观环境及互联网应用水平数据较难获取。同时为了从 GVC 视角下对中国旅游贸易进行相关测算，需要从全球投入产出数据库获取 2000~2014 年的全球投入产出表进行分解。对于省际旅游业发展的相关指标主要包含与旅游业投入要素和产出要素相关的指标，数据来源为《中国旅游业统计年鉴》（2006~2016 年）、《中国统计年鉴》（2000~2016 年）以及中经网数据库。

第四节　研究创新

考虑目前各国信息经济对 GDP 增长的贡献不断增加，互联网与旅游业领域的研究是发展壮大旅游业的重要课题。本书的研究创新主要体现在以下三个方面：

一、量化分析了互联网对双边旅游贸易的影响

在中国服务贸易一直处于逆差，旅游贸易逆差相对较大的基本背景下，考虑互联网因素有助于深化旅游贸易的研究。与现有文献相比，在旅游服务贸易的研

① 在现有统计方法下，出入境旅游除了国家之间的旅游活动外，还包含大陆居民前往港澳台地区，入境旅游包含港澳台地区居民前往大陆，因此在选定样本时不仅要考虑经营出入境旅游的国家，同时还要考虑经营出入境旅游的地区（如中国香港、中国澳门和中国台湾等地）。

究领域，本书主要有以下边际贡献：结合双边旅游贸易的特征对现有的引力模型实证框架进行修正，引入双边网址数据作为互联网代理变量，并选取跨国双边旅游贸易数据进行研究，首次使用了一致的双边旅游贸易数据和更为科学的互联网测度指标，定量分析了互联网对双边旅游贸易的影响，且研究视角和研究方法相对较新。这是本书的研究重点，也是主要贡献。

二、全球价值链视角下探讨互联网与中国旅游贸易的关系

本书将全球价值链核算商品贸易增加值的方法延伸到旅游贸易领域，是一个很好的角度和切入点。笔者运用全球价值链核算方法对旅游贸易的增加值进行了测算，在一定程度上克服了传统核算方法中各关联部门的重复核算问题，有助于更加客观地对中国旅游业在全球价值链中的地位进行判断，进而对旅游业内部关联行业自身发展和中国旅游贸易进一步开放提供理论支持。本书主要贡献在于首次在全球价值链框架下定义旅游业的参与度指数（TGVCPA）和位置指数（TGVCPO）并进行了测算，分析了中国旅游业出口在国际贸易中的地位及竞争力，并进一步考察互联网对中国旅游业增加值出口、中国旅游业的“GVC 参与度指数”和“GVC 地位指数”的影响。

三、考察互联网对中国旅游业全要素生产率的门槛效应

全要素生产率是中国经济长期高速增长的重要源泉之一（Hu and Khan，1997），许多学者计算了我国不同行业的全要素生产率，也从不同的方面对影响全要素生产率的因素进行了实证检验。但目前为止，尚未有国内学者研究互联网发展对中国旅游业全要素生产率的影响。本书选取互联网与旅游业全要素生产率的研究视角，从问题提出、文献综述、理论分析到数据测算、实证分析，最终提出相关政策建议，在层层“抽丝剥茧”的过程中，探讨了互联网发展在不同层面对旅游业全要素生产率的影响机理和传导机制，实证分析了二者的线性相关关系，并进一步回答了互联网发展对旅游业全要素生产率产生作用的“门槛效应”。

第二章　文献综述

第二章的主要目的是在进行充分且有效的文献综述的基础上了解与本书相关的国内外研究历程和进展。本书主要使用陈超美①等开发信息可视化软件 CiteSpace5. 3. R4 进行互联网与旅游业相关问题研究现状可视化分析。数据主要来源于 Web of Science 核心合集数据库和 CNKI 数据库。本章首先运用 CiteSpace 知识图谱软件和 CNKI 统计分析工具，对国内外互联网与旅游业相关研究的作者、机构、关键词、研究内容等进行分析，以了解互联网影响下旅游业发展的总体研究脉络和结构；其次从互联网与经济、互联网与旅游业、互联网与旅游贸易、互联网与旅游效率方面进行文献梳理综述，就互联网与旅游业分别从互联网带给旅游业的冲击和机会、旅游业中互联网应用的事实分析和互联网对旅游业发展的影响三个方面展开；最后对研究述评进行总结，主要从互联网与旅游业、互联网与旅游贸易、互联网与旅游业效率三个方面总结了本书研究的必要性。

第一节　互联网与经济

一、互联网与经济文献检索分析

（一）互联网与经济研究频次分析

笔者检索出国外“Internet and Economic”主题文献共 197 篇，如图 2-1 所

① 陈超美被国内外同行专家评价为当代信息可视化与科学知识图谱学术领域中的国际顶尖学者和领军人物之一，1999 年率先发表了该领域第一部专著，2002 年创办 Information Visualization 期刊，同年获国际美国信息科学与技术学会和美国科学信息研究所“引文研究奖”（Citation Research Award），2004 年开发了目前广泛使用的 CiteSpace 信息可视化软件，2005 年提出信息可视化领域的 10 大待解决问题。

示，具体情况如下：从发文集中年份来看，2016 年（19 篇）、2017 年（18 篇）、2018 年（16 篇）、2015 年（11 篇）、2014 年（10 篇）、2013 年（14 篇）。统计结果显示，“Internet and Economic”领域研究近年来一直未曾间断，但主要是在2013 年后受到更多学者的关注，其中美国和德国相关研究较为丰富。互联网技术和应用、人口红利释放等因素都是美国和德国引领“互联网与经济”领域研究的原因。与之相关的“Internet and Economic”主题研究文献的被引用频次处于逐年提升的趋势，尤其是在 2013~2018 年有较大幅度的增长，表明相关研究得到了更广泛的关注（见图 2-2）。

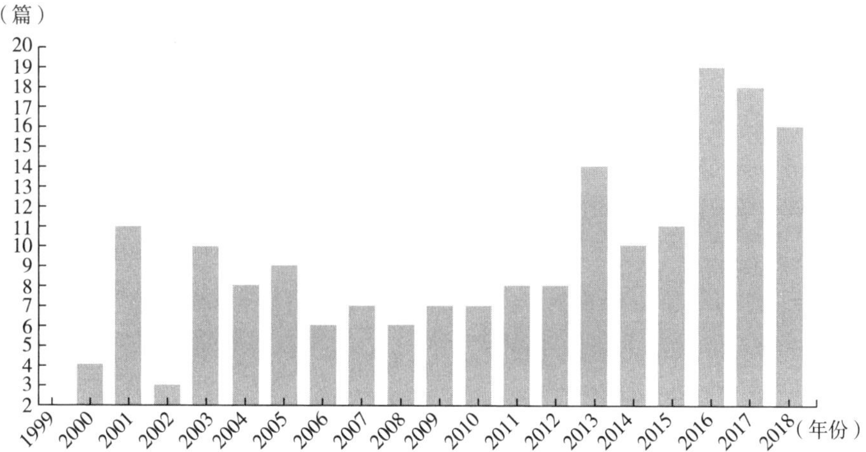

图 2-1 1999~2018 年国外“Internet and Economic”主题发文数量统计

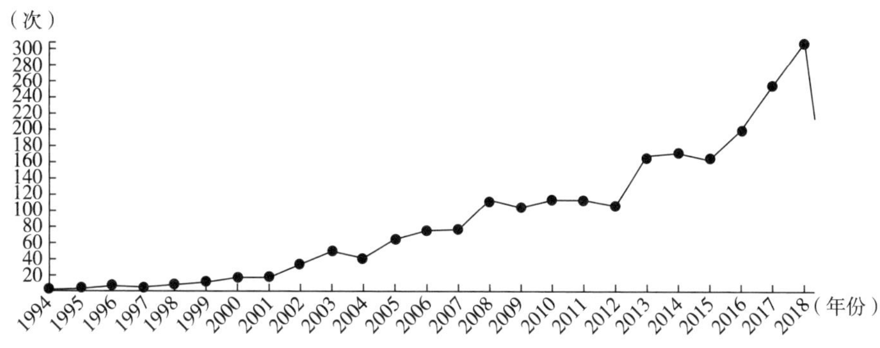

图 2-2 1994~2018 年国外“Internet and Economic”主题文章被引频次

在 CNKI 数据库中设置检索式为“CSSCI 期刊 = Y”“主题 = 互联网与经济”

或者“题名=互联网与经济”，共检索出244篇与“互联网与经济”主题相关的国内期刊文献，经过初步筛选，最终选择其中200篇进行分析。其中总参考文献数2177篇，总被引文献数2732篇，总下载量194333次，每篇平均参考数10.88篇，被引数13.66次，下载量971.66次，下载被引比71.13。从图2-3中可以看出，我国在1994年接入国际互联网后相关研究才开始进行。从国内相关文献数量来看，在2012年之前，国内学者产出的“互联网与经济”研究的文献数量屈指可数，处于缓慢起步阶段；2012~2016年开始这一主题受到广泛关注，相关文献数量有了大幅的增长。从引用参考文献数量角度来看，1996~2000年国内学者对“互联网与经济”主题的文献的引用数量相对较少，2001~2012年引文数量得到稳步提升，2012年相关引文数量开始出现爆发性增长。从国内“互联网与经济”的研究成果被引用频次来看，在2015年左右出现直线上升，说明国内学者对“互联网与经济”的研究在2015年开始有了较大提升。

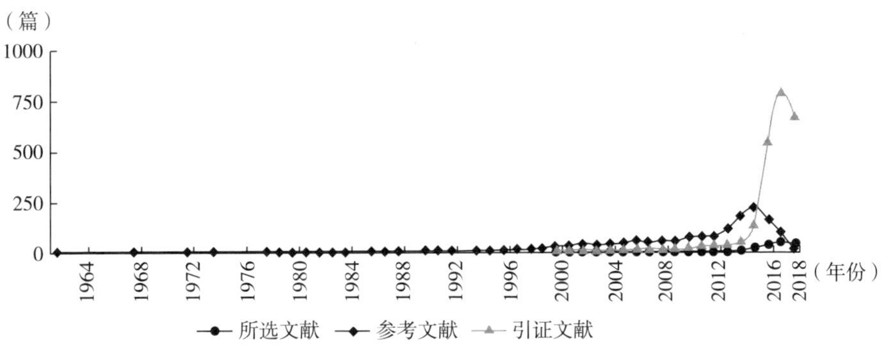

图2-3　1964~2018年国内“互联网与经济”所选、参考、引证文献数量

（二）互联网与经济研究关键词分析

从关键词聚类来看，国外“Internet and Economic”主题的研究主要集中在以下9类：0#成本效率（Cost Effectiveness）、#1质量竞争（Quality Competition）、#2经济发展（Economic Development）、#3互联网（Internet）、#4信息技术（Information Technology）、#5可持续发展（Sustainable Development）、#6通信电信（Telecommunication）、#7技术应用（Technology Adoption）、#8临床试验（Clinical Trial）（见图2-4）。

国内“互联网与经济”关键词主要集中为以下几个方面：互联网、“互联网+”、互联网经济、互联网金融、共享（分享）经济、创新、经济增长、区域经济、技术进步等方面（见图2-5）。

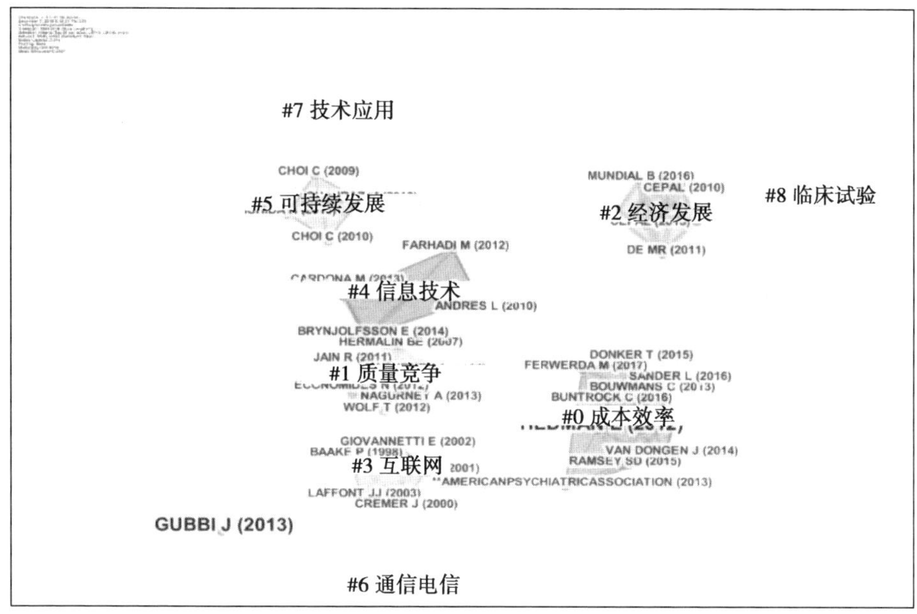

图 2-4 国外“Internet and Economic”主题研究关键词聚类

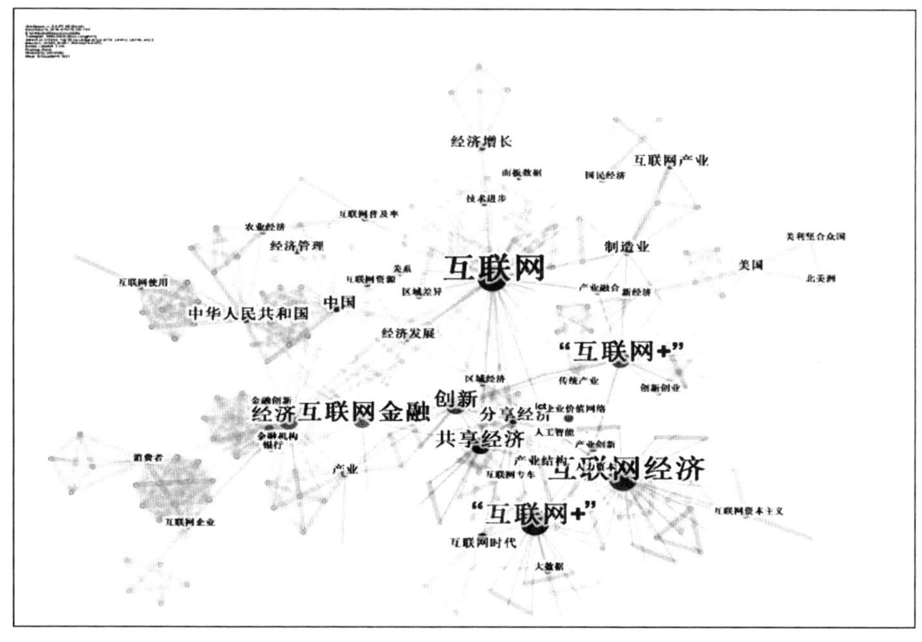

图 2-5 国内“互联网与经济”主题研究关键词聚类

(三) 小结

近年来随着互联网对经济影响的作用愈加显现，国内外“互联网与经济”领域的研究都得到更多学者的关注。总的来说，国外“Internet and Economic”领域的研究起步早于国内，主要是集中在互联网对经济的成本效率和质量影响。国内“互联网与经济”领域研究近年来逐渐从解释现象的相关性研究过渡到探究本质的影响机制研究，重点研究方向为互联网金融、共享经济、互联网与经济创新、互联网与技术效率等。

二、互联网对经济影响研究现状

经济发展越来越依赖于复杂的、无法编纂的信息传递模式。只允许远距离“交谈”，不允许“握手”为特征的互联网的出现，打破了传统上基于理解和信任的面对面信息传递模式。随着网络技术应用的快速发展和信息高速公路的爆炸式发展，互联网不仅促进了更紧密的经济联系，而且促进了更广泛的国际合作，刺激邻国的投资，鼓励自由化、私有化和放松对邻国政策的管制。尤其是以互联网为基础的信息技术等连接性服务可以使生产和技术“分离”活动在全球范围内迅速交互共享与调整，促进生产要素更有效率的配置，充分发挥各国生产要素的成本优势。互联网为经济发展提供了新的空间，成为产业创新发展和效率提升的催化剂，助力中国经济转型升级。

(一) 国外研究现状

国外学者对互联网与经济的研究主要集中在互联网对国际经济的影响和互联网对国内经济的影响。

1. 互联网基础设施对经济影响

Freund 和 Weinhold（2002）将电脑主机数作为互联网代理变量加入引力模型分析研究了其对服务贸易的影响，随后 Freund 和 Weinhold（2004）更新代理变量利用出口国单边网址数量对国际商品贸易进行研究。Guillen 和 Suarez（2005）认为，跨国互联网使用差异带来的全球数字鸿沟，是各国经济、监管和社会政治特征及其长期演变的结果。互联网这一新的、强有力的传播媒介依托世界系统的地位、电信部门的私有化和竞争、民主和世界主义，对全球政治经济和民主在世界各地传播产生了重要影响。Malecki（2002）认为，在互联网存在期间，构成“互联网的网络”基础设施的空间模式表现出与城市等级制度的试探性关系，对世界不同区域的互联程度存在明显的差异，导致互联网发展存在区域不平衡性，进而可能不利于地区经济均衡发展。Choi 和 Yi（2018）利用跨国面板数据发现，将投资比率、政府消费比率和通货膨胀作为增长方程的控制变量后，互联网应用对经济增长起到了积极而显著的作用。Tranos（2012）研究了复杂网络基础设施

（Cyberplace）配置的不均衡与欧洲地区经济发展之间的因果关系，并探讨了互联网基础设施的异质性因果效应，验证了信息通信技术基础设施是经济发展的必要条件但不充分条件。Jiménez 等（2014）研究发现，互联网连接增加 10%将使 GDP 增长 1.38%，对经济增长和全球创新指数做出重要贡献。Bertschek 等（2015）分别对有线和无线技术、宽带可用性和宽带采用进行了区分，提供了一个结构化的概述定量研究宽带互联网的经济影响。Pradhan 等（2016）利用面板向量自回归（VAR）方法研究了互联网普及率、金融深度与 11 个国家人均经济增长之间的因果关系，实证结果表明互联网普及率与经济增长、金融深度与短期经济增长之间存在双向因果关系。Salahuddin 和 Gow（2016）认为，互联网使用与南非经济增长之间存在积极且重要的长期关系，完善互联网基础设施以进一步扩大南非地区网络使用将有助于经济长期增长。Diego 等（2018）分析了 1996~2016 年互联网的接入对南美 10 个国家经济增长的影响，结果表明互联网的接入与 GDP 变化之间存在正相关关系（在考虑工具变量时，模型表现出更强的稳健性）。Billon 等（2018）证明互联网使用对经济增长有积极且显著的影响，教育不平等对互联网使用和经济增长具有消极的影响，首次为教育不平等如何限制信息和通信技术的使用所带来的积极经济成果和利益提供了证据。

2. 互联网技术提升对经济的影响

Ching 和 Huarng（1998）提出网络技术可以减少政治、经济和地理障碍，为国家间的竞争力量提供更广泛的环境。Leamer 和 Storper（2001）将国际经济学家的视角与经济地理学家的视角结合起来，考察互联网技术如何以及在多大程度上影响经济活动的位置。研究发现，互联网技术将分散生产活动，同时创造更强的凝聚消费趋势。Dignazio 和 Giovannetti（2006）指出，经济主体的行为受其在外源性或内源性网络中所处位置的影响，互联网接入和互联可能是由垂直和水平关系产生的，也可能是由更复杂的形态产生的，导致动态平衡与经济总量不稳定之间的过渡。Saberi 等（2014）认为，互联网技术部署机制的低效会导致围绕这些流程的业务和经济模型的低效。Bertschek 等（2015）区分了有线和无线技术以及宽带可用性对经济增长、就业和区域发展以及生产率和企业绩效的影响，为定量研究宽带互联网的经济影响提供了一个结构化的概述。Rizkallah 和 Elias（2010）认为计算机、互联网和信息技术对世界各地企业的影响，体现在扩大企业应用范围、提高生产率、帮助企业降低成本、高效经营等方面。Androutsos（2011）发现，网络带宽具有显著的外部性或外溢性，网络领域技术进步促进网络经济的外生变化。Choi 和 Yi（2018）研究互联网对研发支出与经济增长之间关系的影响，结果表明互联网对研发支出的影响是积极的，而互联网对经济增长的影响是通过增加研发支出来增强的。Ragulina 等（2019）以俄罗斯为例研究表明，互联网技术在促进经济增长率方面具有广泛的前景。

3. 互联网服务需求对区域经济发展的影响

互联网经济的新规则改变了经济体制，面对信息需求日益增长的挑战，信息提供者的互联网服务显得至关重要（Horner and Roos，2001）。Yoo（2007）以76个国家1998~2001年的数据为基础，采用跨国分析的方法，实证研究了互联网接入费用对经济活动的影响。结果表明，互联网接入费用对经济活动水平有显著的负向影响，一个国家的低互联网接入费用增加了其经济活动。Saberi 等（2014）基于客户对互联网和电信网络质量端到服务端的诉求转变，建立了服务型互联网的网络经济博弈模型对互联网设施提供者和服务提供者之间的竞争研究模型。此外，他还建立了面向服务的价格与质量竞争的互联网动态网络经济模型，预测表明互联网内容和网络服务对消费者有更大的吸引力。Hellmanzik 和 Schmitz（2015）研究了基于双边网址链接数量的互联网信息服务内容的增加对视听服务贸易和金融的影响。

（二）国内研究现状

国内学者对互联网影响经济增长的研究主要体现在互联网对经济增长的影响效应、互联网对经济效率的影响两个方面。

1. 互联网对地方经济增长的影响效应

互联网对国内经济具有显著的增长和结构性效应。卢鹤立和刘桂芳（2005）认为，中国互联网发展水平空间差异与区域经济发展差异保持一致，互联网普及率、省际人均 GDP 和人口的数量符合指数规律。向蓉美（2008）运用投入产出方法测算互联网相关行业的影响力系数和感应度系数，进一步借助坐标图分析了互联网产业对国民经济的拉动作用、支撑作用。侯汉坡等（2010）从资源属性角度，对互联网的技术性、公共性、渗透性特征进行了深入分析，认为互联网在催生新的经济形态、虚拟组织及改变生产组织方式和减弱信息不对称等方面具有重要作用。李立威和景峰（2013）基于2003~2011年我国31个省份数据建立了个体时点双向固定效应模型，研究发现互联网对我国经济增长的促进作用在2007年以后逐渐显著且呈现出明显的区域差异。互联网普及率每提高10%，人均实际 GDP 提高约1.38%。谢印成和高杰（2015）通过构建计量经济回归模型分析了国内互联网发展状况与第三产业增加值持续增长之间的相关关系，并进一步提出了针对释放中国互联网在国民经济发展中红利的政策建议。韩长根和张力（2017）发现，互联网普及率的提升能够破解城乡居民收入差距扩大的难题，进一步缩小城乡收入差距，但其对中、东、西部的影响程度存在差异。叶初升和任兆柯（2018）采用2002~2014年地级市层面数据研究发现，互联网对经济增长具有显著的促进作用，且结构调整效应对教育发展水平和城市化水平有明显的依赖性。

2. 互联网对经济效率的影响

张永林（2016）认为，网络经济存在内生的市场非出清和外部效应，网络统一信息两重性而使信息流与物流统一，网络外部性将通过内部化产生信息网络效应，创造超越传统规模经济概念的社会效益与资源配置效率，经济活动不再遵循一般均衡分析。郭家堂和骆品亮（2016）采用 2002~2014 年中国省际面板数据，从互联网技术、平台、思维和网络效应四个方面研究发现了互联网对技术进步、技术效率分别具有显著的促进作用和抑制作用，且互联网对中国全要素生产率的促进作用存在显著的门槛效应。张奕芳和刘富华（2018）通过构建互联网内生贸易模型，利用随机前沿引力模型分析发现，互联网是提高我国出口发展中国家（地区）和出口重工业产品贸易效率的主要因素。生延超和李辉（2018）研究表明，互联网规模对中国各区域技术效率具有线性影响和空间溢出效应，且存在显著的区域差异。李佳钰和周宇（2018）基于价值链视角实证测度了省际互联网发展水平对中国工业两阶段技术创新效率具有显著的正外部效应，并且互联网对工业技术创新效率的贡献度具有显著的阶段异质性，为我国实施差异化的“互联网+创新”政策提供了理论基础。肖利平（2018）研究表明，“互联网+”政策能够改善行业全要素生产率，但在促进行业技术进步方面收效有限。他强调重新认识“互联网+”概念，互联网行业要重视自身技术创新，传统行业等非互联网行业要以自身产品技术创新为核心。余东华和信婧（2018）指出，信息技术提高有助于促进生产性服务业的集聚，进而提高制造业全要素生产率，推动制造业高质量发展。

三、小结

通过对现有国内外研究的梳理和分析发现，对于互联网与经济的研究，国外研究沿着互联网发展的脉络，从互联网基础设施、技术进步到服务提升角度，分别考察了互联网对经济发展的影响。国内的重点研究方向为互联网普及率，迄今为止很少有研究社会经济因素对互联网结构形成和演变的影响。国内学者对互联网与经济的研究多使用单一指标进行量化研究，对互联网发展水平的衡量指标体系并未达成共识。互联网发展指标体系的构建对衡量互联网经济发展作用具有重要意义，目前国内还缺乏对互联网发展指标体系的深入研究。

第二节 互联网与旅游业

一、互联网与旅游业文献检索分析

（一）国外研究现状

对于国外研究现状，笔者在 Web of Science 数据库中输入题目“Internet and Tourism”，选择 1996~2018 年，共有 1369 条文献，本书进一步选出 2017~2018 年的 50 篇文章。综上所述，本书共筛选出 363 篇文献进行 CiteSpace 知识图谱分析，以期更加科学地把握国外最新研究趋势和重点。

1. 发文机构和数量

发文机构和作者统计可以了解“Internet and Tourism”研究领域的研究聚集地和主导者，这样更有助于在整体上对该领域研究进程进行把握。从发文机构来看，1996~2018 年，以“Internet and Tourism”为 Tittle 发文量署名超过 5 篇的机构有 8 个，分别是香港理工大学（Hong Kong Polytechnic University）29 篇、英国博内茅斯大学（Bournemouth University）14 篇、西班牙格拉纳达大学（Universidad de Granada）11 篇、美国天普大学（或坦普尔大学）（Temple University）8 篇、美国普渡大学（Purdue University）7 篇、美国佛罗里达州立大学（Florida State University）6 篇、美国弗吉尼亚理工学院暨州立大学（Virginia Polytechnic Institute and State University）5 篇、韩国庆熙大学（Kyung Hee University）5 篇，如图 2-6 所示。

2. 发文作者和数量

从作者发文数量来看，1996~2018 年以“Internet and Tourism”为主题发文前 10 位的作者统计如下：Law R（22 篇）、Xiang Z（8 篇）、Fesenmaier D（7 篇）、Buhalis D（5 篇）、Wang YC（4 篇）、Pan B（3 篇）、Morrison AM（3 篇）、Sabiote CM（2 篇）、Wang D（2 篇）、Del Barrio-Garcia S（2 篇），如图 2-7 所示。

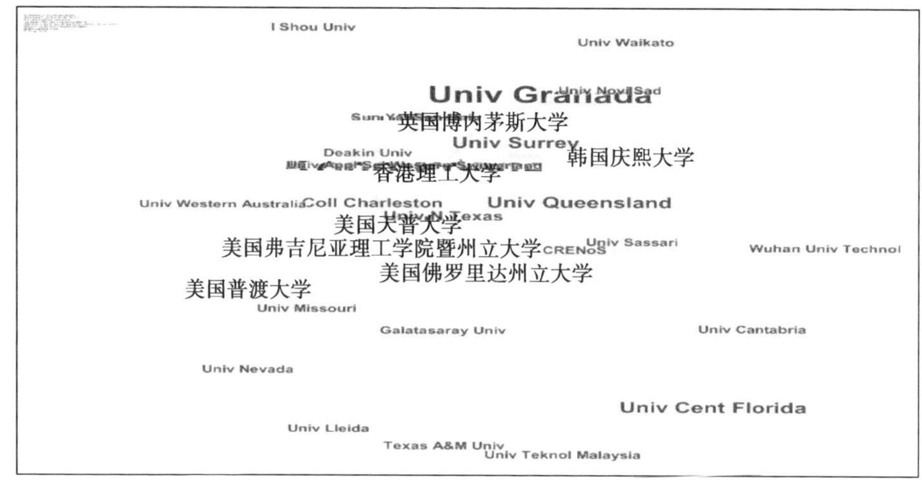

图 2-6 1996~2018 年国外“Internet and Tourism”主题的研究机构

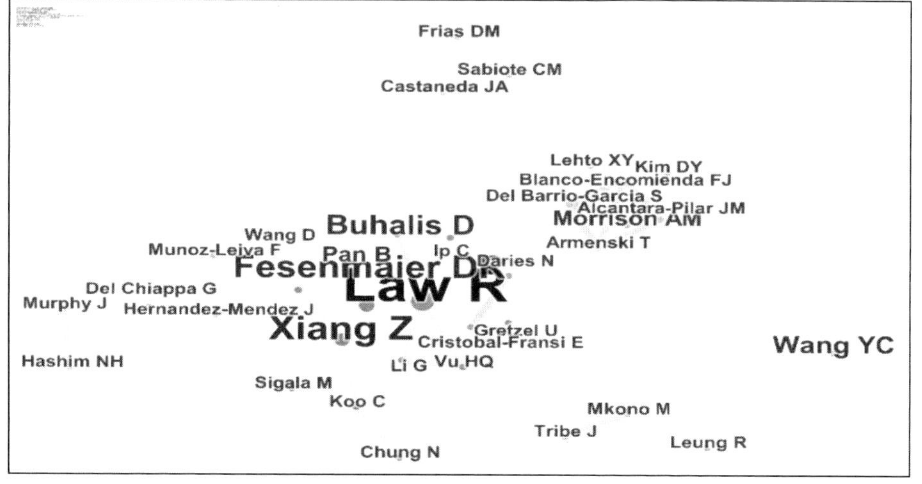

图 2-7 1996~2018 年国外“Internet and Tourism”研究的作者

3. 高频关键词

从高频关键词来看，统计结果显示 1997~2018 年“Internet and Tourism”研究领域高频出现的关键词，具体如表 2-1 所示。

表 2-1 1997~2018 年国外“Internet and Tourism”研究关键词频次

频次	关键词	年份	频次	关键词	年份
183	internet	2001	20	experience	2012
98	tourism	2001	19	web	2006
48	model	2003	17	performance	2011
41	word of mouth	2010	15	product	2008
39	behavior	2006	15	ecommerce	2011
37	information technology	2009	15	service quality	2009
33	social media	2012	13	review	2011
27	impact	2011	13	travel	2011
27	tourism management	2010	13	online	2013
27	management	2011	12	web site	2010
26	industry	2008	12	hotel	2009
24	satisfaction	2009	12	trust	2011
24	technology	2011	11	destination image	2007
23	information	2008	10	community	2010
22	information search	2006	10	perception	2011

进一步聚类得到七大类别，即国外研究主要集中在以下七个方面：0#hospitality、1#destination image、2#website、3#query、4#tourism management、5#sharing economy、6#market，如图 2-8 所示。其中：第一类 hospitality 涵盖了互联网对旅游接待服务影响的诸多细分行业，如酒店、旅游代理商、景区、旅游交通等；第二类主要考察互联网对旅游目的地形象的影响；第三类从互联网的核心组成网址链接角度研究其对旅游业的重塑；第四类主要研究互联网对旅游咨询和获取信息的影响；第五类集中研究互联网对旅游业管理方法、效率的影响；第六类研究了互联网带来的共享思维对旅游经济格局的改变；第七类主要从旅游市场角度探究了互联网的重要作用。

与此同时，通过对高频关键词聚类统计发现，在“互联网与旅游”研究领域，以下九个关键词出现爆发性增长：tourism（1997~2010 年）、internet（1997~2007 年）、model（2003~2008 年）、web（2005~2009 年）、hotel（2009~2011 年）、impact（2013~2014 年）、technology（2013~2016 年）、social media（2013~2018 年）、planned behavior（2016~2018 年），如图 2-9 所示。

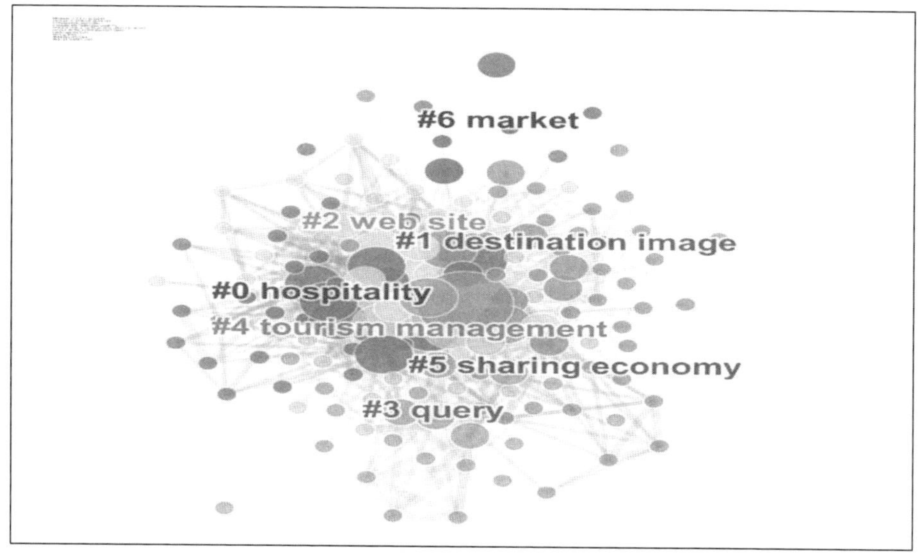

图 2-8 1997~2018 年国外"Internet and Tourism"研究的关键词聚类

Top 9 Keywords with the Strongest Citation Bursts

Keywords	Year	Strength	Begin	End	1997~2018年
tourism	1997	9.5725	1997	2010	
internet	1997	5.6459	1997	2007	
model	1997	4.3986	2003	2008	
web	1997	5.2716	2005	2009	
hotel	1997	3.4776	2009	2011	
impact	1997	3.3685	2013	2014	
technology	1997	3.8943	2013	2016	
social media	1997	5.8184	2013	2018	
planned behavior	1997	3.2081	2016	2018	

图 2-9 1997~2018 年国外"Internet and Tourism"研究的关键词引用爆发统计

4. 引用强度

从文献引用情况来看，设置阈值为 10 次，Buhalis（2008）、Xiang 和 Gretzel（2010）、Litvin 和 Goldsmith（2008）、Pan 等（2007）、Pan 和 Fesenmajer（2006）、Law 等（2010）、Ye 等（2009）、Xiang 和 Wober（2008）、Vermeulen（2009）、Schmallegger 和 Carson（2008）、Hyde 和 Bronner（2011）、Buhalis

(2003)、Kaplan (2011)、Jurowski 和 Gursoy (2004)、Kim 等 (2007)、Choi 等 (2007) 等 20 篇文献在 "Internet and Tourism" 研究领域应用频度超过 10 次，影响相对较大，如图 2-10 和表 2-2 所示。

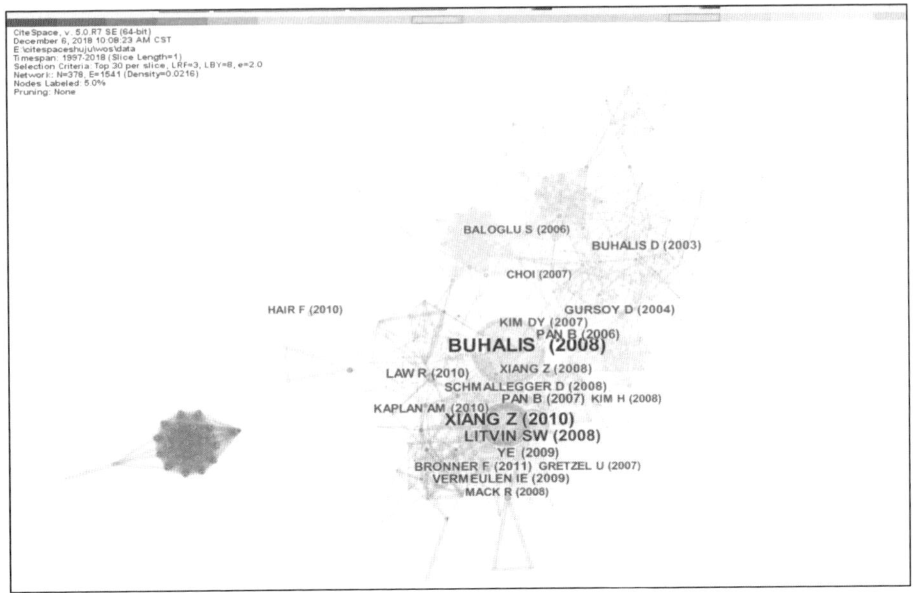

图 2-10　国外 "Internet and Tourism" 研究文献索引强度

表 2-2　国外 "Internet and Tourism" 研究主题文献索引频次

频次	作者	发表年份	频次	作者	发表年份
966	Buhalis	2008	14	Hyde 和 Bronner	2011
100	Xiang 和 Gretzel	2010	13	Buhalis	2003
40	Litvin 和 Goldsmith	2008	13	Kaplan	2010
20	Pan 等	2007	13	Jurowski 和 Gursoy	2004
18	Pan 和 Fesenmajer	2006	13	Kim 等	2007
15	Law 等	2010	12	Choi 等	2007
15	Ye 等	2009			
14	Xiang 和 Wober	2008			
14	Vermeulen	2009			
14	Schmallegger 和 Carson	2008			

通过聚类分析发现，有 16 篇文章出现爆发性引用的现象，Pan 和 Fesenmajer（2006）、Buhalis（2003）、Buhalis（2002）、Buhalis（1998）、Schmallegger 和 Carson（2008）、Xiang 和 Gnetzel（2010）、Jurowski 和 Gursoy（2004）、Gretzel（2000）、Munar 和 Jacobsen（2014）、Wang 等（2012）、Baloglu 和 Pekcan（2006）、Hays 和 Page（2013）、Tussyadiah 和 Fesenmaier（2009）、SigalaI 和 Marinidis（2012）、Oconnor（2008）、Doolin 等（2002），如图 2-11 所示。

Top 17 Grants with the Strongest Citation Bursts

Grants	Year	Strength	Begin	End	1997 ~ 2018年
BUHALIS D,1998,TOURISM MANAGE,V19,P409,DOI	1998	4.1082	1997	2005	
BUHALIS D,2002,TOURISM MANAGE,V23,P207,DOI	2002	4.4085	2004	2010	
DOOLIN B,2002,TOURISM MANAGE,V23,P557,DOI	2002	3.4811	2005	2010	
GRETZEL U,2000,TOURNAL OF TRAVEL RESEARCH,V39,P146	2000	3.8422	2007	2008	
BUHALIS D,2003,ETOURISM INFORM TECH,V,P	2003	5.315	2008	2011	
GURSOY D,2004,ANN TOURISM RES,V31,P353,DOI	2004	3.9103	2008	2011	
PAN B,2006,ANN TOURISM RES,V33,P809,DOI	2006	5.5101	2009	2012	
BALOGLU S,2006,TOURISM MANAGE,V27,P171,DOI	2006	3.5675	2010	2012	
TUSSYADIAH IP,2009,ANN TOURISM RES,V36,P24,DOI	2009	3.5424	2012	2013	
SCHMALLEGGER D,2008,J VACAT MARK,V14,P99	2008	4.0651	2013	2015	
OCONNOR P,2008,INFORM COMMUNICATION,V,P47	2008	3.4999	2013	2015	
XIANG Z,2010,TOURISM MANAGE,V31,P179,DOI	2010	5.4736	2014	2018	
SIGALA M,2012,NEW DIRECT TOUR ANAL,V,P1	2012	3.5058	2014	2015	
HAIR JF,2010,MULTIVARIATE DATA AN,V,P	2010	3.8269	2015	2018	
WANG D,2012,J TRAVEL RES,V51,P371,DOI	2012	3.7285	2015	2018	
MUNAR AM,2014,TOURISM MANAGE,V43,P46,DOI	2014	3.7849	2016	2018	
HAYS S,2013,CURR ISSUES TOUR,V16,P211,DOI	2013	3.5466	2016	2018	

图 2-11　1997~2018 年国外“Internet and Tourism”研究主题的文献索引爆发增长阶段统计

5. 来源期刊和作者

进一步对高频引用文献研究发现，相关文章主要来自以下十大期刊：*Tourism Management*、*Journal of Travel Research*、*Annals of Tourism Research*、*International Journal of Hospitality Management*、*Journal of Vacation Marketing*、*Journal of Information Technology & Tourism*、*Business Horizons*、*Multivariate Data Analysis*、*Electronic Markets*、*Journal of Travel Research*，如表 2-3 所示。

通过分析发现，近半年来“Internet and Tourism”研究领域被引用超过 5 次的文献主要为：Xiang 和 Wober（2008）18 次、Hyde 和 Bronner（2011）16 次、Kim 和 Fesenmaier（2008）13 次、Wang 等（2012）10 次、Doolin 等（2002）10 次、

表 2-3 国外“Internet and Tourism”研究高频引用期刊

序号	期刊名称	序号	期刊名称
1	*Tourism Management*	6	*Journal of Information Technology & Tourism*
2	*Journal of Travel Research*	7	*Business Horizons*
3	*Annals of Tourism Research*	8	*Multivariate Data Analysis*
4	*International Journal of Hospitality Management*	9	*Electronic Markets*
5	*Journal of Vacation Marketing*	10	*Journal of Travel Research*

Buhalis（2002）10 次、Law 等（2009）9 次、Leung 等（2013）8 次、Dickinger（2011）8 次、Wang 等（2002）7 次、Filieri（2014）7 次、Inversini（2014）5 次、Wen（2009）5 次、Crotts 等（2009）5 次，如图 2-12 和表 2-4 所示。

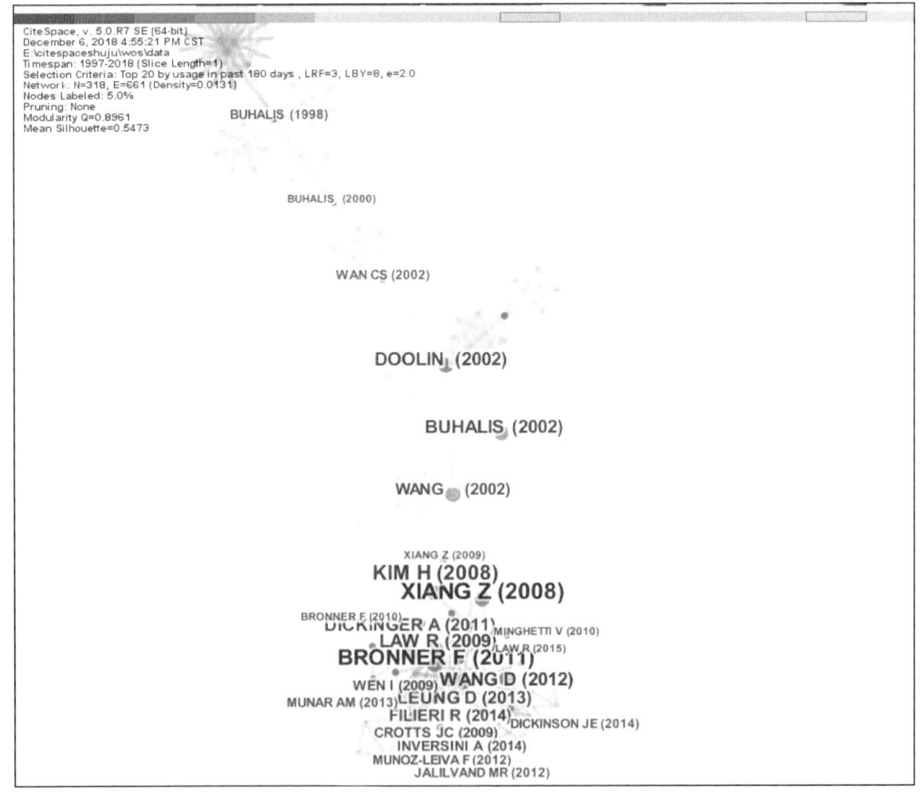

图 2-12 国外“Internet and Tourism”半年内文献引用频次

表 2-4 国外 “Internet and Tourism” 研究被高频引用的文献（≥5 次）

序号	文献	引用频次	年份	序号	文献	引用频次	年份
1	Xiang 和 Wober	18	2008	8	Leung 等	8	2013
2	Hyde 和 Bronner	16	2011	9	Dickinger	8	2011
3	Kim 和 Fesenmaier	13	2008	10	Wang 等	7	2002
4	Wang 等	10	2012	11	Filieri	7	2014
5	Doolin 等	10	2002	12	Inversini	5	2014
6	Buhalis	10	2002	13	Wen	5	2009
7	Law 等	9	2009	14	Crotts 等	5	2009

（二）国内研究现状

对于国内研究现状，笔者在 CNKI 中设置检索式为 “核心期刊 = Y” 或者 “CSSCI 期刊 = Y”、“主题 = 互联网与经济” 或者 “题名 = 互联网与旅游” 搜索 “互联网与旅游” 主题的期刊文章共 89 篇，主要筛选出来自核心期刊（46 篇）和 CSSCI（43 篇），总共引用参考文献 716 篇，每篇平均参考数 8.04 篇；总被引用数为 1010 次，每篇平均被引数 11.35 次；总下载 93631 次。从图 2-13 中可以看出，关于互联网和旅游的研究在 2015 年开始出现爆发性增长，2016 年达到短暂小高峰，2017 年有所回落。总的来说，国内 “互联网与旅游” 领域研究主要集中在 2015~2018 年，未来仍需要持续跟进和深入研究。

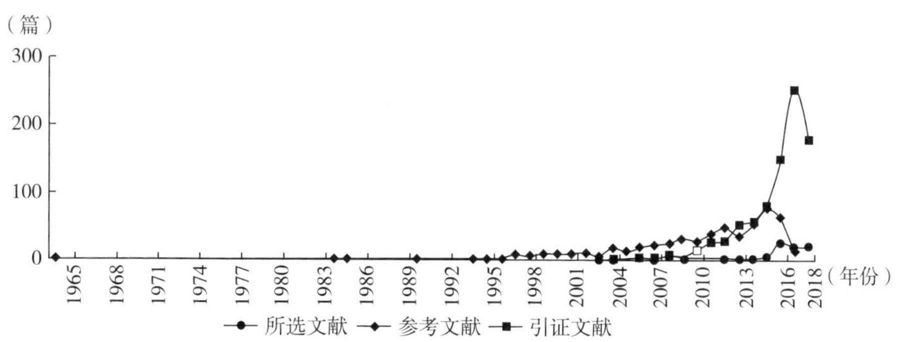

图 2-13 国内 “互联网与旅游” 相关文献情况

1. 文章来源和作者

通过统计发现，如图 2-14 所示，国内共有 84 所高校和研究机构发表 “互联网和旅游” 领域文章，中山大学旅游学院、山东大学（威海）商学院、河北经贸大学旅游学院、北方民族大学管理学院、洛阳师范学院音乐学院发文量均超达到 2 篇，其他机构均为 1 篇。其中中山大学是国内旅游管理人才培养权威高校和旅游景点。

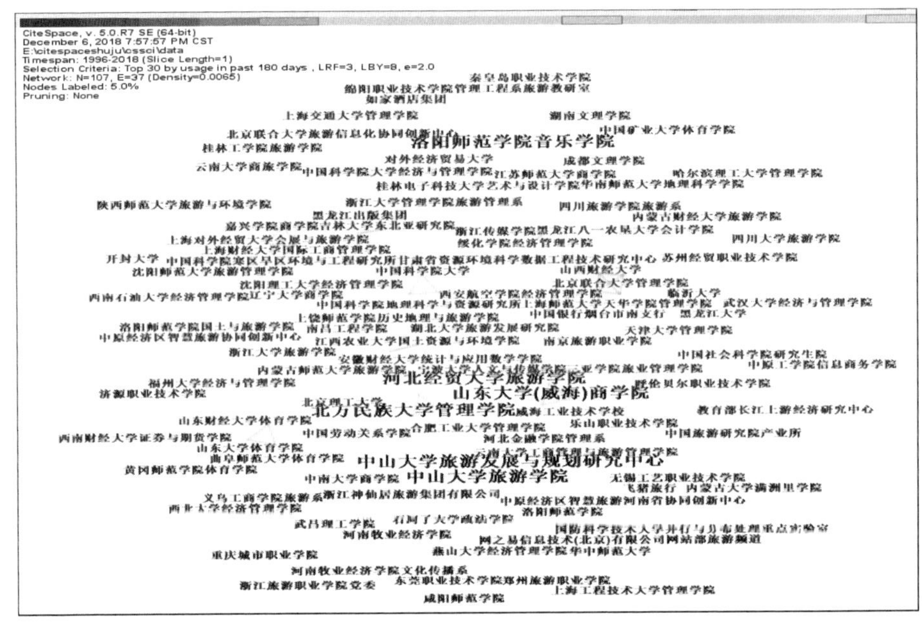

图 2-14　国内“互联网与旅游”文献来源机构

从表 2-5 中可以看到，“互联网与旅游”文献发表期刊主要集中在《旅游学刊》（19 篇）、《农业经济》（12 篇）、《福建茶叶》（9 篇）、《商业经济研究》（5 篇）、《改革与战略》（4 篇）、《贵州民族研究》（2 篇）、《人文地理》（2 篇）、《生态经济》（2 篇），共占 2003~2018 年发文总量的 61.8%。国内旅游研究权威期刊《旅游学刊》引领“互联网与旅游”研究进程，说明该领域的研究已经受到国内学者的关注，并得到了初步研究成果。

表 2-5　国内“互联网与旅游”文献发表期刊统计

刊名	篇数	占比（%）	刊名	篇数	占比（%）	刊名	篇数	占比（%）
《旅游学刊》	19	21.35	《宏观经济管理》	1	1.12	《沈阳体育学院学报》	1	1.12
《农业经济》	12	13.48	《计算机工程与科学》	1	1.12	《商业时代》	1	1.12

续表

刊名	篇数	占比（%）	刊名	篇数	占比（%）	刊名	篇数	占比（%）
《福建茶叶》	9	10. 11	《经济地理》	1	1. 12	《统计与决策》	1	1. 12
《商业经济研究》	5	5. 62	《经济问题》	1	1. 12	《中国行政管理》	1	1. 12
《改革与战略》	4	4. 49	《经济问题探索》	1	1. 12	《系统工程理论与实践》	1	1. 12
《贵州民族研究》	2	2. 25	《开放导报》	1	1. 12	《学习与探索》	1	1. 12
《人文地理》	2	2. 25	《科技通报》	1	1. 12	《体育文化导刊》	1	1. 12
《生态经济》	2	2. 25	《宁夏社会科学》	1	1. 12	《新闻爱好者》	1	1. 12
《北方园艺》	1	1. 12	《旅游论坛》	1	1. 12	《新闻战线》	1	1. 12
《财会通信》	1	1. 12	《企业经济》	1	1. 12	《中国农业资源与区划》	1	1. 12
《财经问题研究》	1	1. 12	《人民论坛》	1	1. 12	《资源科学》	1	1. 12
《当代经济管理》	1	1. 12	《商场现代化》	1	1. 12	《装饰》	1	1. 12
《干旱区资源与环境》	1	1. 12	《商讯商业经济文荟》	1	1. 12	《中国沙漠》	1	1. 12
《贵州社会科学》	1	1. 12	《上海体育学院学报》	1	1. 12	《中国商贸》	1	1. 12

对作者统计结果，如图 2-15 所示，2003~2018 年，张朝枝、朱峰和王兰红（一作）及赵瑞军（二作）、袁志超（三作）发文量为 2 篇，其他作者均为 1 篇。

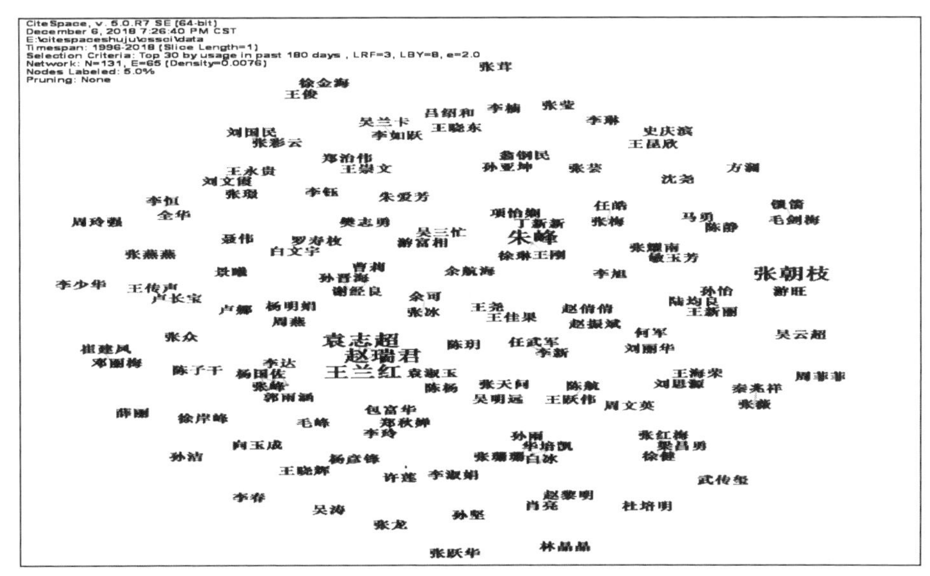

图 2-15　国内“互联网与旅游”文献作者

总体上来说，国内作者在“互联网与旅游”领域研究的关联性不强，大部分学者的研究只是涉足该领域进行“散点状”研究，研究内容和方向尚未形成“聚焦”格局，且连续进行深入研究的比较少，未来有待进一步加强深度且持续的研究。

2. 关键词与重要题目聚类分析

通过对89篇文献的关键词进行聚类，在图2-16中，2013~2018年文献关键词集中在#0 互联网、#1 “互联网+”、#2 分销渠道、#3 旅游形象、#4 策略、#5 ECM IT模型、#6 OTA、#7 旅游信息服务平台、#8 扎根理论、#9 新业态、#10 云计算、#11 IP、#12 旅游酒店业、#13 旅游产业、#14 经营策略、#15 旅行社、#16 阈值抽取、#17 升级与优化、#18 互联网声誉、#19 监管模式、#20 互联网搜索数据、#21 网址。这些关键词囊括了旅游业发展所涉及的方方面面，但缺乏从产出和效率视角对上述问题的整合研究。

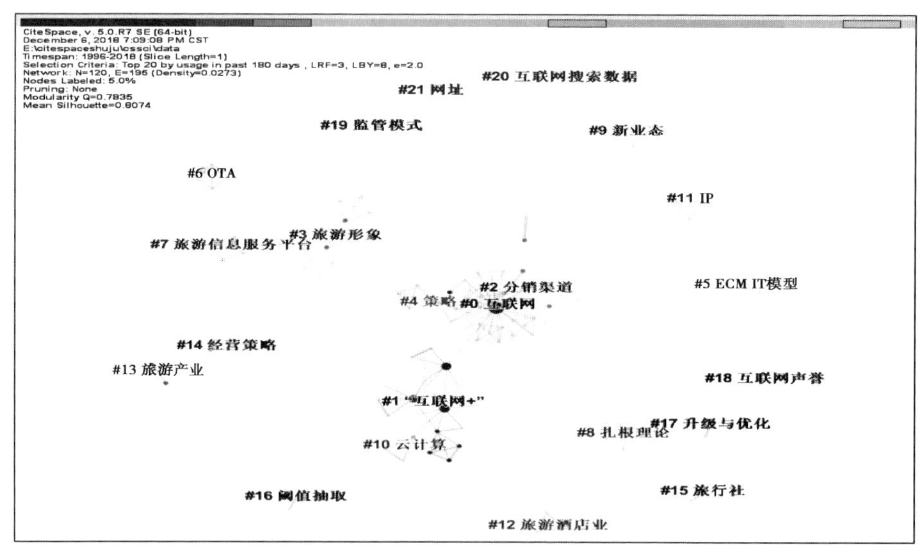

图2-16 国内“互联网与旅游”文献关键字聚类

（三）小结

从文献可视化分析的结果来看，国外学者更早关注互联网与旅游领域，并已经从旅游接待服务、旅游目的地形象、旅游业态重塑、旅游咨询和获取信息、旅游经济格局改变等方面考察了互联网发展的影响，研究较为系统和深入。同时，前文也对国外该领域研究成果的发表机构、作者和发表时间进行梳理，这对后文进行更加全面的文献分析提供了良好的基础。国内学者对于互联网与旅游领域的研究的关注要滞后与国外相关研究，这主要是由于我国对互联网的应用本身起步较晚。但随着近年来国内互联网与实体经济的不断融合和发展，更多学者开始关注该研究领域，但仍以定性研究为主，缺乏理论和定量研究，这也从一个方面证实了本书的研究意义和价值。

二、互联网对旅游业影响的具体表现

（一）互联网带给旅游业的挑战和机会

自20世纪80年代以来，信息通信技术（ICT）和互联网的发展改变了全世界的产业结构。尤其是20世纪90年代末开始互联网的发展极大地改变了信息传播的模式和速度，进一步改变旅游业发展形态和商业模式（Buhalis，2003）。互联网在旅游业中具有公认的价值，但互联网将如何影响旅游行业发展仍然存在很多争论和猜测（Wynne et al.，2001）。互联网给一个国家带来经济活力的同时，也可以使经济和政治信息在政府控制之外自由流动，从而造成政治不稳定（Ko et al.，2009）。互联网在为旅游业带来发展机遇的同时也为整个旅游业带来冲击，在“囚徒困境”中演绎“繁荣”与“泡沫”之间的博弈。中国作为亚洲发展迅速的发展中国家，因其作为目的地的历史和文化吸引力而在国际旅游市场中越来越重要。随着出境旅游的兴起，中国正在成为一个蓬勃发展的旅游客源国，改变着全球旅游业格局。互联网如何逐步改变中国的旅游产业结构，这些变化的重要性，以及这些变化将如何引领中国旅游业，都是值得研究的重要问题。

1. 互联网带给旅游业的挑战

在数字经济时代，当信息化呈现出数字化和网络化的特征后，行业之间的壁垒彻底消失，竞争将打破行业边界。互联网驱动的业务流程再造逐渐产生了新的范式转换，改变了整个行业的结构，为利益相关者提供了各种各样的机会和威胁，尤其是1997年后，互联网的发展对传统旅游业的冲击日益明显。互联网发展对传统旅游服务业的运作模式的冲击引发了学术界对旅游业商业模式的关注和探讨。电子商务的发展在很大程度上促进了旅游业的发展，但传统的旅游产业链已经不能适应新的商业模式（Wu and Sun，2007）。董超群（2007）认为，基于互联网的旅游业发展对相关行业监管、法律法规及在线旅游产品质量保障提出了更高的要求。廖燕凌（2007）认为，互联网是旅游信息的重要来源，使旅游信息进一步分散，客户转化越发困难，市场需求的多元化逐渐分化。杨雪芬（2015）指出，互联网削弱了传统旅游中介服务业的信息优势地位。传统旅游中介服务业的核心竞争力是信息垄断，建立在供需双方信息获取成本差异的前提下。互联网改变和重置了旅游产业的基本形态，一方面使旅游产业链不同位置的经营者可以充分发挥其核心优势，另一方面也带来了旅游中间商之间的激烈竞争，削弱了标准化包价旅游产品的价格优势。从消费者的角度来看，互联网使用潜在信任风险可能成为西班牙休闲旅游业扩散的巨大障碍（Izquierdo et al.，2008）。Karanasios和Burgess（2008）认为，互联网的普及和运用对基础设施、技术、知识等依赖性高，阻碍发展中国家旅游业价值发挥，进一步带来地区旅游业不均衡发展。冯郑凭（2010）认为，互联网一方面推动旅游业"去中间化"，缩短旅游供给者与旅游消费者之间的距离；另一方面中间商利用互联网所提供的便利优势进行"再中间化"。Xiang等（2015）认为，美国互联网与传统旅游的结合遭遇瓶颈，开始面临高阶互联网使用（即社交媒体）催生的个性旅游需求和交易渠道的巨大挑战。Wang（2016）指出，由于市场监管及相关法律法规的滞后性，互联网经济对消费者、社会环境等方面的负面影响不容忽视。面对未来新的市场和技术需求，新投资、并购、联盟合作等手段已成为互联网企业进行战略布局的新挑战（Ma，2017）。

2. 互联网带给旅游业的机会

近年来，技术与旅游业之间的加速和协同作用给旅游业带来了根本的变化。互联网帮助旅游业实现了旅游服务流程和价值链的数字化，有效降低了协调和沟通成本，在一定程度上促进了全球生产网络体系的形成。互联网正在通过改变进入壁垒、促进价格透明度和竞争、革新分销渠道、优化成本和提高生产效率来改变行业结构（Assaf and Tsionas，2018；Kim et al.，2004），为旅游业带来更多机会。小企业被认为是创造就业机会和总体经济增长的催化剂，旅游业是一个以小企业激增为特征的行业，互联网能帮助小型旅游企业更好地了解其市场，扩大其市场范围，并更有效地为其客户服务方面释放了巨大潜力（Elliott and Boshoff，2009）。Pitoska（2013）研究发现ICT的使用促使希腊非沿海地区旅游企业在线预订客户增加，促进地区经济平衡发展。Liu和Jing（2014）发现互联网倒逼旅游企业转型，增加创新型旅游企业人才的供给，为新型旅游企业可持续发展提供源动力。Anuvareepong（2016）指出，互联网是旅游企业家手中的高度创新的战略工具，通过互联网建立在线旅游合作以及参与社交网站有助于旅游企业与潜在客户进行有效沟通并提升竞争力。Stefko等（2016）认为，互联网在线领域发展重要性逐年增强，旅游者在线购买旅游产品或服务为旅游业带来优势。Prasad等（2017）研究表明，互联网应用程序在旅游目的地营销中作为有效地接触全球受众的重要工具，已成为提升旅游供应链管理（TSCM）有效性的关键力量。

我国在旅游电子商务应用方面是一个较晚采用电子商务的国家。只有少数创新型旅游组织处于互联网的早期采用阶段，并体验到了早期采用者的好处和优势。但随着技术不断变革，互联网的使用通过"去中介化"彻底改变了中国旅游业的结构和经营模式。在智慧旅游时代，互联网技术的发展促进了旅游者偏好的改变，带来旅游分销渠道的变革（郑治伟和王崇文，2007）。包富华等（2013）主要分析了互联网对旅游分销渠道结构和功能的影响，认为互联网信息技术不仅是旅游分销渠道功能变化的激励手段，也是旅游分销渠道功能变化的重要途径。基于旅游相关网站、博客和社交媒体的销售渠道正在加速增长，旅游业态格局从以旅游供应商为中心转向以消费者为中心，供求双方之间的信息和谈判权力不对称已发生钟摆式的转变（翁钢民和孙亚坤，2014）。王德刚（2016）指出，互联网促进社会资源的“旅游化”，有效促进旅游业向其他领域渗透融合，为旅游业发挥存量资源的使用价值释放叠加效益提供机会。陈刚和赵琼（2018）认为，互联网可以提供新工具、新方法和新模式以增加旅游分销渠道。旅游业与互联网已进入深度融合发展的新阶段，以互联网为代表的全球新一轮信息技术革命改变了旅游业的经营、融合、供应和促销、信息交流和消费方式（方远平等，2018）。

（二）旅游产业中互联网应用的具体表现

本书将中外研究文献中有关对旅游产业中互联网应用的环节进行梳理分析，综合回顾和分析了现有在互联网中应用于旅游方面的研究。从现有研究来看，旅游业作为一个国际产业和最大就业机会提供产业，拥有比其他产业更多的多元化利益相关者。互联网已经渗透融入旅游产业发展的各个环节，逐渐成为促进旅游业最有效的工具之一（Qi，2010），为供需双方建立了有效的对话机制。事实上，旅游业已经成为互联网上销售产品和服务的最大类别（AbouShouk et al.，2013）。在过去的十年里，互联网为旅游业带来了巨大的变革，为不同的地区和国家带来了不同程度的发展。

1. 国外研究

1994 年，互联网就已经在不同领域得到广泛应用。Bond 等（1996）最早提出利用互联网作为促进居民参与可持续乡村旅游发展的工具。Casey 等（1997）认为，互联网是居民、旅游者、政治家和商界领袖之间开辟交流渠道的新工具，可以促进可持续旅游发展。国外学者对互联网在旅游产业中的运用关注较早且研究较为深入。

（1）互联网打破传统信息获取方式，重塑旅游业利益相关者行为习惯。

Hanna 和 Millar（1997）研究了如何利用互联网进行页面设计、管理事务和信息内容建设并运用到政府旅游信息服务管理中。Yeung 等（1998）指出，基于互联网的香港旅游信息系统允许用户检索有关香港旅游的最新信息，如酒店、购物中心和参观游览点等，用户能够将他们查询的内容发送到系统，然后系统将根据内容进行分析，调度一个或多个代理，以搜索和检索用户的信息。Beirne 和 Curry（1999）认为，互联网允许旅行者在预期阶段获取更多旅游目的地信息对旅游决策有重要影响，是旅游运营商有价值的宣传工具。Bristow（2003）基于互联网的旅游线路设计将显著促进游客对目的地的访问。Xiang 等（2009）指出，随着互联网上大量的信息和在线搜索的重要性日益增加，了解旅游领域对于有效的在线营销至关重要。Sarkar 和 Sarkar（2010）指出，网络工具（如网站、博客和论坛）在马来西亚医疗旅游领域维护与客户和业务合作伙伴的关系以及评估旅游服务提供商服务质量方面发挥重要作用。Artola 等（2015）研究了如何利用互联搜索指数提高对西班牙旅游流量的预测，最终将消费者访问和搜索数据转化为实际经济活动的结果。

（2）互联网作为旅游企业营销渠道，改变旅游行业经营模式和竞争格局。

互联网迅速普及并被广泛应用于旅游业领域，对旅游业务模式产生深远的影响。Buhalis（1999）认为，北欧中小型旅游企业（SMTEs）从利用互联网作为主要的分销工具重塑业务流程中获得重大效益，并提高其在全球市场中的盈利能力和竞争力。Castelltort 等（2000）通过对西班牙国家旅游组织 TURESPANA 网站的研究，阐述互联网作为在线营销旅游目的地的工具所发挥的相关作用。Jung 和 Butler（2000）衡量了互联网在旅游业和酒店业的营销效果，并对互联网旅游营销的潜力和制约因素进行了研究。Wynne 等（2001）研究了互联网作为中介对南非旅游业分销价值链的影响。Arlt（2005）将互联网作为一种跨文化的旅游推广工具进行研究。Karanasios 等（2006）在马来西亚进行的实地研究的结果是，互联网主要作为一种交流和信息发布媒介促进发展中国家的小型旅游企业的市场营销和推广。Tomaras 等（2008）研究表明，互联网以预先评估和比较旅游网站的形式向旅行者提供信息的创新营销服务，为旅游者的有效决策节约时间。Wu 等（2008）利用结构方程模型（SEM），重点确定基于互联网的广告如何影响旅游行业中旅行社经营，结果表明消费者的产品参与程度是决定网络广告成功与否的一个重要变量。Miao 和 Ren（2010）研究了移动互联网时代旅游产业价值链的重构和新模式创新途径。Alzua-Sorzabal 等（2015）认为，互联网作为舆论制造者提供了潜在游客的大量信息，并使用非参数模型数据包络分析研究了互联网对量化目的地与游客之间沟通渠道的效率的影响。

（3）互联网作为一种新的商业模式，带来了旅游业购买渠道变革。

2009~2019 年，全球基于互联网的旅游预订系统的使用量大幅增长。信息通信技术不仅使消费者能够识别、定制和购买旅游产品，而且还通过为供应商提供有效的工具来开发、管理和分销他们的产品，支持旅游业的全球化（Buhalis, 2003）。Corigliano 和 Baggio（2004）指出互联网成为意大利旅游业新的商业模式。Raventos（2006）研究发现哥斯达黎加作为目的地将新网站引入预订系统，通过互联网改变行业价值链的方式带来旅游业惊人增长。Grgona 等（2008）以克罗地亚东部学生对互联网作为信息来源和产品购买工具的使用水平研究互联网对旅游消费行为的影响，探讨影响互联网使用旅行信息和购物的因素。结果表明，互联网信息的使用主要取决于各地区的 ICT 渗透水平和人口的特征。但是，在将互联网使用视为产品购买工具时，与旅行特征相关的变量也是相关的。Pitoska（2013）认为，电子商务旅游带来的整个旅游业基础设施数字化，降低了旅游业季节性明显的劣势，促进了与客户的沟通以及整体预订和销售的增加。Gossling 和 Lane（2015）认为，基于互联网发展的在线旅游似乎特别适用于偏远地区，即使是非常小的企业也能以低廉的价格接触到庞大的全球客户群。并进一步考察了世界上最大的预订平台——Booking. com 在挪威农村地区的预订业务中扮演的咨询、培训、游说和提升目的地营销形象的重要角色。

2. 国内研究

1994 年我国接入国际互联网，正式迈入互联网时代。在接下来的发展中，我国网民规模、宽带网民数、国家顶级域名注册数呈指数级增长。旅游市场始终关注的是旅游企业开发、整合和沟通信息的能力。国内互联网与旅游业的研究以互联网的背景定性研究为主，主要集中在互联网与旅游目的地形象、互联网与产业融合、互联网与旅游流预测三个方面。

（1）旅游目的地形象塑造与营销。

肖亮和赵黎明（2009）基于相关旅游网站对互联网在传播的中国台湾旅游目的地形象进行研究。赵振斌和赵倩倩（2012）采用内容分析和对应分析的方法，对国际互联网上传播的西安市旅游形象进行了研究。张朝枝和游旺（2012）以黄山为案例，从历时态的视角动态分析发现互联网使旅游目的地分销渠道更加多元化、网络化，并改变目的地旅游分销关系、功能与结构等。王晓辉（2014）基于语义网络分析与聚类方法，研究了互联网在传播西藏旅游形象中的作用。郑治伟和王崇文（2007）研究了互联网在旅游目的地的营销、为游客提供个性化服务，以及对知识进行有效管理中的作用。翁钢民和孙亚坤（2014）指出旅游企业通过互联网、微博等进行简单线性模式和即时反馈的高效循环模式的旅游信息传播达到良好的营销效果。李春（2016）认为，互联网改变了文化旅游媒介推广策略。郭又荣（2016）以途牛网为例，研究表明，互联网可以通过提高产品服务质量、打造高端定制产品以及优化线上线下销售模式等途径对旅游电商个性化旅游产品营销产生影响。

（2）旅游产业融合与重塑。

杨彦锋（2012）指出，互联网为旅游产业的创新与重塑提供动力，成为旅游产业融合与创新业态的主要驱动因素。朱峰等（2013）以婺源为案例，研究了互联网发展不同阶段对旅游目的地演化的影响。包富华等（2013）定义了互联网旅游企业商业模式，并以携程为例研究了互联网发展对旅游企业的商业模式的改变。李钰（2015）剖析互联网金融与旅游企业融资路径内在契合性，并进一步探索互联网金融与旅游企业共性发展策略。张璟等（2015）对“互联网+”模式对民族旅游服务营销的作用机制进行研究。刘丽华和何军（2015）认为，“互联网+旅游”模式重构了旅游服务业模式。徐金海和王俊（2016）从“互联网+”时代的视角着重论述了旅游产业融合的机制及其存在的障碍，并提出了互联网时代促进旅游产业融合的政策建议。王德刚（2016）认为，互联网技术使景区的内部管控、信息发布、旅游预警、网上预订、身份识别、门禁管理、游览导引与解说、客流量控制与安全管理、市场统计、客户维护、财务核算等更加全面、有效、高质。马跃如和余航海（2018）互联网催生了基于社群旅游的基本特征构建了社群旅游的“产、售、消一体化”商业模式，通过信息共享与配置形成了生产、营销与消费的融合统一。

（3）旅游流预测。

李响（2011）研究表明，传统旅游信息搜寻努力、移动互联网涉入、网络信任对移动互联网旅游信息搜寻努力有显著的正向影响，移动互联网搜寻成本对移动互联网旅游信息搜寻努力有显著的负向影响。张柳（2012）引入游客每周上网时间和网龄等统计指标，利用“推—拉”理论，构建相关的信息分析模型，划分推拉力的相关层次和维度，探讨旅游网络信息流导引作用差异的影响因素。陆国锋等（2016）基于互联网旅游评价信息提出最优目标旅游线路算法，有效消除了推荐系统对先验知识的依赖。樊志勇（2016）指出，在线旅游以其信息的高效率匹配和全方位整合，入驻并冲击着传统旅游领地互联网改变了旅游行业五种力量的竞争力。马威等（2016）把互联网搜索数据与现实游客行为之间进行关联和映射，进行甘肃省旅游客源地时空数据可视化、时空数据异常探测、时空过程分析等，以确定旅游者的出行轨迹、偏好规律，对制定有针对性的决策提供依据。互联网大数据为新时期旅游目的地进行准确的游客分析及预测提供了基础数据。任武军和李新（2018）通过挖掘互联网搜索数据分析旅游目的地的热度，进而利用主成分分析方法构建搜索指数衡量旅游需求。

三、小结

互联网对旅游服务提供商和消费者都产生了重大影响（Standing et al.，2014）。本书通过对近年来国内外研究成果进行梳理和分析，找出与旅游互联网相关研究中的主要研究热点和空白。分析发现，过去五年的研究论文数量大幅增加。国外与互联网在旅游业中应用的研究主要包括互联网作为信息搜索渠道、网络营销渠道和在线购买渠道对旅游业的影响。国内研究最常见的三个研究主题为

网络营销、产业融合、信息搜索。现有研究多从商业模式、营销渠道、消费者行为等微观层面考察互联网对旅游业的影响，但是从经济学视角考察互联网对旅游业发展的影响程度、渠道和机制的研究寥寥无几。

第三节　互联网与旅游贸易

一、互联网与旅游贸易文献检索分析

（一）国外研究现状

国外“Internet and Trade”主题文献 174 篇，如图 2-17、图 2-18 所示，具体情况如下：从发文集中年份来看，2018 年（13 篇）、2017 年（13 篇）、2016 年（12 篇）、2010 年（11 篇）、2002 年（11 篇）。统计结果显示，“Internet and Trade”领域研究从 2000~2005 年处于早期阶段，随着互联网的普及和应用，学

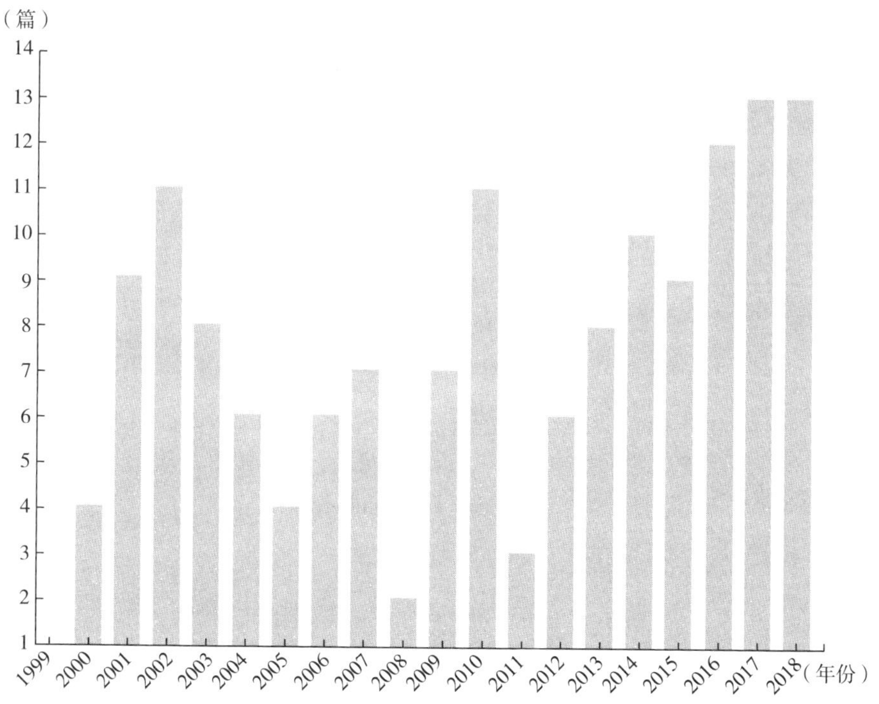

图 2-17　1999~2018 年“Internet and Trade”主题文献年发表量

者们开始关注相关研究；2006~2011 年处于中期阶段，相关研究数量波动不稳定；2012~2018 年处于快速增长阶段，该领域的研究稳步增长，出现了大量的文献探讨互联网对国际贸易的影响；2000~2018 年该领域文献被引用频次逐年增加，尤其是在 2017 年和 2018 年被引用频次达到了新高度。近年来，互联网（尤其是移动互联网）产业发展已进入中速增长阶段，用户和网络流量持续且高位增长。全球双边贸易与世界互联网同步快速增长的事实引发学者的关注，关于互联网与国际贸易的关系一直是国内外关注的重要问题。

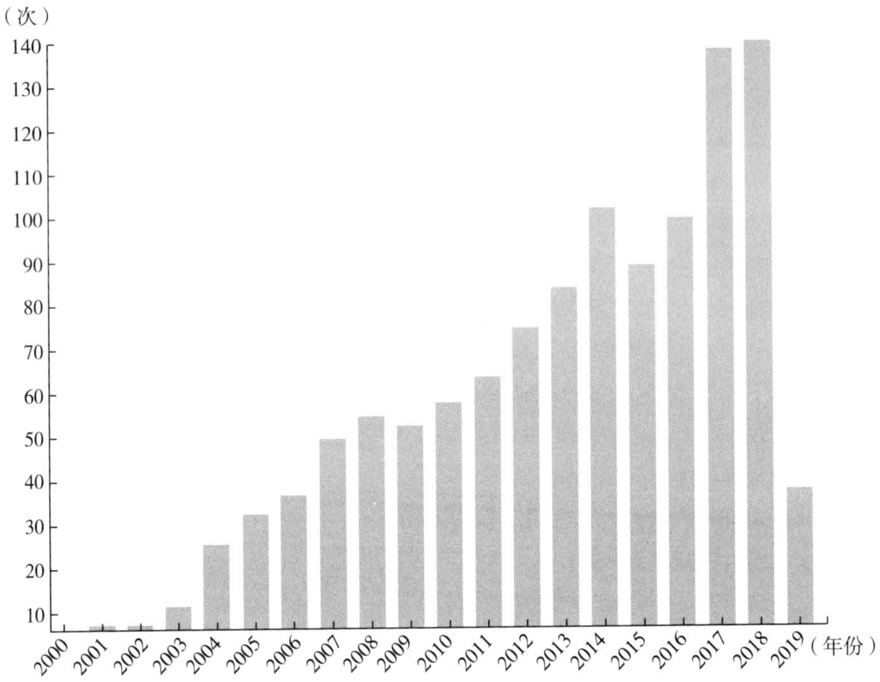

图 2-18　2000~2019 年“Internet and Trade”主题文献年被引用次数

从国外“Internet and Trade”研究领域文献被引用频次的统计结果来看，29 篇文献的被引用次数超过 10 次，具体如表 2-6 所示。其中，被引用次数最多的是 Freund 和 Weinhold（2004）、Freund 和 Weinhold（2002），这两篇是该研究方向的经典文献。

表 2-6　国外“Internet and Trade”主题文献引用频次≥10

作者	发表期刊名称	发表年份	总引用量
Freund 和 Weinhold	*Jouranl of Intertional Economics*	2004	149
Freund 和 Weinhold	*American Economic Review*	2002	100

续表

作者	发表期刊名称	发表年份	总引用量
Ramayah 等	*Computers in Human Behavior*	2009	74
Tikkanen 和 Ross	*Aids Education and Prevention*	2003	66
Fabrikant 等	*Automata, Languages and Programming*	2002	65
Ghose 等	*MIS Quarterly*	2009	49
Clarke 和 Wallsten	*Economic Inquiry*	2006	43
Dickson 等	*Jouranl of Consumer Research*	2000	39
Choi 等	*Journal of Financial Economics*	2002	35
Choi 等	*Economics Letters*	2010	33
Chua 等	*MIS Quarterly*	2007	33
Power 和 Singh	*Journal of Operations Management*	2007	32
Saundry 等	*New Technology Work and Employment*	2007	30
Sabherwal 等	*Journal of Business Finace & Accouning*	2011	27
Kent 等	*Journal of the Market Research Society*	1999	27
Shen 等	*Physica A-Statistical Mechanics and ITS Applications*	2016	22
Martin 和 Goetzee	*Water SA*	2011	20
Salahuddin 和 Gow	*Telematics and Informatics*	2016	19
Loh 和 Ong	*Journal of Information Technology*	1998	17
Teo 等	*Behaviour & Information Technology*	2004	15
Ward 和 Lusoli	*Europen Journal of Communication*	2003	15
Bojnec 等	*Industrial Management & Date Systems*	2010	14
Lee 和 Lee	*Expert Systems with Applications*	2012	13
Lucio 等	*New Technology Work and Employment*	2010	13
Hurt	*Boston University Law Review*	2005	13
Mizrach 和 weerts	*Journal of Economic Behavior & Organization*	2009	12
Bojnec 和 Lmre	*Journal of Computer Information Systems*	2009	11
Lin 等	*Journal of International Trade & Economic Development*	2015	10

从国外 “Internet and Trade” 主题文献关键词统计结果来看，出现频次最高的 20 个关键词为 internet、international trade、information technology、web service、new economy、performance、model、online trading、gravity equation、panel data、market、investor、e-commerce、behavior、adoption、supply chain、sustained competitive advantage、communication strategy、price、travel agency（见表 2-7）。在宏

观层面，基于面板数据的引力模型是常用的实证方法。在微观层面，分别从市场、投资、电子商务、行为、竞争优势、价格、旅游中介等角度进行研究。总的来说，对于互联网与贸易的研究，逐渐由将互联网作为一种网络服务工具转变为一种新经济的表现形式。

表 2-7　国外"Internet and Trade"主题研究关键词

关键词	关键词
internet	market
international trade	investor
information technology	ecommerce
web service	behavior
new economy	adoption
performance	supply chain
model	sustained competitive advantage
online trading	communication strategy
gravity equation	price
panel data	travel agency

（二）国内研究现状

在 CNKI 数据库中设置检索式为"CSSCI 期刊=Y"、"主题=互联网与贸易"或者"题名=互联网与贸易"，共检索出 228 篇与"互联网与贸易"主题相关的文献，经过初步筛选，最终选择其中 200 篇进行分析。其中，总参考文献数为 1264 篇，总被引文献数为 506 篇，总下载量为 48065 篇，每篇平均参考数为 6.32 次、被引数为 2.53 次、下载量为 240.32 次，下载被引比为 94.99。如图 2-19 所示，

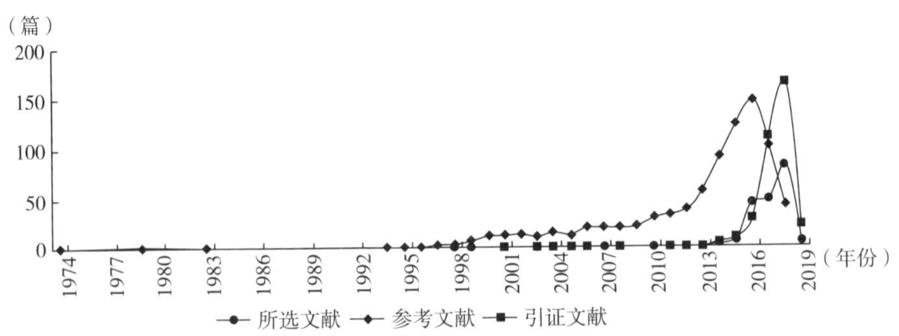

图 2-19　1994~2019 年国内"互联网与贸易"所选文献、参考、引证文献数量

从国内相关文献数量来看，2013 年前，国内学者基本没有在“互联网与贸易”方面的研究成果；2013 年学者才逐渐关注“互联网与贸易”主题的研究，2014~2018 年，相关研究成果数量有了大幅增长。

从国内“互联网与贸易”的关键词分析来看，如图 2-20 所示，主要有国际贸易、互联网、“互联网+”、创新（路径）、对外（出口）贸易、跨境电子商务、影响程度、文化贸易、企业管理等。

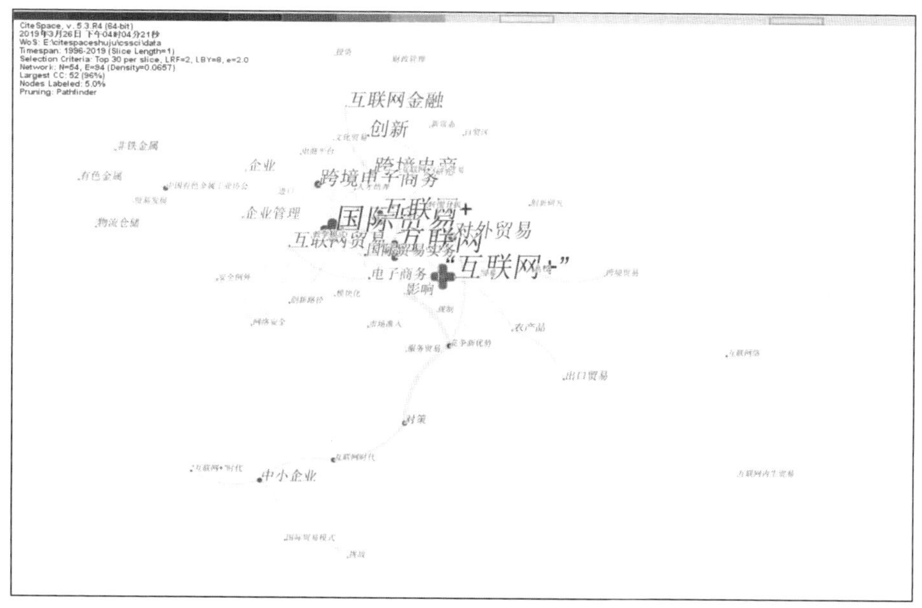

图 2-20　国内“互联网与贸易”主题研究的关键词分析

通过聚类发现，具体结果如表 2-8 所示，国内“互联网与贸易”的研究主要集中在互联网对国际服务贸易、国际商品贸易的影响，互联网带给国际贸易的机遇和挑战，互联网背景下国际贸易发展的对策和建议等方面。

表 2-8　国内“互联网与贸易”研究关键词频次和聚类结果

频次	关键词	聚类
50	国际贸易	国际服务贸易
31	互联网	平行输入影响
21	“互联网+”	机遇挑战

续表

频次	关键词	聚类
11	创新（路径）	影响及对策
8	对外贸易	国际商品贸易
5	跨境电子商务	促进作用
4	影响程度	—
3	文化贸易	—
3	出口贸易	—
2	企业管理	—

从图 2-21 中可以看出，互联网与国际贸易的影响研究，从宏观层面对外贸易过渡到微观层面物流仓储、金属贸易、文化贸易、创新、高校课程改革等方面。具体互联网带给贸易的影响主要表现在市场准入、企业管理、人才培养和教学模式、创新路径等方面。互联网带给国际贸易的机遇主要有跨境电商、自贸区、转型升级，挑战主要有贸易和网络安全问题等。互联网对国际贸易的促进作用可以通过互联网金融、财政管理、引入投资、创新模式等方面实现。

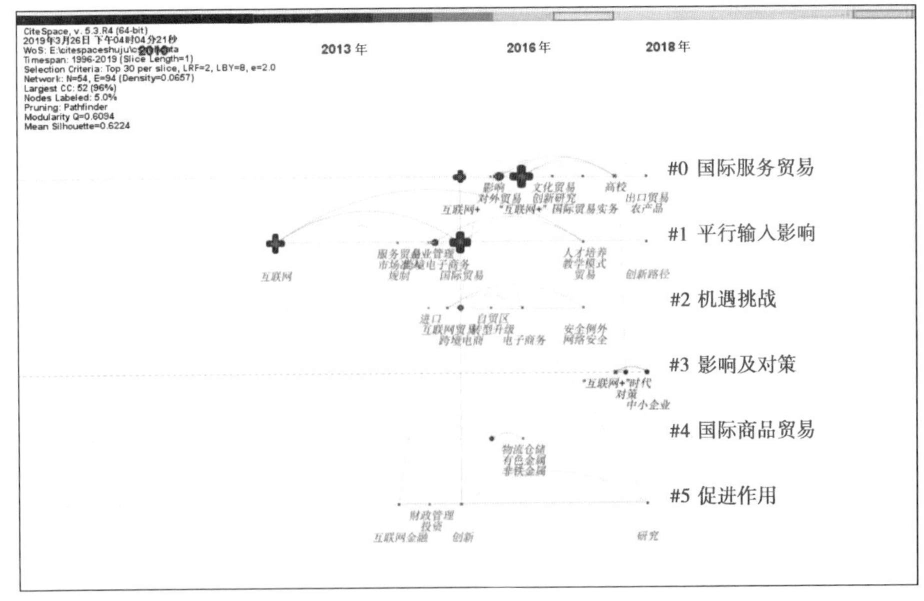

图 2-21 国内“互联网与贸易”主题研究聚类时间序列

（三）小结

通过对国内外相关文献计量分析发现，国外学者更早开始关注互联网与贸易领域的研究，研究范围更加广泛。近年来，国内学者对互联网与国际贸易领域的关注度也进一步提升。国内外学者对互联网与贸易领域的研究存在一个共性：从宏观层面的影响水平研究逐渐过渡到对具体影响路径和影响机理的探讨。

二、互联网与旅游贸易研究现状

自互联网诞生以来，关于互联网与国际贸易关系的研究一直是国内外关注的重要问题，以互联网为代表的智能信息服务作为一种纽带和链接，激发全球生产网络的创新活力，打通了分散的生产模块，使生产过程进一步碎片化成为可能。近年来，关于互联网对国际贸易的影响研究有了较大的进展，国外学者大多采用跨国数据研究互联网对国际商品贸易总量的影响，而国内学者主要基于中国海关数据研究从微观企业层面定量研究互联网对商品贸易的影响。

（一）国外研究现状

Freund 和 Weinhold（2002）最早实证研究发现互联网对国际商品贸易具有显著的促进作用，将电脑主机数作为互联网代理变量加入引力模型分析，其他国外学者大多采用跨国数据研究互联网对国际商品贸易总量的影响。随后 Freund 和 Weinhold（2004）更新代理变量利用出口国单边网址数量对国际商品贸易进行研究。Blum 和 Goldfarb（2006）、Wheatley 和 Roe（2008）、Choi（2010）、Lin（2015）开始用互联网用户数（网络普及率）代替主机数量对互联网的影响机制进行探讨。Yadav（2014）利用企业电子邮件和网站两种网络工具证明了互联网对生产制造企业的出口有促进作用。以上互联网代理变量电脑主机数、出口国单边网址总数、互联网用户数量及微观企业电子邮件和网站基本上是单边总量，即只是商品出口国家互联网的发展程度的简单衡量，并未考虑进口国互联网的发展情况和开放程度，或者说并未考虑出口国与进口国之间的细分的互联网关联程度。Chung（2011）获取了 2003 年和 2009 年全球贸易伙伴国家之间的双边网址链接数据，为学者对互联网的研究提供了新的思路。由于服务贸易细分行业统计数据获取难度相对较大，大部分探讨互联网对服务贸易影响文献都是对服务贸易总量的影响，只有极少数的学者研究互联网对细分行业视听服务、金融、知识产权出口的影响。Hellmanzik 和 Schmitz（2015）研究了双边网址链接数量增加对试听服务贸易和金融的影响。

（二）国内研究现状

国内学者的研究结果大多表明互联网显著促进了国际贸易的增长。张相文和黄漫宇（2003）认为，在全球化的背景下，互联网降低贸易双方沟通成本成为信息交换和资源共享的最佳方式，带来传统贸易在组织形式、流通模式、流通渠道以及营销方式等方面的创新。冯萍和刘建江（2010）认为，互联网成本降低效应、市场扩张效应、贸易创造效应减少了全球供给与需求之间的非增值环节，促进双边贸易流量的增加。施炳展（2016）利用双边、双向网址链接数量作为互联网代理变量，分析互联网通过降低交易成本、扩大交易规模、优化资源配置水平对中国企业出口产生显著促进作用。石良平和王素云（2018）以互联网用户数作为代理变量，研究表明互联网通过信息成本节约、溢出效应和异质性三个路径对我国 31 个省份的对外贸易总量和贸易结构产生影响。王欠欠和夏杰长（2018）基于全球价值链视角研究表明，互联网对中间品贸易跨国流动有更大的影响。李晓钟和吕培培（2018）发现，互联网显著地促进了我国与“一带一路”沿线国家的进出口贸易，但存在显著的区域差异和动态性。谢旭斌和刘再起（2017）基于中国的单边互联网用户数和电子商务交易额等指标，研究了互联网对我国入境旅游的影响。针对旅游贸易，少数学者进行了信息与互联网实证研究的初探，如谢旭斌和刘再起（2017）基于中国的单边互联网用户数和电子商务交易额等指标研究了互联网对我国入境旅游的影响。随着互联网与旅游行业的不断融合互联网成为研究旅游行业不可忽视的因素。目前国内外关于互联网与旅游贸易的研究大多是基于“互联网时代”“电子商务平台”或者“互联网+”的背景进行的定性分析，如钱建伟和 Rob Law（2016）、吴茂英和陆军良（2016）等。

三、小结

总的来说，互联网促进国际商品贸易和国际服务贸易发展的研究结论已经被普遍接受，主要的结论包括：①互联网代理变量的选择方面，双边网址链接数据是对互联网影响解释力度相对较大且新颖的代理变量；②实证模型的运用方面，引力模型是目前研究国际商品贸易和服务贸易科学且有效的方法；③数据的获取方面，跨国宏观数据相较于微观企业数据更能真实反映国际贸易的基本规律。现有的研究成果对本书互联网代理变量的选取、实证模型的运用及数据的获取提供了重要的理论基础。信息经济、网络经济和大数据经济逐渐融为一体，互联网对传统服务经济理论提出根本挑战，选择适当模型和方法研究互联网经济学问题可以更加科学地预测宏观经济。传统旅游服务贸易的研究大多没有考虑互联网因素，因此互联网对旅游贸易影响的实证研究文献极具现实意义。

第四节 互联网与旅游效率

一、互联网与旅游效率文献检索分析

（一）国外研究现状

在 Web of Science 数据库中输入题目“tourism and efficiency”，选择 2005~2018 年，经过筛选后，选择 71 篇文献进行 CiteSpace 知识图谱分析。如图 2-22 所示，Benito 等（2014）、Barros CP（2005）、Hsieh 和 Lin（2010）、Yu MM 等（2009）、Fuentes R（2011）、Picazo-tadeo AJ 等（2011）、Law 等（2009）、Pestana BC 等（2011）、Assaf 和 Agbola（2011）、Buhalis 和 Law（2008）共 10 篇文章的被引用频次最高，对其他研究的影响更大。

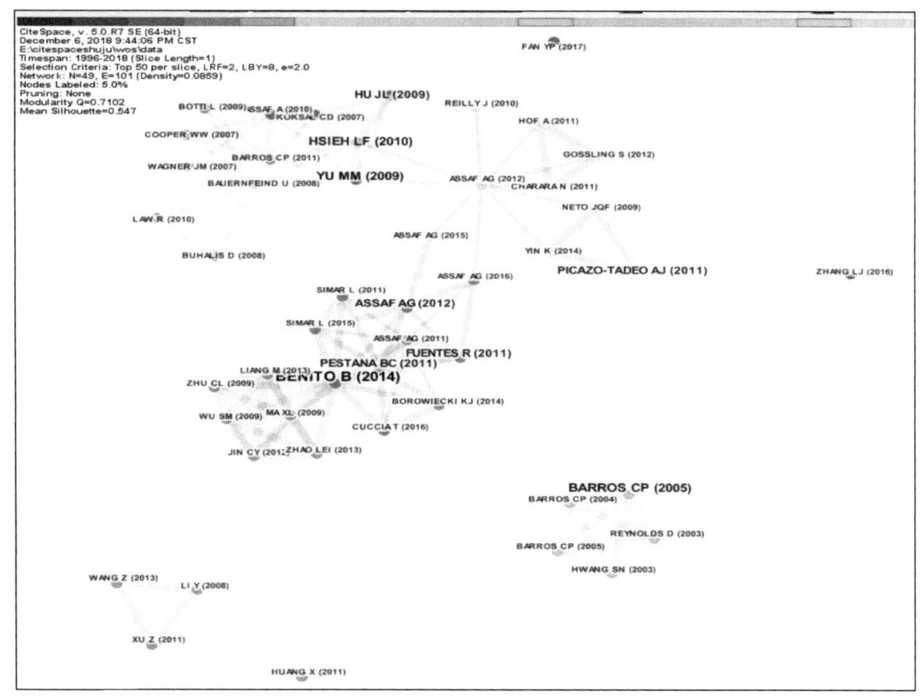

图 2-22 国外“tourism and efficiency”索引频次前 50%文献

按年份进行聚类结果显示国外旅游效率的研究有八大类别，如图 2-23 所示，具体涉及的关键词如下：#0 数据包络分析（data envelopment analysis）、技术进步（progeress）、空间分异（spatial differentiation）；#1 技术效率（technical effienciency）、可持续性（sustainablity）、海滨城市（coastal city）；#2 目的地竞争力（destination competitiveness）、两阶段（Two stage）、空间分异（spatial differentiation）；#3 数据包络分析（data envelopment analysis）、国家风景名胜区（national scenic area）、空间分异（spatial differentiation）；#4 数据包络分析（data envelopment analysis）、直接距离模型（drectional distance function）、层级方法（ranking method）；#5 生态效率（ecological efficiency）、数据包络分析（data envelopment analysis）；#6 特征分析（characteristic）、数据包络分析和托宾模型（data envelopment analysis and tobit model）；#7 效率（effienciency）、空间分异（spatial differentiation）。

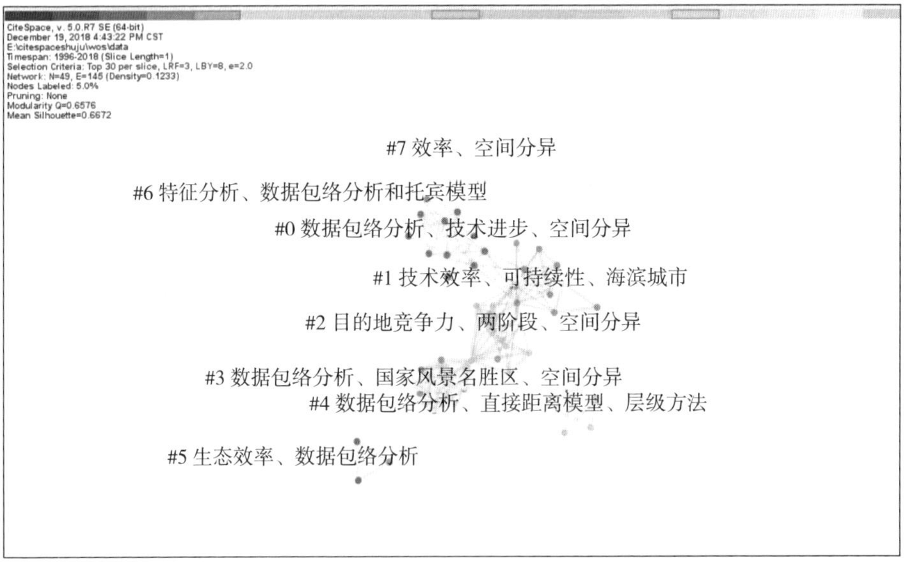

图 2-23　国外"tourism and efficiency"主题年份关键词聚类研究

（二）国内研究现状

国内研究现状，在 CNKI 中设置检索式为"CSSCI 期刊 = Y""主题 = 旅游与效率"或者"题名 = 旅游与效率"进行搜索，主要筛选来自 CSSCI 期刊 2003～2019 年文献共 142 篇，如图 2-24 所示，共引用参考文献 2084 篇，每篇平均参考数为 14.68 篇；总被引用数为 3026 次，每篇平均被引数为 21.31 次；总下载为 126569 次。

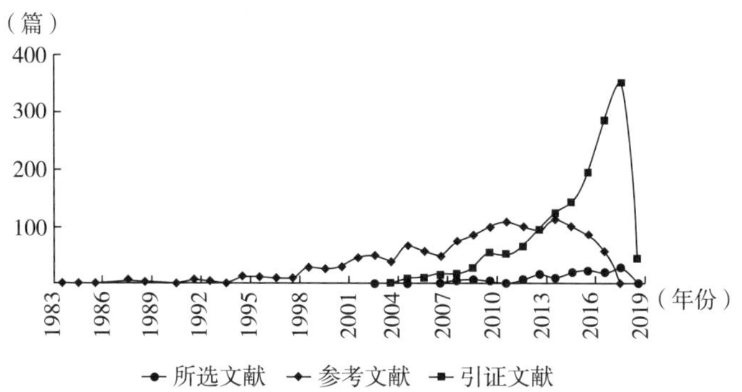

图 2-24　1983~2019 年国内“旅游与效率”主题所选文献、参考文献、引证文献数量

国内“旅游与效率”关键词主要涉及数据包络分析、旅游（产业）效率、生态效率、Malmquist 指数、旅游扶贫效率、规模效率、效率评价、入境旅游效率、空间分异、相对效率、超效率、经营效率、技术效率等方面（见图 2-25）。

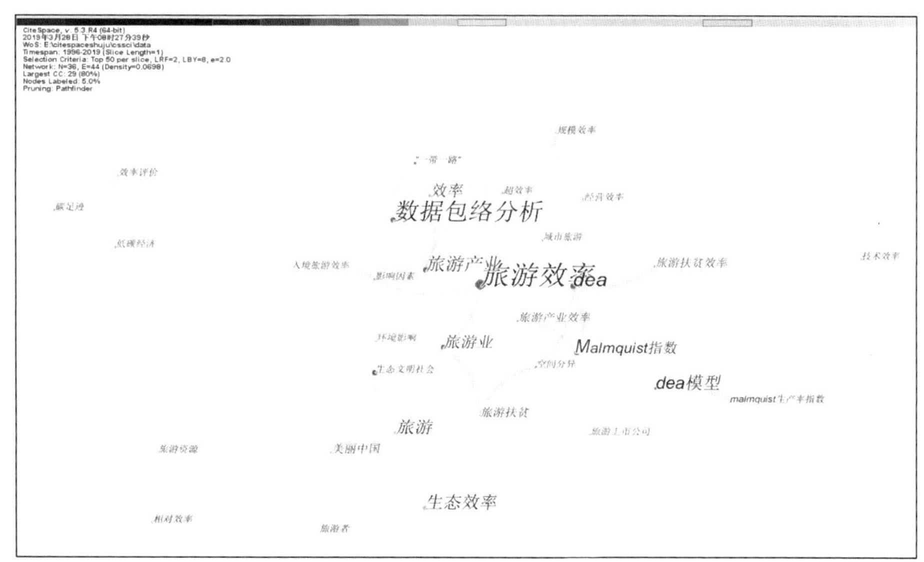

图 2-25　国内“旅游与效率”主题研究关键词图谱分析

通过对发文研究机构的统计发现，如图 2-26 所示，每年发文数量达到两篇以上的研究机构分别有南京师范大学地理科学学院、中国科学院地理科学与资源研究所、华东师范大学经济与管理学部、中国海洋大学管理学院、中国旅游研究

院、辽宁工程技术大学、湖南师范大学旅游学院、安徽大学商学院、天津外国语大学国际商学院、四川大学旅游学院、中山大学旅游发展与规划研究中心、东北财经大学旅游与酒店管理学院。国内这些研究机构对旅游与效率的研究关注度较高，这也为下文进行详细的文献梳理总结提供了方向。

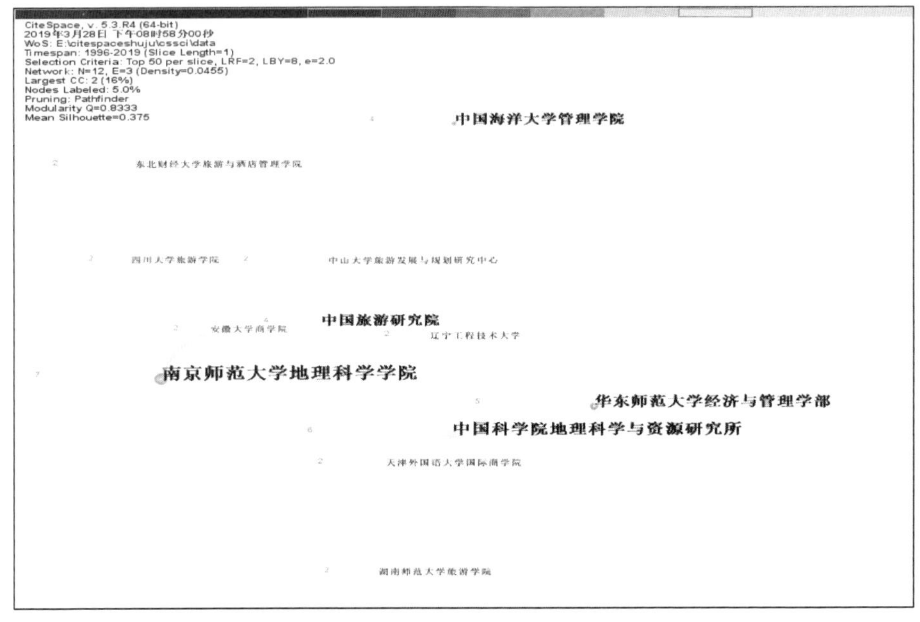

图 2-26 国内“旅游与效率”主题研究机构发文频次

（三）小结

数据包络分析是近年来国内外旅游效率测算的主流研究方法，在具体测算过程中与两阶段、层级方法、直接距离模型等进行结合；空间分异是旅游效率研究重点关注的特征。国外对旅游效率的测算主要涉及生态效率、技术效率、技术进步等，国内相关研究涉及范围更广，主要包括旅游企业效率、生态效率、Malmquist 指数、规模效率、效率评价、入境旅游效率、空间分异、相对效率、超效率、经营效率等。尤其是近年来，国内学者开始更多关注旅游扶贫效率。

二、互联网与旅游效率研究现状

旅游部门的经济重要性日益增加，而旅游市场的竞争也日益激烈，这是由于从大众旅游过渡到新的旅游时代所造成的。从经济学角度来讲，效率是一个行业发展的重要指标，生产率是反映国家资源要素是否得到有效、充分利用的最重要指标之一。旅游业是一个包括酒店业务、餐饮、游览和娱乐四个主要领域的综合业务。旅游业效率对社会经济生活的许多方面都有着巨大的影响，由于旅游的综合性、社会性和绿色性，旅游产业经营绩效是一个值得关注的问题。

（一）国外研究现状

国外关于旅游业效率的研究较早，主要集中在对旅游目的地的效率和旅游企业的效率测算两个方面。

1. 旅游目的地效率

本部分所说的旅游目的地包括城市、国家，旅游目的地效率的概念和衡量方法在旅游经济学文献中受到越来越多的关注。旅游目的地是我国旅游业发展的重要组成部分和旅游研究的重要领域。在旅游目的地发展中存在着盲目扩张的现象，衡量旅游目的地投入与产出的比例关系是否合理是一个有价值的深层次探讨。Cracolici 等（2008）利用 2001 年意大利 103 个地区的数据，分别采用参数法和非参数法、随机生产函数法和数据包络分析法进行了对旅游景点经济效率评估。Rnajbar 等（2011）采用基于 Cobb-Douglas 的生产函数的随机前沿分析方法，评估 1997~2008 年 7 个波斯湾国家的旅游业的技术效率，旅游资本投资、旅游从业人员总数和政府旅游支出为主要投入指标，全球化和通信普及有利于提高旅游业的技术效率。Hadad 等（2012）指出，近年来虽然旅游产业效率与生产率的微观测度一直是研究的热点，但宏观层面的研究却很少。其利用数据包络分析，分析了 105 个国家的旅游业效率，其中包括 34 个发达国家和 71 个发展中国家。他们发现全球化和可及性对发展中国家旅游业部门的效率至关重要，而劳动生产率可能是总旅游业效率的一个很好的代表。Ciurana 等（2015）利用三种数据包络分析（DEA）模型比较了 14 个地中海国家高尔夫旅游效率。Brida 等（2014）采用 2002~2008 年的数据，从可持续发展的角度，运用数据包络分析（DEA）方法计算了意大利博尔扎诺自治省索道纯技术效率和规模效率，有助于政策促进区域旅游业竞争力。Cao 等（2016）将中国国家重点风景名胜区划分为几个区域，对中国国家级风景名胜区的旅游效益进行了测算。采用经验模态分解（EMD）和 Bootstrap-DEA 模型，揭示了波动特征、过程及其空间分异，景区旅游效率受多因素联动效应影响，在时间上呈现多尺度波动特征，在空间上呈现区域差异。Yu 和 Li（2016）采用数据包络分析模型测算发现中国省级森林公园旅游平均综合效率处于中等水平，存在“东部比西部高，西部比东北部高，东北部比中部高”的区域差异。Ibanez 等（2017）采用两阶段数据包络分析和偏差修正模型分析了西班牙旅游景区在 2008~2011 年的效率排名，针对西班牙观光模式的绩效与可持续性之间的关系提出相关政策建议。Mendieta-Penalver 等（2018）通过数据包络分析技术估计了旅游目的地竞争力技术效率、纯技术效率和规模效率，采用中介模型研究表明旅游目的地竞争力与企业竞争力之间存在正相关关系，但效率并没有起到中介作用。

2. 旅游企业效率测算

旅游企业是旅游业最重要的组成部分，其经营效率对旅游业的发展有着至关重要的影响。旅游业是优化产业结构的重要服务产业。旅游企业作为旅游市场的核心组成部分，对旅游产业的有效运营起着关键作用。Peypoch 和 Solonandrasana（2008）利用方向距离函数，提出了一种综合分析旅游企业效率和生产率的新方法，以酒店业效率为例验证了这种新的绩效评价方法。Aivaz 和 Vancea（2009）根据罗马尼亚康斯坦塔县 572 家旅游公司的“资产负债表”和“名义账户”提供的会计资料，运用数据包络分析方法计算了生产者及其同质组旅游服务生产效率和生产率。在分析时，考虑了固定资产、流动资产、员工人数等投入指标和营业额和利润等产出指标。Qin（2010）分析了年度形势变化和区域差异的中国旅游企业运营效率及其影响因素，发现东部沿海地区旅游企业经营效率高于中西部地区，区域差异显著，我国旅游企业经营效率的主要积极影响因素为居民个人消费水平和人均固定资产，消极影响因素为星级酒店营业收入占当地旅游企业营业收入的比例。Marrocu 和 Paci（2011）控制其他无形因素（如人力、社会和技术资本）和可达性的程度，以旅游流量作为区域全要素生产率的决定因素，对欧盟 15 个成员国的 199 个欧洲地区以及瑞士和挪威的样本进行了分析发现旅游流量提升了区域效率，无形资产、基础设施和空间溢出也发挥了积极作用。Zhang 和 Ma（2011）构建了基于信息熵的指标体系，运用数据包络分析模型测算了创新要素和企业效率，并对企业经营效率进行了评价。Corne（2015）采用分层类别数据包络分析模型对法国不同类型的酒店业技术效率进行了测算，以巴黎为基准，研究表明经济型酒店的效率高于其他类型酒店的效率。Tran 和 Nguyen（2015）基于省际数据探讨了观光型企业经营效率的决定因素。

（二）国内研究现状

近年来，国内学者开始陆续关注中国旅游业全要素生产率，但研究领域和方法各有偏好。国内旅游业全要素生产率的研究主要以省际层面旅游业效率测算为主。

1. 宏观：国家层面

左冰和保继刚（2008）采用生产函数法研究了中国连续 14 年旅游业的全要素生产率（TTFP）和经济增长方式，指出我国旅游业对劳动要素的依赖达到 63.69%，投资效率低和基础设施投资不足是我国旅游业技术进步效率低的主要原因。技术进步速度差异导致我国各省旅游业全要素生产率差距分化。旅游业的技术溢出方式不受制于区域经济发展水平和区域地理位置。王永刚（2012）实证研究了 2000~2009 年中国样本省份的旅游业全要素生产率增长，发现技术进步是我国旅游业全要素生产率增长的决定要素；旅游业全要素生产率增长并不存在显著区域差异，但东部地区技术进步速度明显快于中部地区。赵磊（2013）分解测算了 2001~2009 年我国省际旅游全要素生产率，发现我国各地区旅游全要素生产率差距正在逐步缩小，但现阶段中国旅游全要素生产率增长尚未找到合适的条件收敛路径。张丽峰（2014）对我国各省份、三大区域及全国的旅游业技术进步变化指数、技术效率指数以及 Malmquist 指数进行了测度与分解，发现旅游业全要素生产率增长主要依赖技术效率改善且存在区域差距，粗放型特征明显，可持续发展后劲不足。郭悦等（2015）基于 2005~2012 年我国各省份的旅游业相关数据，实证表明我国省际旅游业全要素生产率年均增长 8.4%，具体来说技术进步实现增长 10.2%，技术效率降低了 1.6%。产业集聚对旅游业全要素生产率的促进作用主要是通过改善旅游业技术效率实现的，对旅游业规模效率的促进作用小于其对纯技术效率的影响。宋瑞（2017）对 2006~2015 年中国的星级饭店、旅行社、旅游景区全要素生产率的增长状况进行了测算，发现我国旅游技术效率和技术进步共同促进了我国旅游业全要素生产率的增长，旅游业增长方式由外延式、粗放型发展方式向内涵式、集约型转变。吴琳萍（2017）采用加入能源消耗要素的索洛余值法并对 1995~2015 年中国旅游业的全要素生产率进行测算，结果表明中国旅游业全要素生产率较低且波动性大，中国旅游经济属于要素驱动型的外延式增长模式，资本要素的增长要与高生产率匹配才能带动旅游经济的高增长；旅游业发展过程中能源的制约性日益突出。刘小燕（2018）采用 Tinbergen 改进的 C-D 生产函数对 1997~2015 年中国旅游业发展情况进行分析。通过对中国旅游业增长的要素贡献率分析发现，旅游业资本、人力资本和技术进步等要素对旅游业经济增长起着关键作用，其中，技术进步和资本投入对中国旅游业的发展具有积极影响，劳动要素则成为当前中国旅游业经济增长的阻碍。查建平等（2018）发现 2000~2015 年我国的旅行社、星级酒店与旅游景区三种类型企业的全要素生产率整体呈现增长趋势，但总体增长的趋势与内在机理仍存在较大差异。

2. 中观：区域层面

龚艳和郭峥嵘（2014）研究发现江苏省 13 市 2001~2012 年旅游业发展的静态效率呈先降后升趋势，动态效率年均变化值-0.6%，各市旅游业效率存在差距扩大趋势，其增长主要依托技术进步而不是规模效率。李瑞和等（2014）以城市群地级以上城市为生产单元，研究发现由传统 DEA 模型测度的城市群城市旅游业综合效率及其分解效率值均要高于 Bootstrap-DEA 纠偏模型测度后的效率值。四大城市群主要城市旅游业投入资源利用综合水平良好，其中珠三角和长三角城市旅游业综合效率受纯技术效率的影响程度略强于规模效率，京津冀和山东半岛城市则相反。李晨等（2018）采用 DEA-Malmquist 指数模型测算 2009~2015 年淮海经济区旅游业全要素生产率，根据旅游业全要素生产率与旅游综合效率将淮海经济区的效率形态分为低降型、低升型、高升型、高降型四种，并根据效率形态的演化特征划分凹槽型、循环型、波动型和平稳型四种效率演变模式。马晓龙和保继刚（2010）在 2005 年对我国 58 个主要城市进行旅游效率的统计、分组，就阶段特征和分解效率对总效率的贡献进行了评价，认为总效率的决定因素依次是规模效率、技术效率和利用效率，经济发展程度高的城市更容易进入旅游发展的规模收益递减阶段，现阶段我国区域经济发展的不平衡性是导致旅游效率总体水平偏低的根本原因。梁明珠和易婷婷（2012）以 2008~2010 年广东省 21 个市为研究对象，对旅游行业效率进行评价发现，40%的城市处于规模收益不变的阶段，并进一步指出珠三角、粤东、粤西和粤北四个地区之间的总效率和技术效率差距较大，规模效率差距较小且各类效率的差距均有缩小的趋势。依据旅游效率的大小和增速将城市划分为草根型、新秀型、明星型和贵族型四类。为相关部门和企业调整旅游资源要素投入规模和提高技术的利用水平提供借鉴指导。邓洪波和陆林（2014）测度了安徽省 17 个城市旅游资源利用的综合效率、技术效率和规模效率，发现 2010 年安徽省城市旅游效率总体上呈南北高中间低、东西分化的分布，城市旅游技术效率是制约安徽省城市旅游综合效率的主要因素。刘建国和刘宇（2015）测算结果显示，2006~2013 年杭州旅游业全要素生产率总体上呈现波动且上升的趋势，平均技术效率、技术变化和规模效率变化在大部分年份均显著改善，存在空间差异特征，但是区域差异不大。产业结构、基础设施、对外开放程度、经济发展水平和服务业发展规模等因素对旅游经济效率均具有显著的正向影响。张大鹏等（2015）利用 2009~2014 年的数据测算了全国 24 个资源枯竭型城市旅游业效率，从静态和动态两个方面分析认为，我国资源枯竭型城市主要有强力型、潜力型、乏力型和稳力型四种类型，整体旅游业效率水平偏低，且城市间发展水平存在明显区域差异。王新越和韩霞霞（2018）以我国 16 个“一带一路”沿海港口城市为研究对象分析发现，其旅游综合效率整体处于递增状态并呈南高北低空间特征，全要素生产率年均增长率为 8.9%。

3. 微观：企业层面

旅游企业是旅游业发展的微观主体，其全要素生产率全面反映了该行业的实际经营效率和发展趋势。随着我国旅行社数量和经营规模的不断增长，旅行社业发展效率及其区域差异值得关注。彭建军和陈浩（2004）以北京、上海、广东为例研究星级酒店的投入产出效率，发现经济型酒店资源配置持续优化、经营管理水平不断提升、产能效率逐步提高。中档酒店在资源配置和市场营销方面仍需进

一步提高效率。耿松涛（2012）探讨了20家中国旅游上市公司2004~2009年的Malmquist指数年均增长率为-0.4%，其中纯技术效率年均增幅为1.3%，波动性较大，粗放型增长的特征显著。孙景荣等（2014）研究发现，2003~2009年大部分省份旅行社业综合效率保持增长的趋势，纯技术效率是综合效率变化的关键因素；中国区域旅行社业效率呈现东西部高、中部低的态势。曹芳东等（2015）测算1992~2012年风景名胜区旅游效率及其分解效率，发现风景名胜区旅游效率总体上处于波动态势，多数尚未达到DEA最优状态。胡志毅（2015）发现，2000~2009年中国旅行社业主要依托规模效率的提高进行布局。旅行社业全要素生产率增长速度呈现东部和中部地区高、西部地区低的格局，产生差异的主要原因在于西部旅行社业的技术进步制约因素。各省域旅行社发展效率与区域旅游化水平的对应关系存在同步变化和背离发展两种情况。张广海和高俊（2018）基于2001~2015年星级酒店数据研究发现，我国星级酒店TFP总体上处于上升趋势，但增长的粗放式特征明显。城市化和信息化对酒店业TFP均为正向推动作用最为突出。胡宇娜等（2018）运用GWR模型研究了交通、资本、人才、信息化和经济动力对区域旅行社业效率影响的空间差异，认为旅行社业效率空间格局从“川”字形向“山”字形转变。

三、小结

总的来说，对于旅游业效率，无论是国外学者还是国内学者都做了大量的研究，主流方法包括非前沿方法和前沿方法，其中前者主要有增长核算法、指数法、增长率回归法，后者主要有数据包络分析方法（DEA）、自由处置壳法（FDH）、随机前沿法（SFA）。通过对现有研究成果的梳理发现，考虑到旅游业投入产出要素的特征及数据的可获取性，多采用前沿方法中的数据包络分析（DEA）方法和随机前沿法（SFA）对旅游业效率进行测算。国外的旅游业效率主要集中在旅游目的地和旅游企业两个方面，而国内学者主要从中国省际层面、区域地级市层面、旅游企业（星级酒店、旅行社、旅游景区）层面进行测算。

第五节 研究述评

一、互联网对旅游业发展的影响的量化研究有待进一步深入

从互联网对旅游业影响的现有文献来看，学者们对互联网作用的关注点主要

集中在宏观环境层面，即互联网时代背景下旅游目的地营销、互联网对目的地形象的影响、“互联网+”对旅游产业融合的促进作用等方面，这些研究主要以定性研究为主。目前，该领域的定量研究主要是通过互联网搜索指数对旅游流的预测等方面。尽管由于互联网导致旅游业发生了巨大变化，但有关互联网对旅游业具体影响机制的研究有限。互联网在进入应用领域以来，国内外各行业相关定量研究依然处于探索阶段。尤其是对旅游业来说，国内对互联网对旅游业影响的研究仍停留在“互联网+”背景下的定性分析。互联网已经完全颠覆其发展模式，在现有研究中进行了大量的影响与否的判断，但仍需进一步通过实证方法进行研究和论证。从现有互联网对贸易影响研究成果来看，互联网的代理变量大多是单边变量，已经有少数国内外学者开始尝试使用双边网址代理变量对互联网与国际贸易领域进行研究，但尚未有考察运用双边网址链接作为互联网代理变量对旅游贸易的研究。从目前互联网对其他行业定量研究来看，对于互联网发展水平的量化指标体系都是尝试性的建立，并不成熟。并且具体将互联网发展水平指标细化到我国 31 个省份方面的研究业处于起步阶段。对于地方互联网发展水平量化指标体系的建立，不仅是互联网与地方旅游业效率之间关系研究的重要步骤，也将为互联网对地方其他行业影响的研究起到较为关键的借鉴作用。因此，进一步细化互联网发展在经济发展中的作用，从国家层面和地方视角选择、测算互联网发展水平的衡量指标，以考察其对旅游业的作用是旅游业研究的重要课题。

二、互联网与旅游贸易的相关研究需要及时跟进

由于服务贸易细分行业统计数据获取难度相对较大，大部分互联网对服务贸易的影响文献都是探讨对服务贸易总量的影响。显然，服务行业内部的异质性明显高于商品制造业，因此，深入分析互联网发展对服务贸易的影响更具有必要性和意义，尤其是双边旅游贸易对信息更加敏感。随着互联网与旅游行业的不断融合，互联网成为研究旅游贸易不可忽视的因素。少数学者进行了互联网与旅游业实证研究的初探，但在互联网代理变量指标方面略显不足。目前国内大多研究使用单边国家主机数、网民总数和网址总数等互联网指标，这些数据很难测度双边国家间互联网的关联程度。现有将互联网作为旅游贸易影响因素的研究仍处于定性分析阶段，研究其对旅游贸易作用的实证研究文献基本上没有。运用双边互联网代理变量研究视角和研究方法相对较新，对互联网作用的衡量更加真实可靠，进行互联网对双边旅游贸易的实证研究极具现实意义。尤其在中国服务贸易一直处于逆差、旅游贸易逆差相对较大的基本背景下，考虑互联网因素有助于我们更深入地理解旅游贸易逆差问题。

三、互联网发展对旅游业效率的影响机制亟须研究

全要素生产率是评价一个国家或地区经济增长质量和技术进步的基本指标。1978 年以来，中国旅游业持续高速增长，其增长因素已经不再局限于单纯的资本和劳动力，技术进步也成为一个重要的内生变量。旅游业全要素生产率能够反映一个国家旅游业的生产效率和竞争能力，是近年来国内外学者关注的重点问题，研究我国旅游业的全要素生产率状况对于推动旅游业供给侧结构性改革和实现旅游业的可持续发展具有重要的现实意义。通过估算旅游业全要素生产率，将有助于评价旅游业技术进步、技术效率对旅游业增长和发展质量的贡献程度，能够评价当下旅游业发展政策的绩效，并确定下一步旅游业发展政策的方向。多年来，技术进步和旅游业一直是密切相关的（Chen and Sheldon，1997）。互联网作为技术进步的重要表现，在旅游业全要素生产率的增长中具有公认的价值，探究其对旅游业全要素生产率的影响结果有重要意义。同时要形成在互联网时代对旅游业效率影响的全面认识，需要进一步揭示互联网影响旅游业效率的过程机制，但现有文献中互联网对旅游产业要素生产率影响的研究寥寥无几，对于二者更深一层的影响机制、线性和非线性效应、异质性效应及空间溢出效应均尚未有研究涉及。

综上所述，国内外学者对互联网发展、旅游贸易、旅游业全要素生产率的相关研究为本书的后续研究提供了文献基础和重要借鉴。本书将基于互联网与旅游业发展的现实情况，首先从产出角度，考察全球区域范围内互联网对旅游业发展的影响程度。其次从效率角度，研究中国地方互联网发展水平对省际旅游业全要素生产率的影响问题，通过深入探索省际互联网影响旅游业全要素生产率的动力机制和传导机制，实证分析互联网发展水平对省际旅游业全要素生产率的影响水平和门槛效应问题。一方面有助于充分开发互联网对旅游业效率的促进作用，深化旅游业理论基础；另一方面为推动“互联网+旅游业”融合，进一步发展壮大旅游业提供一定的政策依据。

第三章　相关概念界定与理论基础

本章的主要任务是将互联网与旅游产业发展关系进行理论构建，为整篇研究提供一个科学合理的理论框架。具体来说，本章首先对互联网发展、旅游业、旅游业全要素生产率进行科学界定；其次对涉及本章核心的研究问题和相关研究问题的经济增长理论、信息经济理论、网络经济增长理论、全球投入产出理论、区域经济发展理论、旅游系统论等相关理论进行阐述。

第一节　相关概念界定

一、互联网发展水平

互联网始于 1969 年美国为高级研究计划局国防项目的分组交换系统推出的阿帕网。阿帕网被认为是 21 世纪新兴技术的定义，是全球性公用信息载体。在互联网出现的早期，学术界并没有专门的语言或者分类学研究这种新兴的数字化革命。由于社会经济形势在不断发展，关于互联网的定义和内涵，不同研究视角认知尚未统一。互联网的本质特征是一个广阔且不断延伸的“网络之网”，成为世界各地互相传输海量文本、声音、图片和视频等信息的高带宽沟通网，被认为是现代社会传输信息的媒介。总体来说，互联网利用新技术对人类知识和经验进行延伸，通过“网络”效应对资源配置发挥作用，改变经济形态和社会发展模式。在互联网时代，知识和信息成为最重要的资源且具有加速膨胀的趋势和消费的共享性，可再生性和重复性冲击了传统经济对资源稀缺性和“有限理性”的假设。信息的价值不是来源于它作为一种有用资源的内在特质，而是作为一种有用资源在被商品化的过程中对其他生产和交流所付出社会劳动的重新衡量。彼得·德鲁克认为，知识不应该被视为劳动力、资本和土地之类的传统生产资源，

而是当今时代唯一有意义的生产资源。

互联网经济在社会化的生产、流通、交换、分配等各环节中不可避免地需要借助于互联网技术以及有关的软件应用和硬件应用，才得以完成社会再生产循环过程的经济。美国得克萨斯大学电子商务研究中心认为网络经济包含网络基础建设领域、网络基础应用领域、网络的中介服务领域、网上的商务活动四个部分。互联网发展是以信息为中心转向以交易为中心再到以人为中心的过程。第一阶段，信息是稀缺资源，信息的搜索和传播是核心竞争力，所以主流的数字经济形态以互联网的基础设施的普及、门户网站和搜索网站为代表。第二阶段，交易成为新的需求，交易成本的降低和交易场景的无边界化是核心。基于互联网的用户规模，电商和流量是主流的数字经济形态。第三阶段，人本身成了主角，围绕着人的商业创新开始全面改造人的生活方式。企业用户和个人用户的诉求主导商业模式的变革，互联网发展围绕用户需求完成"市场化"和"人性化"的蜕变。

"互联网经济"与"互联网在经济中的作用"，二者既有联系又有本质区别。前者是一种经济形态，后者主要将互联网看作对经济产生影响的外在因素。本书对于互联网的研究主要考察互联网作为经济发展自变量的作用。互联网发展作为服务和辅助功能的出现，具有较强的融合性，与不同行业结合就会发挥出特定作用。互联网发展主要是指随着经济、社会和政治环境的变化，包括互联网基础设施、普及规模、应用水平在内的变化，体现数量和质量发展的综合结果。结合研究对象和目的，本书界定互联网发展水平定义为地区互联网自身的发展水平，主要涉及四个层面：互联网宏观环境、基础设施水平、普及规模、应用水平。第一层面，体现互联网发展宏观环境优化。宏观环境主要涵盖经济环境、消费环境、行业环境、技术环境等，是互联网发展的重要外部保障。第二层面，互联网基础设施完善。基础设施扩建包括电话线路、有线电视光缆、光纤线路等固定上网必备硬件设备的铺设，以及网站、域名、IP 地址协议等提升，主要从硬件设施和软件设施两个方面发展来实现。第三层面，互联网发展普及规模扩大。互联网普及规模通过绝对规模和相对规模衡量，互联网网民数的增长和网民普及率的上升是互联网深化影响的关键，为在线交易提供流量基础。第四层面，互联网发展的用户黏性提高。互联网应用主要来自企业和个人两个方面，用户忠诚度是该阶段互联网发展的关键。

二、旅游业

目前对于旅游业的概念各界尚未达成共识。窦群（2001）指出，旅游业概念界定是全球旅游界一项"哥德巴赫猜想式"的难题。石培华（2003）认为，旅游业概念界定的难点在于旅游产业体系的复杂性和就业方式的多样性。为了使旅游与其他学科，包括经济学、社会学、文化人类学和地理学等学科相对应，专家和学者从不同的角度对旅游作各种各样的限定和提炼，比较有代表性的概念包括：罗丽（1986）指出，旅游业是文化性和经济性兼具的事业。WTTC（2001）指出，旅游业是为游客提供服务和商品的企业，包括接待（旅馆、餐馆）、交通、旅游经营商和旅游代理商、景点、为游客提供供给的其他经济部门。王大悟和魏小安（2000）认为旅游业是凭借旅游资源和设施，专门或者主要从事招徕、接待游客、为其提供交通、游览、住宿、餐饮、购物、文娱六个环节的综合性行业。Smith（2000）将旅游业划分为两个层次：第一层次旅游业是指这样一些企业的总和，如果不存在旅游，这些企业就不会存在；第二层次旅游业则指这样一些企业的总和，如果不存在旅游，这些企业就会显著衰退。张涛（2003）指出，狭义的旅游业由与旅游活动相关程度最密切的三个部门，即旅行社业、旅游交通业和旅游饭店业所组成的行业。广义的旅游业以旅游资源为凭借、以旅游设施为条件，向旅游者提供旅行游览服务的行业，除专门从事旅游业务的部门以外，还包括与旅游相关的各行各业。黄远水和宋子千（2007）论证了旅游业是一个产业，并在此基础上从范围和层次的角度对旅游业进行界定。

通过以上文献回顾发现，现有国内外研究给本书的研究提供了参考基础。从经济属性来说，旅游业的发展以整个国民经济发展水平为基础并受其制约，同时又直接、间接地促进了国民经济有关部门的发展。从社会属性来说，旅游业能够满足人们日益增长的物质和文化的需要。结合研究目的，本书主要基于接待对象不同界定旅游业包括国际旅游和国内旅游两个部分。从经济学角度切入进行研究，下文从贸易视角和效率视角分别考察国际双边旅游贸易和中国国内旅游业的发展情况。

三、旅游业全要素生产率

生产率代表生产者的产出与生产这些产出所耗费的资源之间的数量比值关系，用来表示“生产能力”，是判断经济增长质量的重要标志。20 世纪 50 年代末，全要素生产率增长率首次被提出是指产出增长率中扣除要素投入增长率之后的余值，被用来反映由技术变化而带来的经济增长，显示经济增长的质量并视其为经济增长的主要动力。已有较多国内外学者从全方位、多维度的视角对旅游业全要素生产率问题进行了研究。现有研究对于旅游业全要素生产率的界定基于早期索洛提出的全要素生产率的概念，结合旅游自身法扎特性演化而来。具体来说，旅游业全要素生产率是指旅游业的总产出量与全部生产要素投入量之比，旅游业全要素生产率增长率是指旅游业全部要素（包括资本、劳动、土地，但通常分析时都略去土地不计）的投入量不变时，旅游业产出增加的部分（樊玲玲等，

2018)，主要反映了旅游经济活动在一定时期内的效率改善与技术进步状况，是旅游增长方式转型、增长质量提升的有效途径和显著标志（查建平等，2018）。国外学者的研究主要集中在对旅游业具体部门（如酒店、景区、旅行社等）全要素生产率的测算，国内学者对于旅游业全要素生产率的研究则宏观、中观、微观层面均有涉及。由于研究视角的不同，对投入产出要素和测算方法的选取会存在显著差异。

旅游业全要素生产率是衡量我国地区的旅游业增长质量、技术进步和管理效率的重要指标，也是旅游业供给侧结构性改革的关键所在，成为经济新常态背景下旅游业发展研究的重要方向。本书主要考察区域互联网发展水平对旅游业效率的影响，同时为了全面研究互联网对整个旅游业的影响，还进一步细分旅游业相关部门进行全要素生产率的测算。因此，界定本书旅游业全要素生产率为中国31个省份旅游业所有部门全部要素投入与产出的比值。其中，投入要素主要有资本、劳动、资源和知识，具体衡量指标为旅游业固定资产、旅游从业人数、旅游景区数量、旅游业高学历人数，产出要素为省际旅游业总收入，包括地区国内旅游收入和地区国际旅游收入。从是否考虑时间因素的角度，进一步分为动态旅游业全要素生产率和静态旅游业全要素生产率进行研究。

第二节　理论基础

一、经济增长理论

（一）基本观点

刘易斯在《经济增长理论》一书中将经济发展定义为：提高普通人的生活水平。区域经济增长是指区域所生产的物质产品与劳务的数量，在一段较长时期内的增长。经济增长理论是指国民生产总值或人均国民生产总值增加的动力理论。它包括一个国家或地区商品和劳务的生产能力的增长及其利用效率的提高，人均实物数量和价值量的增加，先进技术和制度、思想意识的协调发展。经济增长理论主要是研究国民收入长期的增长，考察经济实现稳定增长的条件，分析影响经济增长的因素等。经济增长理论分为古典经济增长理论和现代经济增长理论，但是现代经济增长理论并没有一个严格的界定。经济增长理论大致可以分为古典经济增长理论、新古典经济增长理论、内生经济增长理论和新制度学派经济增长理论四个阶段。其中，古典经济增长理论包括亚当·斯密的“分工促进经济增长”理论、马尔萨斯的人口理论、马克思的两部门再生产理论。之后以哈德罗和多马以凯恩斯的“有效需求理论”为基础，认为资本积累是经济增长的决定性因素，实现实际增长率、有保证增长率和自然增长率三者相等时，经济会处于长期稳定增长的状态。“哈德罗—多马”经济增长模型成为现代经济增长理论的起点之一。新古典经济增长理论以罗伯特·索罗推导的新经济增长模型为基础，主要观点是市场机制的作用能够自动调整生产中的资本和劳动的比例关系以实现充分就业状态下的经济增长，长期均衡增长率是由劳动增长率与技术进步决定的自然增长率。内生经济理论把经济增长的技术因素看成经济内部选择的结果，认为人力资本和技术水平等因素的作用可以使经济长期获得规模报酬递增效益，对经济增长有着决定性的作用。技术创新是经济增长的不竭动力，劳动分工程度和专业化人力资本的积累水平是决定技术创新水平高低的关键因素。新制度经济学理论以诺斯为代表，将制度变迁引入经济增长的分析框架，探讨其对经济增长影响的路径和机理。主要观点为资本积累、技术进步等因素是经济增长本质的体现，制度变迁可以降低交易费用，交易费用降低是经济增长的内在原因。

（二）经济增长理论的作用

经济增长理论对本书互联网与旅游业的研究具有理论借鉴意义。经济增长理论认为，信息的生成和分配是经济增长的关键推动力。首先，信息的生产和传播效率对旅游贸易的发展至关重要。互联网作为一种技术可以突破时空限制，使信息得以在全球社会高速地传播与整合。其次，互联网作为技术进步要素是旅游业全要素生产率提升的重要动力。互联网发展通过促进创新过程的发展提高旅游业效率，最终促进旅游业增长。

二、信息经济理论

（一）基本理论

在经济学领域，与过去最重要的决裂在于信息经济学。20 世纪 60 年代，信息被视为一种经济资源并且迅速形成信息经济。1959 年，美国著名经济学家马尔萨克（J Marschak）发表《信息经济学家评论》一文，标志着信息经济学的诞生。随后斯蒂格勒（G Stigler）、马克卢普（F Mahchlup）、丹尼尔·贝尔（Daniel Bell）、马克·波拉特（M V Porat）、保罗·霍肯（Paul Hawken）陆续提出“信息经济”的相关概念。中国信息经济学家乌家培从多种角度确定信息经济的概念和范围，认为信息经济理论体系主要由信息的经济研究、信息与经济间关系的研究构成。从信息经济理论上看，信息经济是作为物质经济的相对物提出来的。信息经济是以信息资源为基础，以信息技术为手段，通过生产知识密集型的

信息产品和信息服务来促进经济增长、社会产出和劳动就业的一种最新的经济结构①。信息经济是信息、知识、技术积累和发展并且极大地推动科技、经济和社会发展的必然结果。随着科学技术的创新和人类社会的巨大变革，信息经济学经历了从萌芽、形成、发展到逐步成熟的发展过程。信息经济学是对经济活动中信息因素及其影响进行经济分析的经济学，也是对信息及其技术与产业所改变的经济进行研究的经济学。信息经济学的基本原理主要有信息不完全与非对称原理、信息共享与再生原理、信息公共物品原理、信息商品原理、信息产业边际收益递增原理。信息经济并不限于信息技术和信息产业本身，研究信息经济需要在量化宏观信息经济规模的同时，为把握现代经济发展中的新问题提供支撑。

（二）信息经济理论的作用

信息经济理论是研究互联网经济的基础理论。首先，信息经济会对全球旅游贸易格局产生影响。全球正处于信息经济的根本性转变中，信息对提高全球旅游资源配置效率起着越来越重要的作用，信息技术的进步促使旅游行业的结构和旅游企业竞争方式发生变化。信息经济理论对于重新认识旅游价值链的全球分工和竞争格局具有重要作用。其次，信息技术、信息产业、信息经济日益成为地方旅游业技术进步的决定性力量。信息经济学研究非对称信息下行为个体的最优决策问题：一是不完全信息下的经济分析，核心是“信息成本”和最优信息搜寻；二是非对称信息下的经济分析。为本书从理论层面进行互联网对旅游业发展影响机制、传导机制、动力机制分析提供依据。

三、网络经济增长理论

（一）基本观点

网络经济学最早被划分在通信经济学范畴中，包括对电信、电力、交通等基础设施行业的经济学研究。网络经济是一种建立在计算机网络基础之上，以现代信息技术为核心的新经济形态，包括以计算机为核心的信息技术产业和现代信息技术对传统产业的渗透和改造。中国信息经济学家乌家培将网络经济分为广义和狭义两个层次：广义网络经济是指以信息网络为基础平台、信息技术与信息资源的应用为特征的、信息与知识起重大作用的经济活动；狭义的网络经济是基于互联网进行资源的生产、分配交换和消费为主的新形式经济活动，关联经济社会活动的所有部门。关于网络经济的定义，学者们从不同的角度进行界定。总的来说，网络经济既包含以计算机网络为核心的信息产业群，也包括利用网络技术使其组织结构、管理方式和运作方式网络化的传统经济。网络经济满足以下定律：

① 来源于百度文库关于“信息经济”的定义，http：//wenku. baidu. com.

摩尔定律由英特尔创始人之一戈登在1965年提出，揭示了网络经济所带来的成本降低的速度（刘顺鸿，2007）；吉尔德定律认为主干网宽带增长速度超过摩尔预测的CPU增长速度的3倍以上；梅尔卡夫定律由乔治·吉尔德于1993年提出，主要指网络的价值与互联网的用户数的平方成正比，网络价值随着用户数量增加呈现指数增长（李俊江和何枭吟，2005）；达维多定律由Davidow和Malone在1992年提出，强调网络经济注重创新和更新产品。网络经济研究的是当社会生产方式与交换方式以网络形式组织起来后，人与人的经济关系会发生什么变化（平新乔，2000）。网络经济增长理论是从宏观的角度分析经济增长的内在动因，它从网络经济的特点出发，分析经济增长的成因及变化、经济增长的根本动力、网络经济如何使资源在全球范围内进行配置，从而把握网络经济增长的特点。与传统的经济增长理论相比，网络经济使资源得到优化配置。创新和信息分别成为网络经济内在发展动力和主要的生产要素。人力资源在网络经济增长中发挥着决定性的作用。互联网已经成为网络经济中重要的生产工具并极大地提高了劳动生产率，进一步拓展了生产领域并促进新兴产业部门发展。

（二）网络经济增长理论的作用

网络经济增长理论是本书的核心理论。网络经济增长理论的发展使传统的生产要素学说变得狭窄，它与传统的经济增长理论有很大的不同。首先，网络经济对旅游贸易存在技术外溢效应。网络经济条件下，反映信息网络扩张效应的“梅特卡夫法则”显示其对经济系统的外溢效应明显。其次，网络经济增长会对旅游业与全要素生产率增长产生显著促进作用。互联网作为直接生产要素，极大提高了信息的收集、加工、处理，传播和储存的效率。互联网技术进步和创新活动的深化、边际收益递增规律的作用，均构成旅游业增长新的动力。网络经济增长理论是本书从产出和效率视角考察互联网对旅游业影响的基本出发点。

四、全球投入产出理论

（一）基本理论

投入产出模型详细地刻画生产部门之间的经济技术联系，用数学形式体现投入产出表所反映的经济内容的线性代数方程组。投入产出表是反映各种产品生产投入来源和去向的一种棋盘式表格。通过线性模型，利用一组线性方程组刻画生产行为。总之，投入产出理论实质上是经济学中一般均衡理论的简化，侧重于详细刻画了生产行为。本书主要考虑三个国家两个部门的投入产出模型具体推导，进一步可扩展到全球更多国家之间投入产出分析。参照Wang等（2013）的研究，具体的推导过程如表3-1所示。

表 3-1 三个国家两个部门投入产出

类别			中间使用						最终使用			总产出
			C 国		H 国		T 国		C 国	H 国	T 国	
			c_1	c_2	h_1	h_2	t_1	t_2	Y^c	Y^h	Y^t	
中间投入	C 国	c_1	Z_{11}^{cc}	Z_{12}^{cc}	Z_{11}^{ch}	Z_{12}^{ch}	Z_{11}^{ct}	Z_{12}^{ct}	Y_1^{cc}	Y_1^{ch}	Y_1^{ct}	X_1^c
		c_2	Z_{21}^{cc}	Z_{22}^{cc}	Z_{21}^{ch}	Z_{22}^{ch}	Z_{21}^{ct}	Z_{22}^{ct}	Y_2^{cc}	Y_2^{ch}	Y_2^{ct}	X_2^c
	H 国	h_1	Z_{11}^{hc}	Z_{12}^{hc}	Z_{11}^{hh}	Z_{12}^{hh}	Z_{11}^{ht}	Z_{12}^{ht}	Y_1^{hc}	Y_1^{hh}	Y_1^{ht}	X_1^h
		h_2	Z_{21}^{hc}	Z_{22}^{hc}	Z_{21}^{hh}	Z_{22}^{hh}	Z_{21}^{ht}	Z_{22}^{ht}	Y_2^{hc}	Y_2^{hh}	Y_2^{ht}	X_2^h
	T 国	t_1	Z_{11}^{tc}	Z_{12}^{tc}	Z_{11}^{th}	Z_{12}^{th}	Z_{11}^{tt}	Z_{12}^{tt}	Y_1^{tc}	Y_1^{th}	Y_1^{tt}	X_1^t
		t_2	Z_{21}^{tc}	Z_{22}^{tc}	Z_{21}^{th}	Z_{22}^{th}	Z_{21}^{tt}	Z_{22}^{tt}	Y_2^{tc}	Y_2^{th}	Y_2^{tt}	X_2^t
增加值			VA_1^c	VA_2^c	VA_1^h	VA_2^h	VA_1^t	VA_2^t	—	—	—	—
总投入			$(X_1^c)'$	$(X_2^c)'$	$(X_1^h)'$	$(X_2^h)'$	$(X_1^t)'$	$(X_2^t)'$	—	—	—	—

其中，上角标 c、h、t 分别代表 C 国、H 国和 T 国，下角标 1 和 2 分别表示三个国家的 1 部门和 2 部门。Z_{12}^{ch} 表示 c 国 1 部门产品被 h 国 2 部门进口用作中间产品的部分，Y_1^{ch} 表示 c 国 1 部门被 h 国进口用于最终使用的部分，VA_1^c 表示 c 国增加值，$(X_1^c)'$表示 c 国 1 部门的总产出①。

从表 3-1 的横向（使用方向）来看，存在如下平衡：

$$\underbrace{\begin{bmatrix} Z_{11}^{cc}+Z_{12}^{cc}+Z_{11}^{ch}+Z_{12}^{ch}+Z_{11}^{ct}+Z_{12}^{ct} \\ Z_{21}^{cc}+Z_{22}^{cc}+Z_{21}^{ch}+Z_{22}^{ch}+Z_{21}^{ct}+Z_{22}^{ct} \\ Z_{11}^{hc}+Z_{12}^{hc}+Z_{11}^{hh}+Z_{12}^{hh}+Z_{11}^{ht}+Z_{12}^{ht} \\ Z_{21}^{hc}+Z_{22}^{hc}+Z_{21}^{hh}+Z_{22}^{hh}+Z_{21}^{ht}+Z_{22}^{ht} \\ Z_{11}^{tc}+Z_{12}^{tc}+Z_{11}^{th}+Z_{12}^{th}+Z_{11}^{tt}+Z_{12}^{tt} \\ Z_{21}^{tc}+Z_{22}^{tc}+Z_{21}^{th}+Z_{22}^{th}+Z_{21}^{tt}+Z_{22}^{tt} \end{bmatrix}}_{Z} + \underbrace{\begin{bmatrix} Y_1^{cc}+Y_1^{ch}+Y_1^{ct} \\ Y_2^{cc}+Y_2^{ch}+Y_2^{ct} \\ Y_1^{hc}+Y_1^{hh}+Y_1^{ht} \\ Y_2^{hc}+Y_2^{hh}+Y_2^{ht} \\ Y_1^{tc}+Y_1^{th}+Y_1^{tt} \\ Y_2^{tc}+Y_2^{th}+Y_2^{tt} \end{bmatrix}}_{Y} = \underbrace{\begin{bmatrix} X_1^c \\ X_2^c \\ X_1^h \\ X_2^h \\ X_1^t \\ X_2^t \end{bmatrix}}_{X} \tag{3-1}$$

令投入系数 $A=Z(\hat{X})^{-1}$，则可得到：

① 其他表达式的含义以上述解释为基础，正文中不再赘述。

$$\underbrace{\begin{bmatrix} A_{11}^{cc} & A_{12}^{cc} & A_{11}^{ch} & A_{12}^{ch} & A_{11}^{ct} & A_{12}^{ct} \\ A_{21}^{cc} & A_{22}^{cc} & A_{21}^{ch} & A_{22}^{ch} & A_{21}^{ct} & A_{22}^{ct} \\ A_{11}^{hc} & A_{12}^{hc} & A_{11}^{hh} & A_{12}^{hh} & A_{11}^{ht} & A_{12}^{ht} \\ A_{21}^{hc} & A_{22}^{hc} & A_{21}^{hh} & A_{22}^{hh} & A_{21}^{ht} & A_{22}^{ht} \\ A_{11}^{tc} & A_{12}^{tc} & A_{11}^{th} & A_{12}^{th} & A_{11}^{tt} & A_{12}^{tt} \\ A_{21}^{tc} & A_{22}^{tc} & A_{21}^{th} & A_{22}^{th} & A_{21}^{tt} & A_{22}^{tt} \end{bmatrix}}_{A} \underbrace{\begin{bmatrix} X_1^c \\ X_2^c \\ X_1^h \\ X_2^h \\ X_1^t \\ X_2^t \end{bmatrix}}_{X} + \underbrace{\begin{bmatrix} Y_1^{cc}+Y_1^{ch}+Y_1^{ct} \\ Y_2^{cc}+Y_2^{ch}+Y_2^{ct} \\ Y_1^{hc}+Y_1^{hh}+Y_1^{ht} \\ Y_2^{hc}+Y_2^{hh}+Y_2^{ht} \\ Y_1^{tc}+Y_1^{th}+Y_1^{tt} \\ Y_2^{tc}+Y_2^{th}+Y_2^{tt} \end{bmatrix}}_{Y} = \underbrace{\begin{bmatrix} X_1^c \\ X_2^c \\ X_1^h \\ X_2^h \\ X_1^t \\ X_2^t \end{bmatrix}}_{X} \tag{3-2}$$

为了便于计算，令

$$X^c = \begin{bmatrix} X_1^c \\ X_2^c \end{bmatrix},\ A^{cc} = \begin{bmatrix} A_{11}^{cc} & A_{12}^{cc} \\ A_{21}^{cc} & A_{22}^{cc} \end{bmatrix},\ [Y^{cc}+Y^{ch}+Y^{ct}] = \begin{bmatrix} Y_1^{cc}+Y_1^{ch}+Y_1^{ct} \\ Y_2^{cc}+Y_2^{ch}+Y_2^{ct} \end{bmatrix}$$

通过移项调整式（3-2）可得：

$$\begin{bmatrix} X^c \\ X^h \\ X^t \end{bmatrix} = \begin{bmatrix} I-A^{cc} & -A^{ch} & -A^{ct} \\ -A^{hc} & I-A^{hh} & -A^{ht} \\ -A^{tc} & -A^{th} & I-A^{tt} \end{bmatrix} \begin{bmatrix} Y^{cc}+Y^{ch}+Y^{ct} \\ Y^{hc}+Y^{hh}+Y^{ht} \\ Y^{tc}+Y^{th}+Y^{tt} \end{bmatrix} = \begin{bmatrix} B^{cc} & B^{ch} & B^{ct} \\ B^{hc} & B^{hh} & B^{ht} \\ B^{tc} & B^{th} & B^{tt} \end{bmatrix} \begin{bmatrix} Y^{cc}+Y^{ch}+Y^{ct} \\ Y^{hc}+Y^{hh}+Y^{ht} \\ Y^{tc}+Y^{th}+Y^{tt} \end{bmatrix} \tag{3-3}$$

其中 B 为列昂惕夫逆矩阵，表示最终需求对总产出的拉动系数；I 为单位矩阵。

将式（3-3）展开可得 C 国总产出 X^c 分解为不同最终品所拉动的产出：

$$X^h = B^{hc}Y^{cc}+B^{hc}Y^{ch}+B^{hc}Y^{ct}+B^{hh}Y^{hc}+B^{hh}Y^{hh}+B^{hh}Y^{ht}+B^{ht}Y^{tc}+B^{ht}Y^{th}+B^{ht}Y^{tt} \tag{3-4}$$

按照中间出口的最终吸收地和吸收渠道，将其分解为以下 9 部分：

$$Z^{ch} = A^{ch}X^h = A^{ch}B^{hc}Y^{cc}+A^{ch}B^{hc}Y^{ch}+A^{ch}B^{hc}Y^{ct}+A^{ch}B^{hh}Y^{hc}+A^{ch}B^{hh}Y^{hh}+A^{ch}B^{hh}Y^{ht} +A^{ch}B^{ht}Y^{tc}+A^{ch}B^{ht}Y^{th}+A^{ch}B^{ht}Y^{tt} \tag{3-5}$$

在以上对中间出口分解的基础上，可以把总出口完全分解为不同来源增加值和最终吸收地的不同部分，定义三个国家增加值系数分别为 $V^c = VA^c(X^c)^{-1}$，$V^h = VA^h(X^h)^{-1}$，$V^t = VA^t(X^t)^{-1}$，则完全增加值系数可表述为：

$$VB = [V^c \quad V^h \quad V^t] \begin{bmatrix} B^{cc} & B^{ch} & B^{ct} \\ B^{hc} & B^{hh} & B^{ht} \\ B^{tc} & B^{th} & B^{tt} \end{bmatrix}$$

$$= [V^cB^{cc}+V^cB^{hc}+V^tB^{tc},\ V^cB^{ch}+V^hB^{hh}+V^tB^{th},\ V^cB^{ct}+V^hB^{ht}+V^tB^{tt}] \tag{3-6}$$

由于任何一单位的最终产品都可以按照产业间后向联系追溯其增加值来源，将其完全地分解为不同国家和部门的增加值，那么 C、H、T 三个国家的增加值系数满足如下条件：

$$\begin{cases} V^cB^{cc}+V^cB^{hc}+V^tB^{tc}=u_1 \\ V^cB^{ch}+V^hB^{hh}+V^tB^{th}=u_2 \quad u=(u_1,\ u_2,\ u_3)=(1,\ 1,\ 1) \\ V^cB^{ct}+V^hB^{ht}+V^tB^{tt}=u_3 \end{cases} \tag{3-7}$$

以 E^{ch} 表示 C 国向 H 国的出口，包括最终出口和中间出口，则 $E^{ch}=A^{ch}X^h+Y^{ch}$。在三个国家两个部门模型中，C 国、H 国和 T 国总出口可以表示为：

$$\begin{cases} E^c=E^{ch}+E^{ct}=A^{ch}X^h+Y^{ch}+A^{ct}X^t+Y^{ct} \\ E^h=E^{hc}+E^{ht}=A^{hc}X^c+Y^{hc}+A^{ht}X^t+Y^{ht} \\ E^t=E^{tc}+E^{th}=A^{tc}X^c+Y^{tc}+A^{th}X^h+Y^{th} \end{cases} \tag{3-8}$$

$$\begin{bmatrix} X^c \\ X^h \\ X^t \end{bmatrix}=\begin{bmatrix} L^{cc}Y^{cc}+L^{cc}E^c \\ L^{hh}Y^{hh}+L^{hh}E^h \\ L^{tt}Y^{tt}+L^{tt}E^t \end{bmatrix} \tag{3-9}$$

其中，$L^{cc}=(I-A^{cc})^{-1}$、$L^{hh}=(I-A^{hh})^{-1}$ 和 $L^{tt}=(I-A^{tt})^{-1}$ 分别表示 C 国、H 国和 T 国本国的列昂惕夫逆矩阵。

根据式（3-9）、式（3-5）可表示如下：

$$Z^{ch}=A^{ch}X^h=A^{ch}L^{hh}Y^{hh}+A^{ch}L^{hh}E^h \tag{3-10}$$

结合式（3-5）、式（3-7）和式（3-10），C 国向 R 国总出口 E^{ch} 可以分解为如下 16 项：

$$\begin{aligned} E^{ch}=Y^{ch}+A^{ch}X^h=&(V^cB^{cc})^T\#Y^{ch}+(V^cL^{cc})^T\#(A^{ch}B^{hh}Y^{hh})+(V^cL^{cc})^T\#(A^{ch}B^{ht}Y^{tt}) \\ &+(V^cL^{cc})^T\#(A^{ch}B^{hh}Y^{ht})+(V^cL^{ccc})^T\#(A^{ch}B^{ht}Y^{th})+(V^cL^{cc})^T\#(A^{ch}B^{hh}Y^{hc}) \\ &+(V^cL^{cc})^T\#(A^{ch}B^{ht}Y^{tc})+(V^cL^{cc})^T\#(A^{ch}B^{hc}Y^{cc})+(V^hB^{hc})^T\#Y^{ch} \\ &+(V^tB^{tc})^T\#Y^{ch}+(V^hB^{hc})^T\#(A^{ch}L^{hh}Y^{hh})+(V^tB^{tc})^T\#(A^{ch}L^{hh}Y^{hh}) \\ &+(V^hB^{hc})^T\#(A^{ch}L^{hh}E^h)+(V^tB^{tc})^T\#(A^cL^{hh}E^h)+(V^cL^{cc})^T\# \\ &\quad [A^{ch}B^{hc}(Y^{ch}+Y^{ct})]+[V^c(B^{cc}-L^{cc})]^T\#(A^{ch}X^h) \end{aligned} \tag{3-11}$$

其中，$\hat{V}^c$ 为 C 国增加值系数的对角矩阵，B 为列昂惕夫逆矩阵，Y 为最终产品的需求矩阵。

（二）全球投入产出理论的作用

旅游贸易正成为国际贸易增长的重要驱动力，作为国际服务贸易中最大组成部分，在全球价值链中发挥着越来越重要的连接作用。从全球价值链视角研究旅游贸易问题的重要性，已被大家广泛认识到，但却没有相关的研究成果。我国在不断提升旅游贸易在全球价值链中地位的过程中，建设科学的旅游数据体系测量旅游贸易的参与度显得尤为重要。基于全球价值链贸易视角探讨互联网对旅游业影响是本书要解决的重要问题，需在全球投入产出理论的框架下对中国旅游贸易进行重新测算。

五、区域经济发展理论

（一）基本理论

区域经济增长主要是通过区域经济总产出国民生产总值（GNP）、国内生产总值（GDP）和国民收入（NI）等量值来衡量。区域经济发展理论主要包括区域经济均衡增长理论和区域经济非均衡增长理论。区域经济均衡增长认为随着生产要素的区际流动，各区域的经济发展水平将趋于收敛（平衡），主张产业和空间的均衡化发展，最终实现区域经济的均衡增长。但该理论忽略了不发达区域的资本和资源限制，同时没有考虑规模效应和技术进步因素。区域经济发展的非均衡理论认为在经济发展的整个过程中，增长总是要以打破原有的均衡为基础的，主要有以下细分理论：冈纳·缪尔达尔（Karl Gunnar Myrdal）的循环累积因果论、阿尔伯特·赫希曼（Albert Otto Hirschman）的不平衡增长论、弗朗索瓦·佩鲁（Francois Perroux）的增长极理论、米尔顿·弗里德曼（Milton Friedman）的中心—外围理论（核心—边缘理论）、区域经济梯度推移理论（产品生命周期论、区域经济梯度转移理论）、威廉姆逊（Williamson）的倒“U”形理论。

（二）区域经济发展理论的作用

区域经济学理论为旅游业发展研究提供重要指导。旅游活动是特定地理区域内进行的，不同区域旅游业发展水平存在一定的差异。同时互联网作为新的经济投入要素，其发展水平也存在明显的区域差异。从全球范围来看，不同国家的互联网发展水平和旅游贸易活动的频繁程度不一样。从中国省际范围来看，东部、中部、西部经济发展水平和状况差异较大，导致不同省际区域互联网发展水平与旅游业发展状况也存在差异性。区域经济发展理论在旅游业缩小区域经济发展水平差异，带动各地区经济发展，提升国家整体经济效益的研究方面具有重要作用。目前，我国旅游业处于改革再出发的新阶段，基于区域经济发展视角考察互联网对旅游业发展的影响具有重要的现实意义。

六、旅游系统理论

（一）基本观点

国内对系统的公认定义为1990年我国著名学者钱学森提出的“由若干要素以一定的结构形式构成的具有某种功能的有机整体”。系统具有整体性、层级性、自组织性和开放性的特征，涉及与外部系统之间的能量流动，从不同的角度可以划分为封闭系统和开放系统、静态系统和动态系统、单一系统和复杂系统，系统内部组成部分之间是相互依存关系。系统论出现于20世纪30年代，旨在阐明和组织各种用其他方法难以进行描述或分析的复杂现象（Leiper，2004）。系统科学理论的引入和运用，为旅游研究提供了认识论基础和方法论基础（钟韵和彭华，2001）。旅游系统是一个复杂的生态系统，具有整体性、层次性、自组织性和开放性等特点。国外学者分别基于旅游规划（Gunn，1972）、旅游者空间移动（Leiper，1974）、混沌和复杂性理论（Mc Kercher，1999）提出了旅游系统概念和旅游系统模型。20 世纪 80 年代，中国学术领域已经出现“旅游系统”思想的萌芽。国内部分学者从细分旅游领域、区域旅游角度对旅游系统进行了细致的研究（郭来喜和保继刚，1990）。20 世纪 90 年代以来，国内学者对旅游系统的研究更加成熟，系统动力学与自组织理论、耗散理论开始被引入旅游系统的研究（孙多勇和王银生，1990；王迪云，2005），对旅游系统结构的划分也更加明确（吴必虎，1998；彭华和钟韵，1999；刘锋，2000）。考虑外部环境等更加全面的影响因素，学者们构建的旅游系统的复杂性进一步提升（杨新军和刘家明，1998）。针对不同研究目的和研究视角，以地理和空间范围为尺度，旅游系统可以进一步细分为不同旅游子系统。区域旅游系统由区域旅游吸引物、服务社区、对外联系通道和对内联结通道构成。旅游系统研究已经成为学术界的共识，将旅游现象置于旅游系统来审视是科学进行旅游领域问题研究的方法之一。

（二）旅游系统理论的作用

旅游系统理论是旅游业研究的重要视角。在现有旅游业投入产出效率的研究中，系统理论是重要的理论基础。区域旅游系统是整体旅游系统的重要组成部分，不同区域之间旅游要素的投入产出效率存在差异，旅游业全要素生产率的提升对于区域旅游业可持续发展具有重要意义。系统论在旅游业全要素生产率研究中的作用主要体现在：区域旅游系统内各要素是相互联系、相互制约的，探究旅游系统内部各要素之间的相互关系对区域旅游业发展具有重要作用。不同旅游系统之间具有空间关联性，以省际为单位的旅游系统是区域旅游系统研究的重点，研究不同省际旅游系统之间的空间关联作用对于区域旅游合作和全域旅游协调发展具有重要指导意义。

第四章 互联网对双边旅游贸易的影响研究

第一节 引言

互联网作为信息时代经济发展不可或缺的“介质”，对双边旅游贸易产生战略性和全局性的影响。伴随着旅游市场的全球化分割，双边旅游贸易在世界国际贸易中的占比不断提升，成为各个国家和地区参与国际市场分工、提升国际竞争力的重要手段。互联网基础设施建设不断优化升级促使双边贸易信息的透明度不断增强，交易成本不断降低。世界互联网的快速发展与全球双边旅游服务贸易同步快速增长的事实促使我们思考以下两个问题：互联网的快速发展是否促进了双边旅游的增长？如何产生影响？为了确定互联网是否对国际贸易产生了显著影响，国内外学者已经进行了广泛的研究。现有研究结果表明，互联网与国际商品贸易、服务贸易增长均有关。考虑到旅游贸易是服务贸易的最大分支，对信息具有高度的依赖。

基于互联网对旅游贸易的发展存在影响的基本假设，本章将利用双边网址数据作为互联网影响的测度指标，选取主要客源国（地区）与目的地国（地区）之间的旅游服务贸易量数据，研究互联网对客源国（地区）与目的地国（地区）之间旅游服务贸易的影响，并且通过差异化分析来进一步探讨其内在影响机制。本章将结合双边旅游贸易的特征对现有的引力模型实证框架进行修正，引入双边网址数据作为互联网代理变量，并选取跨国双边旅游贸易数据进行研究，这是本书的研究重点，也是主要贡献。同时运用工具变量法和滞后期检验解决内生性问题，并通过固定效应检验、替换互联网代理变量及将获取的双边网址截面数据扩展为时间序列数据三种方法进行稳健性研究，使本书的研究结论相比于现有的定

性研究的文献更具有说服力和可信度。

第二节　影响机制分析

国际服务贸易受到限制的一个主要原因是许多服务的执行需要生产者与消费者之间的实际接触，这种情况使向遥远的地方提供服务是不可行的。大量证据表明，互联网为许多服务提供了一种克服此类历史交易障碍的交换媒介，有效地将运输成本从无穷大降到几乎为零。具体来说，借鉴石良平和王素云（2018）的研究，本书主要从成本节约效应、溢出效应、异质性效应三个方面探讨互联网对旅游贸易的影响。

一、成本节约效应

旅游业作为信息密集型服务业，旅游活动过程中的成本主要来自信息搜索成本和沟通成本。首先，互联网可以降低旅游活动过程中的信息搜索成本。Arrow（1984）认为，进行跨境贸易中存在信息不对称带来的“冰山成本”。对于旅游贸易来说，信息搜寻成本包括旅游产品服务的生产环节成本和营销环节成本。在生产环节中，旅游中间商可以通过互联网获取客源国和目的地国的相关信息进行整合，精准定位旅游者需求进行旅游产品和服务的打造，进而节约旅游产品和服务的生产成本。在营销环节中，互联网通过信息共享平台，降低了旅游者对目的地国旅游信息的搜寻成本，提高了旅游者决策的效率。其次，互联网可以有效降低跨境旅游的沟通成本。互联网可以突破时空的约束，通过提高通信的及时性和可视化降低了沟通的时间成本，将旅游线路的设计、旅游产品和服务的销售、旅游满意度反馈等各环节涉及的国家进行有效串联，旅游系统内部管理信息畅通，管理透明度加大。客源国和目的地国的旅游代理商直接通过互联网进行沟通、协作，提升出入境旅游活动的交易效率。

二、溢出效应

互联网对旅游贸易的溢出效应主要表现在知识溢出效应、技术溢出效应两个方面。首先，互联网利用自身的无国界优势，打破了地理和疆界的阻隔，突破了传统知识传递和转移在空间范围上的障碍，促进全球旅游利益相关者主体的信息共享、资源配置与业态创新。其次，互联网促进国际旅游企业分别通过外部化和内部化实现技术转移。这种技术转移行为一方面体现在互联网技术向旅游行业的转移，有利于旅游行业内部的业务运作和经营管理水平的提高；另一方面互联网有利于推进国际旅游企业对国内的技术转移，旅游企业管理人员可获得先进管理经验和经营理念。同时可以促进国际旅游业高技术人力资本的流动，促进跨国旅游企业人力资本技术含量的提高带来外部技术溢出效应。

三、异质性效应

互联网对不同国家旅游贸易影响的异质性主要表现在区域“数字鸿沟”和“产业差异”两个方面。首先，区域互联网水平发展不均衡导致对旅游贸易的促进作用存在差异性。“信息富有”国家参与以互联网为基础的旅游贸易活动的机会要远多于“信息贫困”国家。其次，不同地区发展旅游业的内外部环境差异，会导致互联网在趋于旅游贸易中发挥的溢出作用存在明显的区别。陈刚强和李映辉（2017）研究表明，技术溢出效应在旅游业中存在明显的区域差异性。从外部环境来说，与各国旅游行业发展相关的政策支持、经济水平、社会环境、监管措施、服务业开放度等都存在差异，都会对互联网在各国出入境旅游相关活动中发挥作用的大小产生影响。从内部环境来说，各国旅游行业内部经营模式、管理水平、组织结构等方面都存在差异，对互联网技术的应用程度会有显著不同。

第三节　理论模型分析

在传统引力模型的基础上，主要借鉴 Felbermayr 和 Toubal（2010）模型和 Hellmanzik 和 Schmitz（2015）的方法构建理论模型。

一个国家（地区）的经济主体 i 通过进行形式多样的旅游活动获得效用，依据以下具有不变的替代弹性偏好的效用函数：

$$U_{it} = \sum_{j=1}^{c} \alpha_{ijt}^{(\sigma-1/\sigma)} \sum_{z=1}^{n_{jt}} (m_{zijt})^{(\sigma-1/\sigma)} \tag{4-1}$$

其中，c 表示国家，z 表示不同旅游服务类型指数，n_{jt} 表示在 t 时间到 j 国（地区）可以进行旅游活动的种类，σ 表示产品之间的替代弹性且大于 1，m_{zijt} 表示在国家 i（地区）消费 z 旅游服务产品的数量。$\alpha_{ijt}(\geqslant 0)$ 表示国家（地区）i 的消费者对去国家（地区）j 旅游的偏好程度。

假定 j 国家（地区）提供的所有旅游服务都有相同的成本价 p_{jt} 和透明的中间贸易成本 $q_{ijt}(\geqslant 1)$，因此，从 j 国家（地区）进口的所有旅游服务有相同的市场价格：$p_{ijt} = p_{jt}qt_{ijt}$。

在标准化预算约束下，最大限度地满足国家（地区）i 对一般旅游服务的需求，得到方程：

$$M_{ijt}=\left(\frac{\alpha_{ijt}}{q_{ijt}}\right)^{(\sigma-1)}\mu_{it}\varphi_{jt} \tag{4-2}$$

其中，满足 $\mu_{it}=G_{it}p_{it}^{1-\sigma}$ 和 $\varphi_{jt}=n_{jt}p_{jt}^{1-\sigma}$，$G_{it}$ 表示国家（地区）i 的 GDP，p_{it} 和 p_{jt} 分别表示 i 国（地区）和 j 国（地区）的综合价格指数，变量 μ_{it} 和 φ_{jt} 分别呈现出 i 国（地区）和 j 国（地区）各自的特征。

接下来本书主要考虑与文化接近度相关的控制变量对旅游双边贸易的影响，如式（4-2）中所规定的那样，它出现在两个参数中：贸易成本和偏好权重。对于前者，与文化接近度相关的控制变量与贸易成本呈负相关，例如，语言相似性、移民数量、信任程度和网络互通等因素导致贸易成本降低。对于后者，由于 $\sigma>1$ 的假设，对于去 j 国（地区）进行旅游活动，i 国（地区）反映出较强的偏好导致更多的旅游服务贸易进口，降低贸易成本和需求偏好都会促进贸易增长。

进一步引入互联网代理变量和与文化接近度相关的传统代理变量（如语言和宗教），参照 Felbermayr 和 Toubal（2010）的做法假定：

$$H_{ijt}=\tilde{H}_{ijt}+k'\cdot K_{ijt} \tag{4-3}$$

其中，$\tilde{H}$ 表示互联网代理变量，K 表示传统文化接近度的测度指标，主要包括相似法律制度性、类似的语言（通用语言）、共同宗教信仰等；k′表示参数的（列）向量。

国家（地区）i 与国家（地区）j 的文化距离取决于双边自由度和贸易成本。具体来说，本书假设：

$$\ln\alpha_{ijt}=\alpha H_{ijt}\quad(\alpha>0) \tag{4-4}$$

此外，H_{ijt} 对贸易成本的影响也受到诸如运输成本等其他因素的影响。这些是由物理距离（$distance_{ijt}$）、时区差（$time_{ijt}$）和共同边界（$contiguous_{ijt}$）的存在所代表的。因此，我们得到以下基本的贸易成本方程：

$$\ln q_{ijt}=\delta_1\ln distance_{ijt}-\delta_2 contiguous_{ijt}+\delta_3 time_{ijt}-\delta_4 H_{ijt} \tag{4-5}$$

所有参数预计为正。把式（4-3）~式（4-5）代入式（4-2）中得到：

$$\begin{aligned}\ln(imports)_{ijt}=&\lambda_1 distance_{ij}+\lambda_2 contiguous_{ij}+\lambda_3 time_{ij}+\lambda_4 commonlaw_{ij}\\&+\beta_1 commomlanguage_{ij}+\beta_2 commonreligion_{ij}+\beta_3 migrantsstock_{ij}\\&+\theta_1 virtualproximity_{ijt}+\delta Y_i+\alpha_{jt}+\varepsilon_{ijt}\end{aligned} \tag{4-6}$$

本章把贸易进口价值量（取自然对数）作为因变量，互联网代理变量——双边网址数量作为解释变量。在基准估计中，对不同年份的数据进行最小二乘回归。对于内生性问题，采用两阶段工具变量法和相邻年度滞后期检验进行解决。

本书的所有回归估计中均采取出口国家（地区）固定效应 α_{jt} 和一组进口国家（地区）特定变量 Y_i 进行控制，汇集了几年的横截面数据，引入了时变的进口国家（地区）和出口国家（地区）固定效应，对前期数据进行了一定程度的筛选，特定的双边国家（地区）的变量才能进入我们汇总的横截面数据库，从而消除了由截面数据和时间序列带来的估计偏误。

第四节　计量模型

一、变量与数据

（一）解释变量

首先，关于互联网代理变量研究方面，在国际贸易研究领域应用较多，部分国内外学者最初将电脑主机数作为互联网代理变量加入引力模型分析，利用出口国单边网址数量对国际商品贸易进行研究（Freund and Weinhold，2002）。其次，互联网用户数（网络普及率）成为最广泛使用的互联网代理变量，代替主机数量对互联网与国际贸易的影响机制进行探讨（Blum and Goldfarb，2006；Wheatley and Roe，2008；Choi，2010；Lin，2015；盛丹等，2011；何勇和陈新光，2015；代明等，2016），也有一部分学者尝试利用企业电子邮件和网站两种网络工具研究互联网在经济发展中的作用，证明了互联网对生产制造企业的出口有促进作用（Yadav，2014；李兵和李柔，2017；茹玉骢和李燕，2014）。Chung（2011）获取了1998年、2003年和2009年全球贸易伙伴国家之间的双边超链接网址数据，为学者对互联网的研究提供了新的思路。国内外学者相继运用双边网址链接数量作为互联网代理变量（Hellmanzik and Schmitz，2015；Hellmanzik and Schmitz，2016；施炳展，2016；张奕芳，2017；孟祺，2017）研究了互联网对进出口贸易的影响。

就目前的研究成果来看，互联网代理变量的选择方面，双边网址链接数据是对互联网影响解释力度相对较大的变量且新颖的代理变量，本书将主要选择双边网址链接数据作为实证部分核心解释变量。同时为了研究结果的可靠性，选取移动互联网作为互联网稳健性检验变量。本书以双边网址链接数据作为互联网的代理变量，对互联网作用的衡量更加真实可靠。目前国内大多研究使用的单边国家主机数、网民总数和网址总数等互联网指标，这些数据很难测度双边国家间互联网的关联程度。同时获取国际电信联盟（ITU）对于客源地国家移动互联网使用

人数的统计，对互联网的影响作用进行稳健性分析，使定量论证数据更加丰富。

（二）被解释变量：双边旅游服务贸易价值量

为了通过互联网捕获信息流，本书使用将国家（地区）A 的网页链接到国家（地区）B 的网页双向网址链接来作为本书的核心解释变量。双边网址链接（Bilateral Hyperlinks）的主要来源是 Chung（2011），该数据库涵盖了两个不同时间点（2003 年和 2009 年），收录了 87 个样本国家（地区）的双边网址在全球的数量分布情况。基于雅虎索引的大约 470 亿个网站，Chung 于 2009 年 5 月在 Yahoo 的搜索功能和 Lexi URL Searcher 的帮助下进行了分析，从 273 个不同顶级域名中的 338 亿个网站中发现超过 93 亿个超链接，这些超链接主要分为两类：一类使用国家（地区）顶级域名（country code Top-Level Domains，ccTLD），如中国 . cn、美国 . us、德国 . de 和意大利 . it 等；另一类使用通用顶级域名（generic Top-Level Domains，gTLD），如 . org、. edu 和 . com。贸易双边国家（地区）存在的第一类网址是通过域名直接可以进行区分。对于第二类通用域名的超链接，划分清楚到底是来自哪个国家（地区）比较困难。Chung（2011）通过开发“破解”的归属方法，为 87 个国家（地区）2009 年的通用域名网址区分了国家（地区）归属，这使 2009 年的数据更加准确丰富。在一定程度上，双边网址总量对客源国（地区）来说代表着互联网的发达程度和普及程度，可搜索到的目的地国双边网址数量反映目的地国家（地区）互联网对外开放程度。

双边旅游贸易价值量（Tourism Imports）的主体数据来自经济合作与发展组织（OECD）的统计，部分补充数据来自 UN 和 WTO 数据库，在对数据更新的同时保证数据的科学性和一致性。本书实证分析基于 2003~2012 年的客源国（地区）与目的地国（地区）之间具有明确的地理细分的双边旅游贸易量数据。区别于国际商品贸易数据具有相对成熟的海关统计年数据，国际服务贸易数据收集比较困难。目前，国际通用的来源主要有国际交易报告系统（ITRS）和企业调查，经常将两者相结合运用以产生最终统计。在 ITRS 中，通过国内银行提供的国际支付，向付款的目的地国（地区）提供信息，并向统计机构报告。企业调查则从服务提供商的代表性样本调查所有国际交易。本书的国际服务贸易数据主要来自 OECD 提供出口和进口的地理细分综合统计结果。

（三）控制变量

基于目前比较成熟的引力模型的实证做法，考虑研究的需要，本书的回归模型主要包括双边旅游贸易的以下控制变量：地理距离（Distance），采用目的地国与客源国首都之间的地理距离；时区差异（Timezone），目的地国与客源国之间的时区差异，用小时来衡量，数据来自 CEPII 数据库；共同边界（Comborder）、共同法律渊源（Comleg）为本书实证模型中的虚拟控制变量，如果客源国或目的地国确定有以上行为取值为 1，否则取值为 0，数据来自 CEPII 数据库；国内生产总值（GDP），选取客源国首都的经济规模来作为样本国家国内生产总值的代表；人口基数（POP），以客源国国家人口总数来衡量，数据来自世界银行的世界发展指标（WDI）；移民存量（Migrants）为目的地国居民移居到客源国的人数，数据来自世界银行的国际移民存量数据库；共同语言指数（Comlangindex），数据源自 Melitz 和 Toubal（2014）构建的综合指数，该综合指数总结了关于语言影响的证据（综合考虑了共同官方语言，共同母语和语言接近度的作用），相比于传统做法（单独使用共同官方语言或者共同母语中的一种来衡量），解释效果更好；共同宗教信仰（Comrel），数据来自 Melitz 和 Toubal（2014）计算的目的地国与客源国之间宗教信仰的接近程度，主要是基于 CIA Factbook。

（四）描述性统计分析

被解释变量、核心解释变量和控制变量的描述性统计结果如表 4-1 所示。

表 4-1　描述性统计分析

类型	变量	均值	标准差	含义及单位
被解释变量	TR_imp（ln）	3.945	2.274	双边旅游贸易价值量（单位：百万美元）
	TOL_imp（ln）	5.484	2.176	双边服务贸易价值总量（单位：百万美元）
核心解释变量	Hylinks09（ln）	12.812	1.865	双边网址链接数量（2009）（单位：百万个）
	Hylinks03（ln）	11.800	2.170	双边网址链接数量（2003）（单位：百万个）
	Interusers（ln）	4.129	0.378	客源地网民比例（人/100 人）
控制变量	Distance（ln）	7.966	1.128	目的地国与客源国首都之间的地理距离（单位：千米）
	Timezone	3.250	3.412	目的地国与客源国首都之间的时区差异（单位：小时）
	Comborder	0.065	0.247	目的地国与客源国是否有共同边界（取值 0 或 1）
	Comleg	0.259	0.438	目的地国与客源国是否有共同法律渊源（取值 0 或 1）
	GDP（ln）	10.323	0.684	客源国的国内生产总值（单位：百万美元）
	POP（ln）	16.549	1.958	客源国的人口基数（单位：百万人）
	Migrants（ln）	7.692	2.772	客源国拥有目的地国的移民数量（单位：百万人）
	Comlangindex	0.198	0.184	目的地国与客源国之间语言的相似程度
	Comrel	0.198	0.279	目的地国与客源国之间宗教信仰的接近程度

二、估计模型

（一）模型设定

结合旅游服务贸易产品生产与消费的不可分割性，区别一般服务贸易对进出

口成本部分的研究，本书根据 Felbermayr 和 Toubal（2010）、Hellmanzik 和 Schmitz（2015，2016）的研究，基于前文理论模型分析，设置估计模型如下：

模型一：

$$\ln(TRimports)_{ijt} = \sum_{m} \lambda_m X_{ijm} + \sum_{n} \beta_n Z_{ijn} + \theta_1 H_{ijt} + \theta_0 + \alpha_{jt} + \delta Y_i + \varepsilon_{ijt} \tag{4-7}$$

模型二：

$$\ln(TRimports)_{ijt} = \sum_{n} \lambda_m X_{ijm} + \sum_{n} \beta_n Z_{ijn} + \theta_1 U_{ijt} + \theta_0 + \alpha_{jt} + \delta Y_i + \varepsilon_{ijt} \tag{4-8}$$

本书主要利用模型一进行实证研究。其中，i、j、t 分别代表客源国（地区）、目的地国（地区）、时间。H_{ijt} 表示客源国（地区）和目的地国（地区）不同年份的双边网址链接数量，是本书的核心解释变量，θ_1 为核心解释变量的系数。同时由于本书获取的双边网址链接数据只有 2003 年和 2009 年的，不具有连续性，因而本书主要运用最小二乘法进行截面回归，采用工具变量法和滞后期检验解决内生性问题。为使论证更加可信，构建模型二，选择移动互联网使用人数作为互联网的流量代理变量进行稳健性检验。被解释变量 ln（TRimports）$_{ijt}$ 为对 t 年 i 国（地区）游客去 j 国（地区）进行旅游活动产生的总消费价值量去对数。X_{ijm} 表示客源国（地区）i 与目的地国（地区）j 之间的第 m 个非虚拟控制变量，如地理距离、时区差异、共同语言、共同宗教、国内生产总值、人口基数、移民存量等；λ_m 为其第 m 个控制变量的系数；Z_{ijn} 表示客源国（地区）i 与目的地国（地区）j 之间的第 n 个虚拟控制变量，如共同边界、共同法律渊源等；β_n 为其第 n 个控制变量的系数；U_{ijt} 表示 t 年客源国（地区）移动互联网的使用人数；α_{jt} 表示对目的地国（地区）进行固定效应控制的变量，δ 为其系数；Y_i 表示一组进口国家（地区）特定变量。

（二）模型解释

本书的研究论证建立在以下基础之上：假设 A 和 B 为本书考察出入境涉及的 86 个国家（地区）之一，A 和 B 本身既可以作为客源国（地区）又可以作为目的地国（地区），互联网代理变量——双边网址数据有两组对等关系：A 拥有 B 双边网址数量与 A 到 B 的出境旅游的关系；B 拥有 A 双边网址数量与 B 到 A 的入境旅游的关系。这两组关系说明互联网对双边旅游的影响，也是下文要探究的问题。本书选取前者作为下文实证的基本假设，即客源国（地区）拥有的目的地国（地区）的双边网址数量会对客源国（地区）到目的地国（地区）的出境旅游产生影响。实证部分的核心解释变量以互联网的代理变量——双边网址数据为主，以客源国（地区）移动互联网的使用人数作为稳健性检验代理变量。双边网址数量和移动互联网使用人数分别是从内容存量和人数流量的角度来衡量互联网的影响，考察二者对互联网的影响使本书的实证部分的结果更加科学和可信。

第五节 实证结果与分析

一、基准回归与内生性处理

（一）基准回归结果

基于前文的理论分析和数据描述，本节运用截面数据进行了最小二乘回归，论证互联网对双边旅游贸易量的整体影响，结果如表 4-2 所示。本节核心解释变量为双边网址数据，以 2009 年截面数据运行结果为主要参考，分析互联网代理变量——双边网址变量在修正引力模型中对旅游贸易的影响。此外，本书在进行横截面回归的过程中为了凸显旅游客源地的具体国家（地区）特征，选择目的地的固定效应来控制目的地国家（地区）特征的差异。

在表 4-2 第（1）列中，主要考察互联网对双边旅游贸易总量的影响，实证结果显示控制变量地理距离、时区差异的符号显著为负，说明距离是阻碍双边旅游的主要因素；GDP 和移民规模的系数显著为正，一国（地区）的经济发展水平对出境旅游具有正向促进作用，客源国（地区）拥有目的地国（地区）的移民规模则通过间接影响增加目的地国（地区）的旅游吸引力，引流客源国（地区）游客向目的地国（地区）流动，这与本书定性分析的预想基本一致，符合基本引力模型的预测结果。核心解释变量双边网址的系数为 0. 83，在 1%的水平上显著，结果显示当客源国（地区）中各目的地国（地区）可访问的网址链接数量增加 1%，双边出境旅游贸易量将增加 0. 83%，具有显著的经济学意义，佐证了跨国双边旅游作为一种特殊的服务贸易形态对于互联网信息具有高度的依赖性。

总之，在控制了地理特征（地理距离、时区差异和共同边界）、文化特征（共同语言指数、共同法律渊源、共同宗教信仰）、人口特征（人口基数、移民存量）和经济特征（国内生产总值）之后，互联网对双边旅游贸易量具有显著的促进作用。

表 4-2　基准回归（因变量：双边旅游贸易量）和工具变量检验结果

变量	(1)	(2)	(3)	(4)	(5)
TR imports (ln)	2009	2010	2011	2012	IV
Distance (ln)	-0.188** (-3.24)	-0.415*** (-5.22)	-0.450*** (-5.89)	-0.381*** (-4.22)	-0.191** (-3.15)
Comborder	0.296* (2.29)	0.370** (2.80)	0.369** (2.75)	0.434** (2.89)	0.286* (2.05)
Timezone	-0.112*** (-6.39)	-0.0998*** (-5.04)	-0.0966*** (-5.10)	-0.118*** (-5.14)	-0.100*** (-5.41)
Comleg	-0.0054 (-0.06)	0.120 (1.38)	0.141 (1.72)	0.204* (2.26)	-0.00257 (-0.03)
Comrel	0.134 (1.15)	0.0516 (0.47)	0.0497 (0.47)	0.115 (0.89)	0.196 (1.82)
Comlangindex	-0.0203 (-0.08)	0.494* (2.01)	0.516 (1.93)	0.371 (1.12)	0.0132 (0.05)
GDP (ln)	0.271*** (4.10)	0.645*** (7.52)	0.730*** (8.89)	0.904*** (9.56)	0.250*** (3.39)
POP (ln)	-0.00372 (-0.21)	0.426*** (5.94)	0.449*** (6.82)	0.470*** (5.66)	-0.00342 (-0.21)
Migrants (ln)	0.157*** (8.03)	0.142*** (7.18)	0.123*** (6.35)	0.129*** (5.36)	0.154*** (7.11)
Hylinks (ln)	0.828*** (22.32)	0.462*** (6.43)	0.474*** (7.30)	0.413*** (5.00)	0.789*** (16.79)
_cons	-8.360*** (-10.31)	-12.46*** (-11.41)	-13.46*** (-12.99)	-15.39*** (-12.86)	-7.552*** (-7.73)
Exporters FE	Yes	Yes	Yes	Yes	Yes
N	953	896	909	867	778
R-squared	0.83	0.85	0.85	0.82	0.83

注：表中数据来源于 Stata13 的计算结果；运算中对标准差进行了聚类调整处理；括号内数据为 t 值；***、**、*分别表示在 1%、5%、10%的水平上显著；如无特殊说明，下表同。

（二）内生性处理

对内生性的考虑，主要是认为存在内生解释变量，使用 OLS 方法进行分析会对研究结果造成估计偏差，本节采用 2SLS 的 IV 工具变量法进行稳健性检验。在前文基准回归部分，将 Hylinks09（ln）直接加入 OLS 回归模型中进行估计，基本前提假设是该变量作为外生变量影响双边旅游贸易量，即双边网址的增加促进了双边旅游贸易量的增加。客源国（地区）拥有的目的地国（地区）双边网址数量可能是双边旅游行业的内生变量，当出境游客越来越多地选择一个目的地国

（地区）进行游览时，可能会间接促进客源国（地区）增加该目的地国（地区）双边网址数量。也就是说，双边网址数量与双边旅游贸易量之间可能是反向因果关系。本书借鉴 Hellmanzik 和 Schmitz（2015）的研究，采用核心解释变量相邻年份滞后回归解决潜在的反向因果关系问题。

对于 2SLS 的 IV 估计，相比于以 Hylinks09（ln）作为核心解释变量可能存在内生性的问题，Hylinks09（ln）是已经确定的，不受 2009 年双边旅游贸易量的影响，具有较好的独立性和外生性，本书以 Hylinks03（ln）作为 Hylinks09（ln）的工具变量进行回归，符合解决内生变量问题的基本要求。在表 4-2 第（5）列中，地理距离、时区差异、GDP 和移民存量的系数与表 4-2 第（1）列 OLS 回归结果基本一致，核心解释变量双边网址的系数从 0.83 下降到 0.29，但仍处在我们判定的结果稳健性区间内。前文数据描述部分已有说明，造成系数下降可能是由于 2003 年双边网址数据并未包含非国家（地区）域名的网址链接，解释力度稍弱一点，但是并不影响我们对前文论证结果稳健性的判定。

表 4-3 第（1）~（6）列是以 Hylinks03（ln）作为核心解释变量与 2004~2009 年截面数据分别作滞后回归的结果，第（7）~（9）列是以 Hylinks09（ln）为核心解释变量与 2010~2011 年截面数据分别作滞后回归的结果。研究结果发现，在相邻年份滞后回归的结果中，作为互联网代理变量的双边网址系数均为正，且在 1%的水平上显著，也就是说，采用滞后回归方法进行检验，本书前文的论证结果依然具有稳健性。

表 4-3　2003 年和 2009 年核心解释变量相邻年份滞后回归结果

变量	（1）	（2）	（3）	（4）	（5）	（6）	（7）	（8）	（9）
TR imports（ln）	2004	2005	2006	2007	2008	2009	2010	2011	2012
Hylinks03（ln）	0.169*** （3.72）	0.168*** （4.08）	0.446*** （7.03）	0.143*** （3.92）	0.148*** （4.33）	0.450*** （7.78）			
Hylinks09（ln）							0.462*** （6.43）	0.474*** （7.30）	0.413*** （5.00）
Exporters FE	Yes	Yes	Yes	Yes	Yes	Yes	Yes	Yes	Yes
N	702	716	732	734	750	778	896	909	867
R-squared	0.8	0.81	0.74	0.82	0.82	0.74	0.85	0.85	0.82

二、差异估计

（一）总量及行业异质性分析

作为服务贸易的一个细分领域，双边旅游贸易区别于一般服务贸易和商品贸易，具有独特的属性。本书为了研究互联网对双边旅游贸易这一特殊服务贸易形

态的相对影响程度，分别以双边旅游贸易量和服务贸易总量作为因变量进行了截面数据的最小二乘法回归。同时，选取已有对互联网与国际商品贸易的研究结论进行对比。

在表 4-4 第 1 列的结果对比中发现 Hylinks09（ln）对双边旅游贸易的回归系数为 0.828，对服务贸易总量的回归系数为 0.733，也就是说互联网对双边旅游贸易量的影响要大于对服务贸易总量的影响，双边旅游相比于总体服务贸易，对互联网信息具有更大的依赖性。同时，运用 2SLS 的 IV 估计的结果与 OLS 的回归结果基本一致，说明我们上述差异分析结果具有稳健性。

国内外以双边网址变量作为互联网代理变量进行实证分析的研究成果如下：施炳展（2016）、张奕芳（2017）的实证结果显示互联网对中国商品贸易出口的回归系数分别为 0.304、0.352、0.132；Hellmanzik 和 Schmitz（2015，2016）证明互联网对细分行业视听服务贸易和金融影响的回归系数分别为 0.447～0.630、0.389～0.753。对比互联网对双边旅游贸易的回归系数为 0.83，发现互联网对商品贸易和服务贸易及服务贸易内部细分行业的影响存在明显的异质性，双边旅游贸易对互联网的发展更为敏感。

表 4-4 对比回归（因变量：服务贸易总量）和工具变量检验结果

变量	Tourism	Total Service	Tourism	Total Service
Imports（ln）	2009	2009	2009IV	2009IV
Hylinks09（ln）	0.828*** (22.32)	0.733*** (18.76)	0.789*** (16.79)	0.689*** (13.41)
Exporters FE	Yes	Yes	Yes	Yes
N	953	853	778	687
R-squared	0.83	0.84	0.83	0.84

（二）地区差异和发展程度差异

前文已论证互联网对双边旅游的显著促进作用，接下来进一步将互联网对双边旅游的促进作用是否存在地区差异，以及对不同发展程度的国家（地区）的影响作用如何，基于 2009 年的截面数据分地区和发展程度进行回归，由于基于可统计的双边网址数据，本书对样本国家（地区）的选取不能保证均衡。

在表 4-5 中的地区差异部分划分了样本国家（地区）归属的各个洲进行了 OLS 回归，总体上来说，互联网对各洲的双边旅游都有显著的促进作用。对于地域差异部分，由于样本数量不均衡，可能会使结果有一定的偏误，在此将回归结果列出，仅提供参考。对于表 4-5 中的发展程度部分，本部分按发达国家（地区）和发展中国家（地区）进行 OLS 回归，结果显示发达国家（地区）Hylinks09 (ln) 的回归系数为 0.705，大于发展中国家（地区）Hylinks09（ln）回归系数 0.586，基本符合预期。互联网的发展是促进双边旅游贸易发展的必要条件而非充分条件，在特定区间内旅游需求产生的前提是人均 GDP 的增长，发达国家（地区）的人均 GDP 要明显高于发展中国家（地区），出境旅游需求总体上来说要高于发展中国家（地区），所以总体而言，互联网对发达国家（地区）双边旅游的促进作用要大于发展中国家（地区）。而依据 Freund 和 Weinhold（2002，2004）研究结果发现，互联网对经济欠发达国家（地区）商品贸易额的影响大于对经济富裕国家（地区）商品贸易额的影响，与本书对双边旅游的研究结果相反，从侧面说明了双边旅游作为特殊服务行业的经济黏性。

表 4-5　地区差异和发展程度差异回归结果

变量	地区差异				发展程度差异	
TR imports（ln）	大洋洲	美洲	欧洲	亚洲	发达国家（地区）	发展中国家（地区）
Hylinks09（ln）	0.784*** (9.03)	0.586*** (8.04)	0.643*** (16.50)	0.781*** (7.21)	0.705*** (22.89)	0.586*** (7.32)
N	39	127	705	87	771	182
R-squared	0.87	0.79	0.71	0.66	0.71	0.65

三、稳健性检验

（一）固定效应检验

借鉴 Baldwin 和 Taglioni（2006）的方法，本部分通过固定效应以 2009 年的双边网址数据进行合并截面数据的回归，结果如表 4-6 所示。第（1）~（2）列加入了独立的目的地国（地区）固定效应、客源国（地区）固定效应和时间固定效应，Hylinks09（ln）的回归系数分别为 0.344 和 0.347；第（3）~（4）列加入目的地国（地区）时间固定效应和客源国（地区）时间固定效应，Hylinks09（ln）的回归系数分别为 0.345 和 0.347，两种方法检验系数基本没有变化，且均在 1%的水平上具有显著经济学意义。通过以上固定效应检验消除了可能由横截面和时间序列数据带来的估计偏误，表明前文的结论是科学且稳健的。

表 4-6　稳健性检验：合并截面数据固定效应检验

变量	(1)	(2)	(3)	(4)
TR imports（ln）	2009	2010	2009	2010
Distance（ln）	-0.640*** (-9.49)	-0.650*** (-9.15)	-0.638*** (9.08)	-0.648*** (-8.85)
Comborder	0.379** (3.16)	0.378** (3.00)	0.383** (3.06)	0.381** (2.94)

续表

变量	(1)	(2)	(3)	(4)
TR imports (ln)	2009	2010	2009	2010
Timezone	-0.0719*** (-4.67)	-0.0730*** (-4.42)	-0.0719*** (-4.46)	-0.0722*** (-4.22)
Comleg	0.144* (2.05)	0.160* (2.21)	0.145* (1.98)	0.160* (2.15)
Comrel	0.0615 (0.67)	0.0803 (0.82)	0.06 (0.63)	0.0787 (0.78)
Comlangindex	0.435 (1.79)	0.363 (1.36)	0.429 (1.70)	0.357 (1.30)
GDP (ln)	0.306 (0.62)	0.749 (1.45)	0.18 (0.29)	0.747 (1.21)
POP (ln)	0.0762 (0.32)	-0.121 (-0.48)	0.132 (0.49)	-0.0998 (-0.36)
Migrants (ln)	0.144*** (6.90)	0.136*** (6.15)	0.144*** (6.68)	0.136*** (6.00)
Hylinks09 (ln)	0.344*** (5.90)	0.347*** (5.85)	0.345*** (5.70)	0.347*** (5.69)
Exporter FE	Y	Y	N	N
Importer FE	Y	Y	N	N
Time FE	Y	Y	N	N
Exporter time FE	N	N	Y	Y
Importer time FE	N	N	Y	Y
N	2672	1776	2672	1776
R-squared	0.76	0.79	0.88	0.87

（二）替代互联网代理变量

本章的主要结论为互联网对双边旅游具有显著的促进作用。前文主要是基于2009年的双边网址数据作为互联网的代理变量，为了进一步论证前文结论的稳健性，本书选取互联网的其他代理变量——移动互联网用户数量替代双边网址数据进行OLS回归。通过国际电信联盟（ITU）获取2003~2012年移动网用户数据，分别对2003~2012年的截面数据进行回归。

表4-7中结果显示替换代理变量后，控制变量的系数和显著性均符合预期，与前文实证结果基本保持一致，同时连续10年移动互联网用户变量的回归系数显著为正，说明在替换了双边网址的解释变量后，互联网对于双边旅游的促进作用依然显著。

表 4-7 稳健性检验：替代互联网代理变量回归结果

变量	(1)	(2)	(3)	(4)	(5)	(6)	(7)	(8)	(9)	(10)
TR imports (ln)	2003	2004	2005	2006	2007	2008	2009	2010	2011	2012
Distance (ln)	-0.645***	-0.735***	-0.498***	-0.159	-0.476***	-0.469***	-0.286***	-0.443***	-0.477***	-0.424***
	(-7.12)	(-8.29)	(-6.27)	(-1.88)	(-6.24)	(-6.53)	(-3.84)	(-6.10)	(-6.90)	(-5.40)
Comborder	0.343	0.582***	0.628***	0.512**	0.603***	0.663***	0.391*	0.663***	0.658***	0.676***
	(1.93)	(3.74)	(4.11)	(3.12)	(4.23)	(5.08)	(2.50)	(4.78)	(4.80)	(4.47)
Timezone	-0.0745***	-0.0367	-0.0902***	-0.0752**	-0.0974***	-0.0970***	-0.0699**	-0.101***	-0.0977***	-0.115***
	(-3.38)	(-1.59)	(-4.67)	(-3.01)	(-4.93)	(-5.19)	(-3.07)	(-5.36)	(-5.48)	(-5.45)
Comleg	0.159	0.104	0.0434	-0.169	0.0797	0.0537	-0.0964	0.128	0.145	0.236**
	(1.41)	(1.00)	(0.45)	(-1.25)	(0.92)	(0.64)	(-0.86)	(1.49)	(1.77)	(2.69)
Comrel	-0.151	-0.0681	0.226	-0.129	0.103	0.0854	-0.00486	0.107	0.0941	0.0837
	(-0.76)	(-0.33)	(1.81)	(-0.73)	(0.87)	(0.74)	(-0.03)	(1.06)	(0.96)	(0.69)
Comlangindex	0.717*	0.485	1.097***	0.0815	0.948***	1.007***	0.125	0.990***	1.065***	0.809**
	(2.42)	(1.75)	(4.04)	(0.21)	(3.77)	(4.21)	(0.37)	(4.23)	(4.33)	(2.68)
GDP (ln)	0.927***	0.870***	0.704***	-0.149	0.700***	0.622***	-0.121	0.585***	0.666***	0.956***
	(8.49)	(8.89)	(7.57)	(-1.19)	(7.26)	(7.10)	(-0.80)	(6.08)	(7.13)	(8.91)
POP (ln)	0.818***	0.853***	0.900***	0.0795	0.844***	0.825***	0.145	0.763***	0.789***	0.741***
	(21.40)	(22.07)	(22.74)	(1.60)	(24.33)	(25.68)	(1.39)	(25.93)	(26.30)	(20.50)
Migrants (ln)	0.156***	0.171***	0.196***	0.489***	0.166***	0.162***	0.433***	0.186***	0.169***	0.163***
	(6.54)	(7.31)	(8.22)	(15.97)	(8.28)	(8.46)	(9.32)	(9.31)	(8.82)	(7.37)
Interusers	0.0120***	0.00751*	0.0131***	0.0125***	0.0173***	0.0172***	0.00901*	0.0195***	0.0200***	0.0108*
	(3.90)	(2.39)	(5.20)	(3.62)	(5.72)	(6.16)	(2.19)	(5.72)	(5.71)	(2.46)
_cons	-15.81***	-15.06***	-16.52***	1.783	-15.53***	-14.44***	1.844	-13.75***	-14.76***	-16.64***
	(-11.52)	(-12.38)	(-12.95)	(1.20)	(-12.84)	(-12.61)	(0.67)	(-12.35)	(-13.89)	(-14.32)
Exporters FE	Yes	Yes	Yes	Yes	Yes	Yes	Yes	Yes	Yes	Yes
N	873	951	1006	1045	1052	1075	1158	1082	1097	1053
R-squared	0.80	0.81	0.81	0.67	0.82	0.82	0.70	0.85	0.85	0.82

表 4-8　稳健性检验：2003~2012 年的截面数据回归结果

变量	(1)	(2)	(3)	(4)	(5)	(6)	(7)	(8)	(9)	(10)
TR imports (ln)	2003	2004	2005	2006	2007	2008	2009	2010	2011	2012
Distance (ln)	-0.416***	-0.439***	-0.412***	-0.0628	-0.470***	-0.490***	-0.188**	-0.480***	-0.534***	-0.437***
	(-4.56)	(-4.91)	(-4.77)	(-0.62)	(-5.60)	(-6.01)	(-3.24)	(-5.99)	(-6.76)	(-4.92)
Comborder	0.268	0.532**	0.449**	0.516**	0.374**	0.441**	0.296*	0.409**	0.393**	0.486**
	(1.60)	(3.11)	(2.72)	(2.91)	(2.61)	(3.20)	(2.29)	(2.92)	(2.77)	(3.00)
Timezone	-0.0736***	-0.0387	-0.0739***	-0.0678**	-0.0680**	-0.0692***	-0.112***	-0.0814***	-0.0779***	-0.0890***
	(-3.46)	(-1.67)	(-3.52)	(-2.83)	(-3.24)	(-3.49)	(-6.39)	(-4.20)	(-4.08)	(-4.12)
Comleg	0.0254	-0.00656	-0.0224	0.0238	0.0831	0.118	-0.0054	0.210	0.221	0.198
	(0.21)	(-0.06)	(-0.20)	(0.17)	(0.81)	(1.25)	(-0.06)	(2.14)	(2.22)	(1.80)
Comrel	-0.0132	0.0413	0.111	-0.208	0.097	0.0583	0.134	0.0865	0.0818	0.21
	(-0.11)	(0.26)	(0.84)	(-1.22)	(0.79)	(0.47)	(1.15)	(0.83)	(0.79)	(1.63)
Comlangindex	0.644*	0.716*	1.155***	0.549	0.882**	0.901***	-0.0203	0.695**	0.817**	0.55
	(2.18)	(2.34)	(3.88)	(1.50)	(3.24)	(3.47)	(-0.08)	(2.66)	(2.85)	(1.63)
GDP (ln)	0.850***	0.867***	0.811***	0.114	0.780***	0.753***	0.271***	0.747***	0.848***	0.903***
	(9.16)	(10.05)	(9.45)	(0.89)	(8.78)	(9.03)	(4.10)	(8.48)	(9.51)	(8.35)
POP (ln)	0.605***	0.678***	0.732***	0.082	0.673***	0.680***	-0.00372	0.605***	0.623***	0.570***
	(12.52)	(15.37)	(16.50)	(1.12)	(14.92)	(16.41)	(-0.21)	(14.00)	(13.65)	(10.83)
Migrants (ln)	0.173***	0.189***	0.182***	0.388***	0.196***	0.172***	0.157***	0.208***	0.189***	0.210***
	(6.19)	(6.49)	(6.50)	(10.40)	(7.52)	(7.17)	(8.03)	(8.45)	(7.84)	(7.72)
Hylinks09 (ln)	0.231***	0.149***	0.160***	0.163***	0.0680***	0.0668***	0.828***	0.0345**	0.0309*	0.0319*
	(3.61)	(6.70)	(8.18)	(7.72)	(3.78)	(3.76)	(22.32)	(2.60)	(2.15)	(2.02)
cons	-14.80***	-14.73***	-15.34***	-1.423	-12.50***	-11.97***	-8.360***	-10.69***	-11.44***	-12.22***
	(-10.20)	(-10.93)	(-11.00)	(-0.77)	(-9.54)	(-9.78)	(-10.31)	(-8.79)	(-9.65)	(-9.53)
Exporters FE	Yes	Yes	Yes	Yes	Yes	Yes	Yes	Yes	Yes	Yes
N	696	716	731	765	767	783	953	799	808	771
R-squared	0.77	0.79	0.81	0.70	0.80	0.81	0.83	0.84	0.84	0.80

（三）对互联网代理变量数据 Hylinks09（ln）进行平均增长率处理

借鉴张奕芳（2017）的做法，基于 2009 年的双边网址数据，运用平均增长率的方法进行前向和后向推算以得到其他年度的双边网址数据。本书对获取的各年度双边网址链接数据分别进行截面数据回归。在表 4-8 中，回归结果显示通过平均增长率运算得到的其他年份的双边网址数据的回归系数均显著为正。

综上所述，本书发现在固定效应检验、替换互联网代理变量和采用平均增长率方法解决双边网址数据可能存在的偶然影响问题之后，前文的论证结果依然稳健。

第六节　本章小结

互联网的发展是双边旅游发展的一个非常重要的决定因素。本书基于跨国（地区）数据，在修正引力模型的框架中，以双边网址作为互联网的代理变量，研究互联网对双边跨境旅游的影响，并且经过广泛的测试（内生性和稳健性检验）实证结果依然稳健。本书的主要研究结论如下：

第一，从基本回归结果来看，双边网址链接数量增加 1%会带动双边旅游贸易量增加 0.83%，表明互联网发展会促进双边旅游的发展且具有显著的正向作用。在一定程度上，一国（地区）拥有贸易伙伴国家（地区）双边网址数量越多，表明该国（地区）互联网发展程度越高，更易于出境旅游的发展。贸易伙伴国家（地区）可搜索到本国（地区）的双边网址链接数量越多，表明该国（地区）的互联网开放程度越高，更有利于入境旅游的发展。

第二，从总量和行业异质性分析结果来看，双边网址链接增加 1%会带动中国商品贸易增加 0.3%、国际视听服务贸易增加 0.45%、国际金融增加 0.55%、总服务贸易增加 0.73%，互联网对国际贸易促进作用存在明显的异质性，相较于商品贸易和其他细分服务行业，双边旅游的发展对于信息获取具有更高的依赖性。

第三，从地区和发展程度差异来看，互联网对各地区双边旅游发展均有显著影响，但具体的影响差异需要后续获取更广泛的数据进行研究。发达国家（地区）和发展中国家（地区）双边网址链接数量增加 1%分别带动双边旅游贸易量增加 0.71%和 0.59%，表明互联网对发展程度更高地区的双边旅游促进作用更大。具体来说，互联网发展程度高对发达国家（地区）出境旅游的促进作用大于发展中国家（地区），这主要是在于出入境旅游消费需求产生与一国（地区）经济发展水平高度相关，具有一定的经济黏性。

第五章　互联网与中国旅游业
——基于全球价值链视角

第一节　引言

我国互联网经济正处于“消费互联网时代”关键时期，如何在旅游贸易中充分发挥互联网的溢出效应是当下的重要议题。推动互联网与旅游贸易深度融合是提高我国旅游贸易国际竞争力的重要途径。国务院发布的《关于促进旅游业改革发展的若干意见》《“十三五”旅游业发展规划》以及党的十九大报告等均强调要培育互联网在旅游业等中高端服务领域的新增长点和新动能。我国旅游贸易作为信息密集型经济活动，依托互联网重塑了自身发展形态，成为“互联网+”新业态的典型代表。2018 年 6 月，我国网民规模达 8.02 亿人，普及率为 57.7%，中国网站数量达 533 万个，其中“.CN”域名下网站数为 315 万个，总体占比 59%，中国 IPv4 地址共计 3.387 亿个，占全球已分配 IPv6 地址总数的 10.38%，居全球第二位，以互联网经济为重要组成部分与关键驱动要素的中国信息经济对 GDP 的贡献率已逐步接近并赶超部分发达国家。旅游贸易作为服务贸易中最大的组成部分，正成为我国贸易增长的重要驱动力。2017 年，我国入境旅游收入达到 1234.17 亿美元，占服务贸易总收入的 52.8%左右。随着全球生产分割的不断深入及跨国生产规模的不断扩大，出入境旅游已参与全球分工，全面融入全球价值链的发展进程。中国互联网经济快速增长与旅游贸易不断壮大的现实，需要从全球价值链视角出发对以下相关问题进行深入研究：从增加值出口的视角，如何更加准确地测算中国与伙伴国家旅游贸易差额？中国旅游业增加值出口的现状及其动态变化趋势是怎样的？中国旅游业出口在全球价值链中的位置及其比较优势如何，以及与其他入境旅游国家比较有何差异？互联网发展对中国旅游业增加值、中国旅游业在全球价值链中的位置及其参与度的影响如何?

在生产过程全球布局趋势下，国际贸易中的“重复计算”不断增加，一方面体现了参与全球生产分工的程度加深，另一方面反映出传统总值贸易流量掩盖了增加值贸易结构，简单的概念和测度方法已经难以充分地描述和解释国际贸易模式。但与国际贸易的其他行业相比，旅游贸易增加值测度的研究成果，不仅滞后于实践的发展，而且深度远远不够。因此，当前迫切需要利用最新的全球价值链核算方法对这些问题进行定量分析，可以为旅游贸易增加值核算提供一个相对科学和可比的研究框架。同时，在全球价值链视角下考察互联网与中国旅游贸易二者的相关关系，创新互联网与国际贸易的研究视角，通过将旅游贸易置于全球价值链的产业环境下，剔除传统贸易中各关联部门“重复计算”影响，有助于更加客观地对互联网与中国旅游业增加值、GVC 位置指数和参与度指数之间的相关性进行判断，为互联网与旅游贸易的研究提供新的思路，进而对旅游业内部关联行业自身发展和我国旅游贸易进一步开放提供理论支持，具有重要的理论意义和实践意义。

相对于已有文献，本章研究的边际贡献：①利用 Wang 等（2013）分国家分行业的总出口分解方法首次测算与中国旅游贸易统计相关部门的增加值出口率（VAX ratio），结合 2000~2014 年《中国统计年鉴》中的国际旅游总收入数据，测算中国旅游贸易增加值出口。②从增加值出口的视角，重新测算中美旅游贸易差额。在一定程度上，传统总值贸易统计方法夸大了旅游贸易顺逆差额，本书通过重新测算中美旅游贸易逆差，为更加科学测算中国旅游贸易顺逆差提供了新视角。③运用旅游产业相关部门的增加值分解基本指标，计算中国旅游业的垂直专业化 VS_t 及 VS_t 内部结构，来反映中国旅游业在全球价值链中的位置及其发展变化。④基于上述分解值，借鉴 Koopman 等（2010）的方法，首次定义中国旅游业的参与度指数 TGVCPA 和位置指数 TGVCPO 并进行测算，从全球价值链视角分析了中国旅游业出口在国际贸易中的地位及竞争力。⑤在完成相关测算的基础上，对互联网与全球价值链视角下中国旅游贸易进行了相关性分析。

第二节　中国旅游贸易现状分析

一、中国旅游贸易发展现状

改革开放 40 多年来，我国旅游贸易已逐渐转向高质量发展阶段，以扩大开

放和结构性改革带动旅游贸易发展是我国服务贸易发展的重要举措。旅游成为衡量现代生活水平的重要指标和人民幸福生活的刚需，被列为“五大幸福产业”之首（夏杰长，2018）。旅游贸易作为服务贸易的最大分支在促进全球价值链多元化发展和深化全球分工中的作用日益凸显。我国出入境游人数多年来保持较快增长速度，2000~2017 年入境总人数、入境外国游客人数和出境人数平均增速分别为 3.87%、7.91%和 16.82%（见图 5-1）。截至 2017 年，我国入境旅游人数达到 1.39 亿人次，入境旅游收入增至 1234.17 亿美元，出境旅游人数和旅游消费均居世界第一，对世界经济发挥着巨大的引擎作用。出境旅游的高速发展可以缓解商品贸易顺差所带来的贸易摩擦，带动旅游企业走出去，拓展对外开放的深度与广度，加快与国际旅游业的融合。伴随着出境旅游的兴起，我国入境旅游市场规模持续增长，尤其是外国客源市场增幅显著，2000~2017 年接待入境游客和外国游客的平均同比增速为分别达到 3.87%和 7.91%（见图 5-1）。我国出境旅游的增速总体上高于入境旅游增速，但二者差距逐渐缩小，基本上同步进入稳步增长阶段。现阶段入境客源市场结构已显露出优化趋势，“一带一路”倡议是全球价值链的强大动力，推动我国入境旅游市场活跃度进一步提升，入境旅游综合效益持续显现。

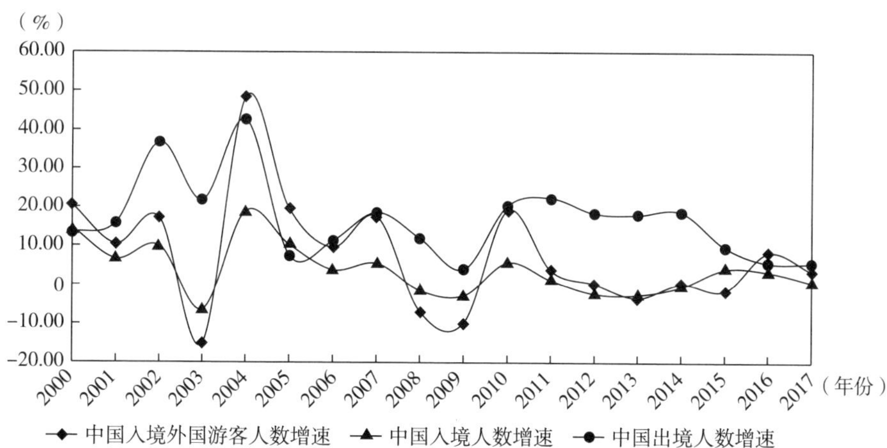

图 5-1　2000~2017 年中国出入境旅游人数同比增速变化趋势

资料来源：国家旅游局。

在我国经济改革再出发之际，旅游贸易作为服务贸易改革的先行领域，必须从规模、速度转向高质量发展。作为服务贸易的最大分支，我国入境旅游自 2015 年实现正向增长后，入境旅游人数增速逐年递减。世界经济论坛发布的《2017

年旅游业竞争力报告》显示，中国旅游业的国际竞争力提高至全球排名第 15 位，但与西班牙、法国、德国、日本、英国、美国等旅游强国相比仍有较大差距。我国旅游贸易目前仍存在消费链、服务链和产业链不完善，国际旅游吸引力不强、资源配置力低、旅游品牌缺乏、旅游供需结构矛盾突出等问题，多元化、高品质旅游产品和服务供给仍然有待加强。

二、中国旅游贸易研究现状

近年来关于旅游贸易的研究主要集中在以下几个方面：旅游贸易经济效应，如出境旅游与经济发展水平关系（雷平和施祖麟，2008）；旅游贸易“顺逆差”，如从出境旅游外汇漏损出发对旅游贸易中的产业升级进行研究（马琳，2011）、通过购物免税政策缩小旅游服务贸易逆差（蒋依依和杨劲松，2014）；旅游贸易统计口径，如按照对等统计原则对旅游服务贸易国际收支口径一致化调整（戴斌，2016）；旅游贸易的国际竞争力，如在旅游服务贸易竞争力水平定量测度的基础上，采用多元回归分析方法研究旅游服务贸易国际竞争力的主要影响因素（葛丽芳和田纪鹏，2011），通过 TC、CA 和 RCA 数值的变化发现中国旅游服务贸易在国际上还未具有竞争优势（夏杰长和瞿华，2017）。在旅游增加值的研究方面，国内学者主要采用“旅游消费剥离系数”测算旅游产业增加值及其对国民经济的贡献率（李江帆和李美云，1999）但“旅游消费剥离系数”因在利用旅游收入统计数据测算旅游增加值的产业分类问题上的缺陷备受质疑（林刚，2009）；刘亚文和杜子芳（2016）从国民经济核算中支出法的角度，从概念化和操作方法角度对旅游增加值进行了研究，并进一步讨论了旅游对国民经济的贡献率，但对旅游贸易核算方法的改进没有突破性的进展。杨恋令等（2014）首次基于投入产出方法对中美旅游贸易增加值进行了研究，分别基于非竞争的中美投入产出模型对交通、住宿、餐饮、购物、游览娱乐、其他六大旅游细分产业的贸易增加值进行了测算。马仪亮（2018）基于 2016 年 WTTC 核算的世界部分国家和地区旅游业直接和综合贡献水平事实上，独立测算运输、住宿、餐饮、娱乐、批发零售等旅游特征产业的带动力系数，以直观和准确地了解旅游业带动力大小。

通过对现有文献分析发现，对于旅游贸易的研究还亟待深入，旅游贸易的核算方法相对落后，旅游贸易增加值问题的研究所采用的旅游增加值剥离方法存在缺陷，另外仅利用旅游收入总量与产业增加值的乘积来确定旅游贸易实际拉动的国内增加值，忽略了国民经济产业中的生产链条与旅游业的产业群性质，从而低估了旅游贸易拉动的国内增加值。在全球化进程不断深入的背景下，旅游贸易增加值测算值得深入研究。

第三节 全球价值链框架下中国旅游贸易相关测算

一、相关文献回顾

随着全球价值链的深入发展，利用全球价值链核算数据代替总值出口数据和校准模型成为可能，为解决某些传统国际经济问题提供了新思路（倪红福，2018）。目前宏观层面基于全球价值链的测度方法趋于成熟：Balassa（1967）最早将全球化分工现象定义为垂直专业化（vertical specialization）。Hummels 等（1999）提出生产过程越来越多地涉及一个横跨多个国家的连续的垂直贸易链，首次定义“狭义的垂直专业化”（VS）。Koopman 等（2010）首次提出了总出口的增加值分解的统一的逻辑框架，将国家行业部门层面的出口进行了增加值按来源分解为 5 部分，几乎囊括了前人对全球价值链的测度指标。同时，根据国家和部门层面的分解结果，建立衡量全球价值链（GVC）位置（上游还是下游）和参与全球生产链程度的指标，为后续有关全球价值链的更细致分解方法以及位置测度指标奠定基础。Johnson 和 Noguera（2012）结合投入产出和双边贸易数据测算了双边贸易中的增加值成分，运用增加值出口率衡量了生产共享的强度。Wang 等（2013）将双边部门贸易总量分解为各种增加值和重复计算项共 16 部分，并构建了双边、部门和双边部门贸易流量增加值和各种重复计算项的新数据库，为测度全球价值链的参与程度、位置等指标提供了基础数据。

近年来，国内学者逐渐意识到 GDP 与外贸数据的扭曲加大了中国外贸依存度及外贸失衡度。随着世界投入产出表的编制成功，对制造业和服务贸易的研究进入了新的阶段，出现了大量从全球投入产出角度对国际贸易的研究，程大中等（2015）结合 OECD 和世界贸易组织（WTO）投入产出数据，采用增加值贸易方法测算中国出口贸易中的服务含量所占比重大约是采用传统贸易统计口径测算结果的两倍。夏明和张红霞（2015）的测算结果发现相比于发达经济体，我国制造业的增加值率明显偏低。倪红福等（2017）测算结果表明中国出口的技术含量几乎锁定在世界最低端，远低于美国和日本等发达国家，但产业部门的生产分割长度在加入 WTO 后都出现了大幅上升，尤其中国制造业的生产结构复杂度日益增加。同时也有部分学者在全球价值链视角下对制造业、服务业及其细分行业（如能源等领域）的 GVC 地位和参与度进行对比研究。总体来说，运用全球价值链测算方法对制造业及服务业的研究成果已经相当丰富。

通过对现有文献分析发现，从全球价值链角度对国际贸易的研究，无论是对制造业、服务业整体层面还是细分部门的测度都已经相对成熟。在全球投入产出核算方法已经基本成熟的情形下，非竞争的投入产出方法也不能完全反映出贸易的实质。全球投入产出技术能研究生产活动中各个部门的投入与产出之间的数量关系，是完整测算旅游增加值的一个很好的工具，如何将旅游贸易的核算与全球投入产出核算联系起来，使旅游业与制造业及其他服务业能在一个一致的统计框架下进行对比研究，是我国旅游贸易的重要课题。考虑到旅游贸易的未来发展要重点关注消费链、服务链和产业链的全面拓展，本书尝试利用全球价值链核算方法对旅游贸易重新核算，剔除“重复计算”的部分，重新对中美旅游贸易差额进行计算，并利用最新的 WIOD（2000~2014 年）数据对中国旅游贸易增加值出口、垂直专业化结构及 GVC 地位和参与度进行测算和分析，进而为旅游业内部关联行业自身发展和我国旅游贸易进一步开放提供理论支撑。

二、全球价值链框架下旅游贸易增加值测算

借鉴 Wang 等（2013）方法将贸易总量首先分解为国内增加值出口（DVA）、返回国内的增加值（RDV）、国外增加值（FVA）、纯重复计算（PDC）部分，在此基础上进一步分解为各种增加值和重复计算项共 16 部分，具体分解公式如下：

$$E=\underbrace{DVA_{fin}+DVA_{int}+DVA_{irexi1}+DVA_{irexi2}+DVA_{irexf}}_{(1\sim5)DVA}+\underbrace{RDV_{fin1}+RDV_{fin2}+RDV_{int}}_{(6\sim8)RDV}$$
$$+\underbrace{\underbrace{MVA_{fin}+OVA_{fin}}_{(9,10)FVA_{fin}}+\underbrace{MVA_{int}+OVA_{int}}_{(11,12)FVA_{int}}}_{(9\sim12)FVA}+\underbrace{\underbrace{MDC+ODC}_{(13,14)FDC}+\underbrace{DDC_{fin}+DDC_{int}}_{(15,16)DDC}}_{(13\sim16)PDC} \tag{5-1}$$

其中，E 为总出口，第 1~5 项分别为最终出口的国内增加值（DVA_{fin}）、被直接进口国生产国内需求使用的中间出口的国内增加值（DVA_{int}）、被直接进口国生产向第三国出口的用于最终需求的中间出口的国内增加值（DVA_{irexi1}）、被直接进口国生产出口到第三国的中间出口并最终返回第二国吸收的中间出口的国内增加值（DVA_{irexi2}）、被直接进口国生产向第三国最终出口的中间出口的国内增加值（DVA_{irexf}）；第 6~8 项分别为被直接进口国吸收生产最终出口返回国内的中间出口的国内增加值（RDV_{fin1}）、被直接进口国用于生产出口到第三国的中间产品并以最终进口返回国内的中间出口的国内增加值（RDV_{fin2}）、被直接进口国生产中间出口并最终返回国内用于生产国内最终需求的国内增加值（RDV_{int}）；第 9~12 项分别为隐含于本国出口中的进口国增加值（MVA_{fin} 和 MVA_{int}）、隐含于本国出口中的第三国增加值（OVA_{fin} 和 OVA_{int}）；第 13~16 项分别为本国中间出口的外国价值重复计算（MDC 和 ODC）、本国中间出口的国内价值重复计算（DDC_{fin}

和 DDC_{int}）。

通过上述分解可以得到中国旅游贸易相关部门总出口 16 项分解结果与总出口比值，结合 2000~2014 年《中国统计年鉴》中的国际旅游总收入数据，分别与国际旅游收入构成部分如长途交通（民航、铁路、汽车和轮船）、游览、住宿、餐饮、商品销售、娱乐、邮电通信、市内交通和其他服务等各部分相乘得到不同构成部分的 16 项增加值出口的结果，最后汇总成整个中国旅游贸易相关部门出口的 16 项增加值出口分解的最终结果，为下文各项指标的测算提供基础。

三、旅游业全球价值链的地位和参与度指数

Koopman 等（2010）用“GVC 参与度指数”和“GVC 地位指数”来测算不同经济体/行业在全球价值链中的嵌入程度。本书借鉴其做法对旅游产业出口的 GVC 地位和参与度指数进行测算：

旅游业全球价值链位置指数“TGVCPO”用来衡量 c 国旅游贸易相关产业 t 部门在全球价值链的地位，计算公式如下：

$$TGVCPO_{tc}=\ln\left(1+\frac{IV_{tc}}{E_{tc}}\right)-\ln\left(1+\frac{FV_{tc}}{E_{tc}}\right) \tag{5-2}$$

其中，E_{tc} 表示 c 国旅游贸易相关产业 t 部门的总出口，IV_{tc} 表示 c 国旅游贸易相关产业 t 部门的中间品出口中包含的增加值，FV_{tc} 是 c 国旅游贸易相关产业 t 部门出口中的国外增加值。当 $\frac{IV_{tc}}{E_{tc}}>\frac{FV_{tc}}{E_{tc}}$ 时，表明 t 部门处于全球价值链的上游；当 $\frac{IV_{tc}}{E_{tc}}<\frac{FV_{tc}}{E_{tc}}$ 时，则表明 t 部门处于全球价值链的下游。$TGVCPO_{tc}$ 越大，表示 c 国旅游贸易相关产业 t 部门在全球价值链中所处地位越高，即处于上游位置；反之，则处于下游位置。

旅游业全球价值链参与度指数“TGVCPA”计算公式如下：

$$TGVCPA_{tc}=\frac{IV_{tc}}{E_{tc}}+\frac{FV_{tc}}{E_{tc}} \tag{5-3}$$

其中，$\frac{IV_{tc}}{E_{tc}}$ 为“前向参与度指数”，表示 c 国旅游贸易相关产业中 t 部门出口的中间产品被别国进口用于生产最终产品并出口到第三国的程度，该指数越高表明在全球价值链上 c 国处于价值链的上游环节；$\frac{FV_{tc}}{E_{tc}}$ 为“后向参与度指数”，表示 c 国旅游贸易相关产业中 t 部门出口中所使用的国外增加值的程度，即一国出口中的国外增加值出口率，该指数越高表明在全球价值链上 c 国处于价值链的下

游环节，因此“$TGVCPA_{tc}$”值越大说明一国旅游业参与国际分工的程度越高，在全球价值链的地位中更重要。

四、研究思路和数据来源

林刚（2009）认为，由于旅游过程中各方面消费涉及国民经济分类当中的多个部门，同一产业部门的经济活动的价值创造能力及需要使用的中间投入结构水平应该大致相同。因此，本书首先基于全球价值链的分析框架计算分项旅游贸易收入构成相关产业部门的增加值出口率，并与旅游贸易总收入的分项统计数据相乘得到旅游贸易相关部门的增加值出口，最后汇总得到旅游贸易增加值总出口。

本部分研究主要利用和根据 Wang 等（2013）的方法计算了 2000~2014 年全球 44 个国家/地区 56 个部门贸易出口的增加值分解项，进而依据中国国家统计局对国际旅游收入及构成的统计分类，对旅游贸易关联的 9 个部门（c30~c33、c35、c36、c39、c50、c54）的增加值出口 16 项分解结果与总出口比值进行测算，测算使用的数据来源于世界投入产出数据库（World Input-Output Database，WIOD）2000~2014 年的世界投入产出表（World Input-Output Tables，WIOTS）。

中国国际旅游总收入数据来源于 2000~2014 年《中国统计年鉴》中统计的国际旅游收入（入境旅游收入）及构成，主要由长途交通（民航、铁路、汽车和轮船）、游览、住宿、餐饮、商品销售、娱乐、邮电通信、市内交通和其他服务等细分行业中归属于入境旅游收入的部分组成。2015 年 7 月，国家统计局发布的《国家旅游及相关产业统计分类（2015）》重新明确了旅游统计范畴（张辉等，2016），补充完善了停留期间（3~12 个月）的入境旅游花费和游客在华短期旅居的花费，同时考虑世界投入产出表的最新可用数据（2000~2014 年），因此，本书没有研究 2015 年以后的入境旅游收入的全球价值链特征。

五、测算结果分析

从全球价值链和国际比较的视角，利用 WIOD 中 2000~2014 年 WIOTS 数据及中国国家统计局有关入境旅游收入构成数据，本章对中国旅游贸易增加值出口进行测度，从增加值出口的视角重新计算中美旅游贸易差额，并与利用传统旅游贸易总收入计算的差额进行对比研究。进而对中国旅游贸易增加值出口、垂直专业化程度、GVC 参与度与地位指数进行测算。

（一）全球价值链框架下中美旅游贸易差额

本书运用全球竞争投入产出模型的分解框架得到统一口径下中美旅游收入构成相关部门增加值出口率，然后结合中美双边旅游贸易收入及构成结构，对中美旅游贸易增加值出口重新进行了测算。杨恋令等（2014）首次基于利用美国

BEA 网站和中国国家统计局分别编制美国和中国 2002 年、2007 年、2012 年的非竞争投入产出表对中美旅游贸易拉动的国内增加值进行了测算。为了使测算结果具有可比性，本章参照杨恋令等（2014）的做法，中国向美国旅游出口总额数据及美国向中国旅游出口总额数据均来源于美国 BEA 旅游卫星账户，中美双向旅游贸易收入构成比例数据分别来自国家统计局公布的抽样调查结果和美国对入境旅游收入消费情况抽样调查结果。

表 5-1　中美旅游产业出口构成及增加值率　　单位：百万美元

总出口构成及增加值率	中国→美国								
	2002 年			2007 年			2012 年		
	构成比例		增加值率	构成比例		增加值率	构成比例		增加值率
总出口	（%）	1420.0	（%）	（%）	3150.0	（%）	（%）	3490.0	（%）
交通	30.0	426.0	89.0	29.6	932.4	83.3	38.0	1326.2	83.6
住宿	12.2	173.2	92.5	14.5	456.8	89.6	10.2	356.0	90.9
餐饮	8.0	113.6	92.5	8.8	277.2	89.6	7.0	244.3	90.9
购物	21.4	303.9	90.0	25.0	787.5	89.7	22.5	785.3	90.9
游览和娱乐	14.4	204.5	88.0	9.1	286.7	87.1	12.3	429.3	88.8
其他	14.0	198.8	87.6	13.0	409.5	86.8	10.0	349.0	89.5
	美国→中国								
总出口	（%）	1190.0	（%）	（%）	2700.0	（%）	（%）	8770.0	（%）
交通	27.4	326.1	86.2	27.6	745.2	82.2	29.0	2543.3	83.0
住宿	22.5	267.8	92.4	21.5	580.5	91.6	21.5	1885.6	91.9
餐饮	17.4	207.1	92.4	17.2	464.4	91.6	15.0	1315.5	91.9
购物	18.9	224.9	92.4	19.4	523.8	92.6	21.4	1876.8	93.4
游览和娱乐	9.0	107.1	91.1	9.6	259.2	90.3	9.9	868.2	90.9
其他	4.8	57.1	94.6	4.7	126.9	94.2	3.2	280.6	94.0

资料来源：笔者根据 WIOT 及国家统计局数据计算，本章以下表格均如此，不再赘述。

表 5-1 中显示了 2002 年、2007 年和 2012 年中美旅游贸易收入和构成比例、中美旅游增加值出口比率和中美旅游产业增加值出口值。表 5-2 显示了不同方法测度的中美旅游贸易的差额。表中“（1）”和“（2）”分别为杨恋令等（2014）和本书的测算结果，对比发现：杨恋令等（2014）基于非竞争的投入产出法计算的中美旅游贸易增加值逆差相对于总值贸易逆差缩减比例分别为 60.9%（2002 年）、33.3%（2007 年）、9.8%（2012 年），本书基于全球竞争的投入产出法计算的缩

减比例分别为16.2（2002年）、24.9%（2007年）、9.1%（2012年），均相应小于杨恋令等（2014）的测算结果。这主要可能是因为考虑第三方国家的影响后，相对于基于单国投入产出模型的计算的增加值出口，中美两国的旅游贸易逆差会有所扩大，相应的增加值贸易逆差缩减也会有所下降。显然将中美两国旅游贸易置于全球价值链中考虑更接近真实的贸易状况。总体来说，相对于传统总值贸易逆差，从全球价值链的视角来看，用增加值方法计算的旅游贸易逆差将会缩减10%~30%。

表5-2　中美旅游产业出口差额比较分析　　单位：百万美元

年份	2002年		2007年		2012年	
出口方向	中国→美国	美国→中国	中国→美国	美国→中国	中国→美国	美国→中国
总出口	1420.0	1190.0	3150.0	2700.0	3490.0	8770.0
差额	230.0		450.0		-5280.0	
增加值出口（1）	1180.0	1090.0	2700.0	2400.0	3020.0	7780.0
差额（1）	90.0		300.0		-4760.0	
差额减少比重（1）	60.9%		33.3%		9.8%	
增加值出口（2）	1271.7	1079.0	2745.7	2407.9	3060.7	7857.8
差额（2）	192.7		337.8		-4797.1	
差额减少比重（2）	16.2%		24.9%		9.1%	

（二）全球价值链视角下中国旅游贸易增加值出口

表5-3中显示了2014年入境旅游收入分项构成相关部门总出口及增加值出口率。依据国家统计局对于国际旅游收入（主要指入境旅游收入）分项统计所涉及的长途交通、市内交通、游览、娱乐、住宿、餐饮、商品销售、邮电通信和其他服务部门，在全球投入产出表中匹配出与之相对应的部门（c30~c33、c35~c36、c39、c50、c54），对其相关增加值率进行测算（DVA/TE、RDV/TE、FVA/TE、PDC/TE），作为计算旅游产业增加值出口的“同质部门”增加值出口率。同时测算三大产业的增加值率出口率与旅游产业出口进行对比研究。

表5-3　2014年中国旅游特征产业增加值出口分解　单位：百万美元

部门编码	旅游贸易关联部门	总出口（TE）	DVA	RDV	FVA	PDC
			占相应总值出口（TE）的比例（%）			
c36（住宿和食品服务活动）	餐饮和住宿	9157.1	91.80	2.33	4.60	1.26

续表

部门编码	旅游贸易关联部门	总出口（TE）	DVA	RDV	FVA	PDC
			占相应总值出口（TE）的比例（%）			
c31（陆路运输）	陆路	28507	89.13	3.04	5.74	2.08
c32（航空运输）	航空	29915	87.21	3.00	7.33	2.46
c33（水路运输）	水运	22923	81.17	1.83	13.8	3.19
c50（行政和支助服务活动）	游览	2806.8	88.84	2.52	5.88	2.76
c30（零售业）	购物	32189	91.63	3.17	3.69	1.52
c54（其他服务活动）	娱乐	9766.5	90.81	0.61	7.62	0.95
c35（邮政快递活动）	邮电	577.83	90.74	1.85	6.10	1.32
c39（电信）	邮电	1620.3	92.15	1.69	4.90	1.27
c1～c3	第一产业	13837.18	93.90	0.89	4.54	0.67
c4～c27	第二产业	2026690.84	79.07	2.34	14.06	4.53
c28～c56	第三产业	384938.52	88.90	2.99	5.78	2.33

基于表5-3第4~7列的测算结果，结合国家统计局对国际旅游收入及构成的统计（见表5-4第2列），得到2014年中国旅游产业出口的DVA、RDV、FVA、PDC。总的来说，中国旅游贸易增加值出口率（DVA/TE）达到88.37%，稍低于第三产业平均水平（88.90%），但高于第二产业9.3个百分点，中国旅游产业出口的国内价值创造力要明显高于第二产业。也就是说从全球价值链视角来看，用增加值出口衡量的旅游业贡献显著高于以总值贸易衡量的结果，总值贸易的测算低估了旅游业等服务业的贡献和高估了第二产业的贡献。

表5-4　2014年中国旅游贸易构成增加值分解　　单位：百万美元

旅游贸易出口构成	总出口（TE）	DVA	RDV	FVA	PDC
民航	14579.00	11834.31	266.84	2012.41	464.96
铁路	2090.00	1862.86	63.56	120.03	43.51
汽车	1568.00	1397.59	47.68	90.05	32.64
轮船	1359.00	1185.18	40.76	99.57	33.47
游览	3254.00	2890.91	82.12	191.25	89.70
住宿	6950.00	6380.31	162.23	319.69	87.74
餐饮	4828.00	4432.25	112.69	222.08	60.95
商品销售	11328.00	10379.41	358.92	417.90	171.78

续表

旅游贸易出口构成	总出口（TE）	DVA	RDV	FVA	PDC
娱乐	3674.00	3336.54	22.47	280.05	34.86
邮电通信	1104.00	1009.53	19.50	60.70	14.26
市内交通	1604.00	1429.68	48.78	92.12	33.39
其他服务	4577.00	4156.60	27.99	348.88	43.43
总计	56915.00	50295.15	1253.54	4254.75	1110.70

表5-5中列示了2000~2014年中国旅游产业总出口及增加值出口的变化趋势。结果显示：中国旅游贸易增加值出口增长呈“N”形曲线变化。总体来看，2000~2007年中国旅游产业国内增加值出口（DVA）增长幅度为148.36%，处于稳步增长阶段；2008~2009年受金融危机影响，中国旅游产业总出口和国内增加值出口（DVA）有小幅度的下降；2010~2014年，金融危机后入境旅游在2010年出现了爆发性增长，DVA增长了13.70%。2011~2013年的增长比较平稳，平均增长幅度为3.96%，2014年中国旅游业增加值出口达到了一个新的增长点（11.53%）。

表5-5　2000~2014年中国旅游贸易增加值出口及其比较

单位：百万美元

年份	总出口（TE）	DVA	RDV	FVA	PDC
2000年	16224.00	14591.91	128.20	1252.75	250.60
2001年	17792.00	16048.11	170.07	1296.58	276.41
2002年	20385.00	18263.86	233.35	1533.96	352.92
2003年	17407.00	15370.24	211.28	1467.65	357.37
2004年	25738.00	22332.90	316.05	2440.49	647.40
2005年	29297.00	25465.25	348.68	2750.19	731.74
2006年	33949.00	29619.45	454.99	3039.88	833.16
2007年	41919.00	36239.77	528.88	4074.63	1073.59
2008年	40843.00	35423.09	517.82	3937.61	962.29
2009年	39675.00	35293.56	547.32	3155.78	676.83
2010年	45814.00	40129.86	780.01	3950.76	951.55
2011年	48463.00	41968.37	938.60	4474.64	1080.33
2012年	50027.00	43409.65	1051.73	4421.35	1143.29
2013年	51663.00	45094.86	1180.01	4246.79	1140.59
2014年	56915.00	50295.15	1253.54	4254.75	1110.70

表 5-6 中测算了 2000~2014 年中国旅游贸易出口总值和增加值出口在全国总出口及服务业出口中占比的变化情况，结果表明：①从横向来看，相对于增加值出口核算的方法，传统总值贸易的计算方法低估了旅游贸易总出口在国际贸易及服务贸易中的占比，分别平均低估 0.44 个和 0.28 个百分点。②从纵向来看，2000~2014 年，从中国旅游业出口的变化趋势来看，分别按照传统总值贸易和增加值出口的方法计算，旅游业出口的比重总体上呈略下降趋势。并且随着信息技术的普及和发展，移动互联网等使更多的其他类型的服务业变得越来越“可贸易化”，使旅游贸易出口增加的相对速度低于国际贸易及服务贸易总出口的增加速度，其中旅游贸易增加值出口在全国总增加值出口的占比中由 2000 年的 6.76%下降到 2014 年的 2.57%，旅游贸易增加值出口在服务贸易增加值出口的占比中由 2000 年的 32.30%下降到 2014 年的 14.70%，这说明中国旅游贸易出口的相对增长速度低于国民经济的其他部门，尤其是低于服务业其他部门。

表 5-6　2000~2014 年中国旅游贸易出口占比变化　　单位:%

年份	旅游贸易总出口/全国总出口	旅游贸易 DVA/全国 DVA	差额	旅游贸易总出口/服务贸易总出口	旅游贸易 DVA/服务贸易 DVA	差额
2000	6.19	6.76	0.57	31.72	32.30	0.58
2001	6.34	6.89	0.55	30.95	31.43	0.48
2002	5.91	6.51	0.60	28.65	29.15	0.50
2003	3.77	4.28	0.51	22.30	22.71	0.41
2004	4.07	4.71	0.64	26.91	27.39	0.48
2005	3.63	4.22	0.59	26.05	26.52	0.47
2006	3.30	3.86	0.56	23.98	24.65	0.67
2007	3.21	3.72	0.51	22.04	22.50	0.46
2008	2.65	3.01	0.36	16.41	16.59	0.18
2009	3.07	3.41	0.34	17.14	17.26	0.12
2010	2.70	3.05	0.35	15.88	15.99	0.11
2011	2.38	2.65	0.27	13.55	13.55	0.00
2012	2.32	2.55	0.23	12.93	12.81	-0.12
2013	2.25	2.49	0.24	13.95	13.86	-0.09
2014	2.35	2.57	0.22	14.79	14.70	-0.09

（三）中国旅游贸易出口垂直专业化程度

为了全面了解全球价值链垂直专业化动态结构，本书运用 Wang 等（2013）

的增加值十六项分解方法获取旅游产业相关部门的基本指标，计算中国旅游贸易的 VS_t 及 VS_t 内部结构指标，来反映旅游业在全球价值链中的位置及其发展变化。作为国际生产共享的衡量标准之一，中国旅游贸易的垂直专业化（VS）代表了中国旅游贸易总出口中包含的国外增加值和纯重复计算部分，在一定程度上反映了旅游业参与全球价值链的分工程度。表 5-7 显示了 2014 年中国旅游贸易及三大产业出口的垂直专业化程度。结果显示：①中国旅游贸易出口对国外增加值的依赖要远小于第二产业。中国旅游贸易 VS 在总出口中的比例（9.43%）比第二产业（18.59%）低 9.16 个百分点。②中国旅游贸易 PDC 在 VS 中的占比（20.70%）低于第二产业（24.37%）和第三产业平均值（28.74%），相对参与跨国中间品贸易的频繁程度要小于第二产业和服务业其他部门，主要是由于旅游产品和服务的不可储存性，旅游贸易的多个环节是作为最终阶段参与全球价值链的。

表 5-7　2014 年中国旅游贸易及三大产业垂直专业化结构

单位：百万美元

旅游贸易出口构成及三大产业	总出口（TE）	VS 在出口中的比例（%）	FVA_{fin}	FVA_{int}	PDC
			在 VS 中的占比（%）		
民航	14579.00	16.99	31.49	49.74	18.77
铁路	2090.00	7.83	29.33	44.07	26.61
汽车	1568.00	7.83	29.33	44.07	26.61
轮船	1359.00	9.79	42.98	31.86	25.16
游览	3254.00	8.63	12.39	55.68	31.93
住宿	6950.00	5.86	30.30	48.17	21.54
餐饮	4828.00	5.86	30.30	48.17	21.54
商品零售	11328.00	5.21	30.44	40.42	29.13
娱乐	3674.00	8.57	60.04	28.88	11.07
邮电通信	1104.00	6.79	30.54	50.44	19.02
市内交通	1604.00	7.83	29.33	44.07	26.61
其他服务	4577.00	8.57	60.04	28.88	11.07
旅游产业	56915.00	9.43	34.09	45.21	20.70
第一产业	13837.18	5.20	58.54	28.68	12.79
第二产业	2026690.84	18.59	48.80	26.84	24.37
第三产业	384938.52	8.10	28.91	42.35	28.74

研究中国旅游贸易出口垂直专业化动态变化可以帮助理解中国旅游贸易在全球价值链中的参与程度及其发展变化。从表 5-8 中 2000~2014 年的变化趋势来看，VS 内部结构总体上来说：2000~2014 年用于最终产品出口的国外增加值 FVA_{fin} 在 VS 出口中的比例下降了 6.14 个百分点，而用于中间产品出口的国外增加值 FVA_{int} 和纯重复计算的部分 PDC 在 VS 出口中的比例分别上升了 2.11 个和 4.03 个百分点，说明通过产业结构升级，中国旅游产业正在由参与全球价值链中低端向中间环节攀升，并且随着国际生产链的不断延长，中国旅游产业越来越多地参与跨国中间品贸易，对国外最终产品的依赖程度减弱，对国外中间产品的依赖增加。

表 5-8 2000~2014 年中国旅游贸易出口垂直专业化结构动态变化

单位：百万美元

年份	总出口（TE）	VS 在出口中的比例（%）	FVA_{fin}	FVA_{int}	PDC
			在 VS 中的占比（%）		
2000	16224.00	9.27	40.23	43.10	16.67
2001	17792.00	8.84	37.95	44.48	17.57
2002	20385.00	9.26	37.24	44.06	18.70
2003	17407.00	10.48	35.64	44.78	19.58
2004	25738.00	12.00	33.73	45.30	20.97
2005	29297.00	11.88	34.49	44.50	21.02
2006	33949.00	11.41	33.58	44.90	21.51
2007	41919.00	12.28	35.67	43.48	20.85
2008	40843.00	12.00	37.81	42.55	19.64
2009	39675.00	9.66	37.98	44.36	17.66
2010	45814.00	10.70	37.07	43.52	19.41
2011	48463.00	11.46	37.90	42.65	19.45
2012	50027.00	11.12	33.82	45.64	20.55
2013	51663.00	10.43	34.41	44.42	21.17
2014	56915.00	9.43	34.09	45.21	20.70

（四）中国旅游业 GVC 地位指数和参与度指数

本书通过计算 GVC 地位指数（$GVC\_Positon_{tc}$）来衡量中国旅游业处于全球价值链（GVC）的位置（上游/下游）。对于给定的产业部门来说，两个 GVC 地位指数相同的国家在全球价值链中的参与程度可以是不一样的。因此，本书进一步测算 GVC 前向参与度指数（IV_{tc}）和后向参与度指数（FV_{tc}）来反映旅游业参与全球生产链的程度，与位置指标（$GVC\_Positon_{tc}$）共同来测度中国旅游业在全球价值链中的重要程度。

表 5-9 中显示了 2014 年中国旅游业及三大产业 GVC 地位和参与度指数的对比。结果显示：①旅游业在全球价值链中的地位处于中下游，更多以给其他国家提供最终品出口的形式参与到全球价值链中，且地位指数要低于第三产业平均值（0.037<0.085），高于第二产业（0.037>-0.022）；②旅游业在全球价值链中的地位高于第二产业，但是参与度却明显低于第二产业（19.05%<25.63%）。

表 5-9 2014 年中国旅游业及三大产业 GVC 地位和参与度指数

产业部门	GVC_ Positon	GVC_ Participian（%）		
		前向	后向	总和
旅游产业	0.037	11.58	7.48	19.05
第一产业	0.037	8.43	4.54	12.97
第二产业	-0.022	11.57	14.06	25.63
第三产业	0.085	15.15	5.78	20.93

表 5-10 中列示了 2000~2014 年中国旅游业在全球价值链中地位及参与度指数变化趋势。结果显示：①中国旅游业在全球价值链中的位置指数（$GVC\_Positon_{tc}$）总体上经历了比较大幅度的下降然后又快速提升（见图 5-2）。具体来说，中国旅游业在全球价值链中的位置指数（$GVC\_Positon_{tc}$）在 2000~2011 年总体趋势为下降（0.047 到 0.017），2011 年达到最低点开始“触底反弹”，开始大幅提高，直到 2014 年，$GVC\_Positon_{tc}$ 上升到 0.037，并且可预见这种增加趋势仍会持续。②中国旅游业在全球价值链中的参与度指数（$GVC\_Participian_{tc}$）呈“M”形变化趋势（见图 5-3）。其中，前向参与度、后向参与度与总参与度指数变化趋势基本一致，但变化幅度有较大差异，尽管 2000~2014 年经历了波动上升和下降的过程，但总体来说中国旅游业前向参与度比重下降，后向参与度比重有所上升，中国旅游业在全球价值链中的总参与度指数有所下降。

表 5-10 中国旅游业出口 GVC 参与度及地位指数变化趋势

单位：百万美元

年份	E_{tc}	IV_{tc}	FV_{tc}	$GVC\_Positon_{tc}$	$GVC\_Participian_{tc}$（%）		
					前向	后向	总和
2000	16224	2085.4	1252.75	0.047	12.85	7.72	20.58

续表

年份	E_{tc}	IV_{tc}	FV_{tc}	$GVC\_Positon_{tc}$	$GVC\_Participian_{tc}$（%）		
					前向	后向	总和
2001	17792	2347.74	1296.58	0.054	13.20	7.29	20.48
2002	20385	2737.71	1533.96	0.053	13.43	7.52	20.95
2003	17407	2359.38	1467.65	0.046	13.55	8.43	21.99
2004	25738	3688.51	2440.49	0.043	14.33	9.48	23.81
2005	29297	4234.66	2750.19	0.045	14.45	9.39	23.84
2006	33949	4779.30	3039.88	0.046	14.08	8.95	23.03
2007	41919	5505.27	4074.63	0.031	13.13	9.72	22.85
2008	40843	5032.84	3937.61	0.024	12.32	9.64	21.96
2009	39675	4300.69	3155.78	0.026	10.84	7.95	18.79
2010	45814	5134.53	3950.76	0.024	11.21	8.62	19.83
2011	48463	5395.08	4474.64	0.017	11.13	9.23	20.37
2012	50027	5851.77	4421.35	0.026	11.70	8.84	20.54
2013	51663	6067.39	4246.79	0.032	11.74	8.22	19.96
2014	56915	6588.71	4254.75	0.037	11.58	7.48	19.05

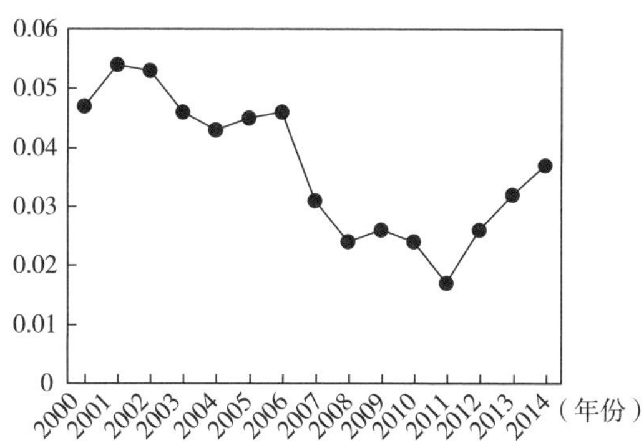

图 5-2 中国旅游业 GVC 位置指数变化趋势

结合全球投入产出表中涵盖的 56 个部门，筛选出中国可贸易的 47 个部门（剔除 9 个贸易量相对较小或者为零的部门）对其 GVC 地位和参与度指数进行测算，并与旅游业相关测算结果进行对比，表 5-11 列示了 2000~2014 年中国旅游业 GVC 地位和参与度指数在 49 个部门中的情况，结果发现：①中国旅游业 GVC 地位处于中国所有出口部门的中上水平，但总的来说相比于 2000 年，2014 年有

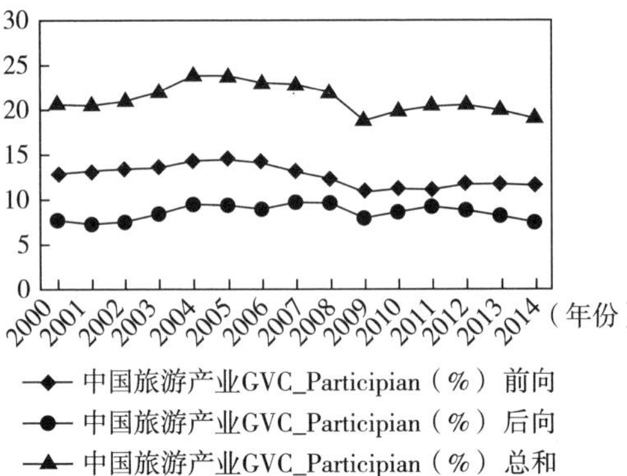

图 5-3　中国旅游业 GVC 参与度指数变化趋势

了明显下降（从 20 到 25）；②中国旅游业 GVC 参与度位于中国所有出口部门的中下水平，2000~2014 年总体变化不大，其 GVC 前向参与度的排名要明显高于后向参与度，说明中国旅游业在出口中间品到其他国家方面的竞争力要优于更多的部门，参与全球价值链最终生产环节对出口最终产品到其他国家的依赖程度变小，说明旅游业出口产品和服务不断完善，结构性改革正在发挥作用。

表 5-11　旅游业 GVC 地位指数和参与度在中国出口部门（49 个）中的情况

年份	$GVC\_Positon_{tc}$	$GVC\_Participian_{tc}$ 情况		
		前向	后向	总和
2000	20	24	31	31
2001	18	21	30	30
2002	18	22	32	29
2003	16	22	33	30
2004	16	20	35	30
2005	16	22	35	27
2006	14	24	35	29
2007	18	26	31	32
2008	21	25	30	27
2009	20	26	31	28
2010	17	24	32	27
2011	21	24	31	27
2012	23	25	28	28

续表

年份	$GVC\_Positon_{tc}$	$GVC\_Participian_{tc}$ 情况		
		前向	后向	总和
2013	21	23	31	27
2014	25	24	30	30

第四节 互联网对全球价值链视角下中国旅游业的影响机理

旅游贸易作为服务业最大分支在全球价值链分工体系和国际贸易中发挥着重要作用。互联网通过降低旅游业参与全球分工的生产成本、优化资源配置促进旅游业生产率提高（江小涓等，2008）。旅游业参与全球价值链生产的程度不断加深意味着一国（地区）内要素占跨国生产分割活动的比重、一国（地区）最终产品来自 GVC 相关生产和贸易活动的比重、前向生产长度与后向生产长度的比重的提高。互联网对 GVC 视角下中国旅游业的作用主要通过直接和间接的技术创新和溢出、协调资源配置得以释放。本节主要从直接技术溢出效应和间接成本效应分析互联网对 GVC 视角下中国旅游业的影响机理。

一、直接效应

互联网对 GVC 视角下中国旅游业的直接效应主要有技术创新和技术溢出两种形式。互联网在促进中国旅游业价值链嵌入程度提升，一方面通过互联网技术的直接应用来带动旅游业技术创新。通过将物联网、云计算等信息技术植入旅游中的“食、住、行、游、购、娱”所有环节中，构成旅游全球生产和服务网络系统。另一方面，互联网作为一种媒介可以将国内外其他产业的高质量服务引入，实现对旅游业企业的技术溢出，如通过旅游业国际直接投资（FDI）引入设计、研发、品牌、营销等技术密集型、知识密集型、信息密集型、人力资本密集型服务要素。但互联网对旅游业参与全球价值链的不同环节影响作用存在显著差异。互联网对参与全球生产分工更深入的旅游产品和服务的技术溢出效应更大。互联网的普及和应用对旅游业增加值出口的初级作用比较直观，基本上存在线性相关。但事实上，旅游业全球价值链位置和参与度受到互联网等技术投入的影响更大，并且只有互联网发展达到一定程度才能发挥技术溢出和创新效应。也就是说互联网对旅游业全球价值链位置和参与度提升存在网络效应。互联网参与旅游业全球生产分工过程有助于旅游业创新和新动能培育，进一步释放旅游业对国民经济发展的贡献作用。

二、间接效应

互联网对 GVC 视角下中国旅游业的间接效应主要通过规模效益和引入竞争实现成本节约。首先，互联网可以促进旅游业价值链完善，间接改善旅游业资源配置实现规模经济。互联网促使旅游业参与全球分工可以实现旅游业自身高质量发展，通过旅游业技术提升降低旅游业经营成本，以集中资源进行更有效率的旅游业产品和服务的生产和销售。其次，互联网通过降低信息获取成本，直接降低旅游业上下游服务投入成本。在全球经济深化发展阶段，互联网促进旅游业全球价值链嵌入位置不断提升对旅游业国际化和开放程度有较大促进作用，旅游业行业内竞争倒逼旅游业成本节约。

总的来说，旅游业参与全球分工程度加深的结果主要表现在旅游业出口增加值的增长、旅游业全球价值链位置提升和参与度提高。互联网对 GVC 视角下旅游业的影响主要体现在通过技术创新和溢出增加旅游业产品、服务附加值的直接效应及协调价值链活动实现成本节约的间接效应（见图 5-4）。

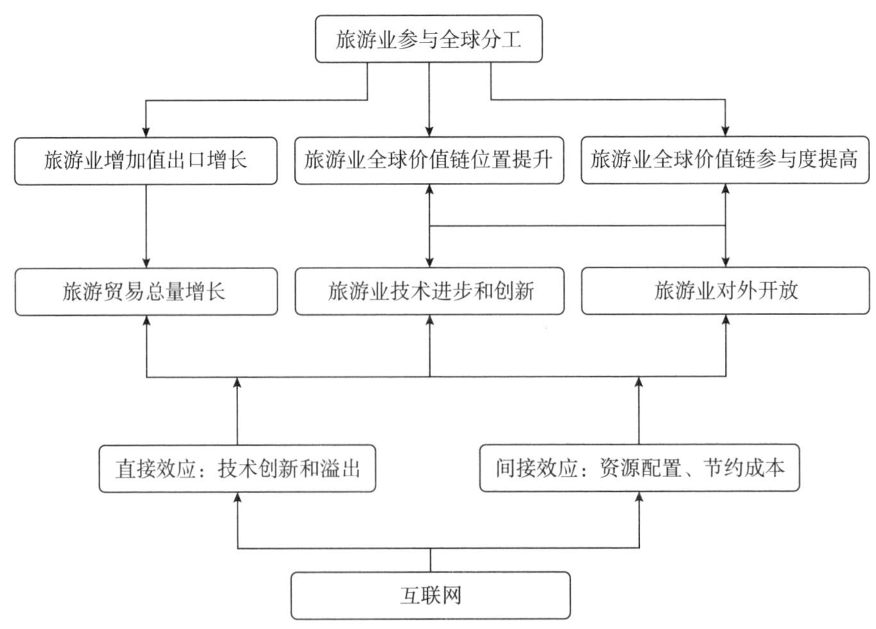

图 5-4　互联网对 GVC 视角下旅游业的影响机理

第五节　互联网发展与中国旅游业 GVC 相关性分析

互联网对中国出入境的影响，从横向来看，中国旅游业产业链完整性不断提升、分工更加细化。从纵向来看，中国旅游产品和服务向分销和零售端集中，旅游业资源和资产配置更加集中。同时，旅游业目标市场细分特征更加明显，多元化的消费需求在互联网的推动下可以得到满足。总的来说，互联网对中国旅游贸易的影响主要表现在对旅游贸易总产出的促进和旅游业在全球价值链中竞争力的改变两个方面。第四章研究了互联网对双边旅游贸易的影响，本节将选取中国作为研究对象，更加深入地研究互联网对 GVC 视角下中国旅游贸易的影响。

一、估计方法：Pearson 相关性分析

（一）Pearson 相关系数的计算

为了进一步考察互联网对中国旅游贸易具体环节的影响，前文利用 Wang 等（2013）提出的总出口最新的分解核算方法，基于最新世界投入产出数据库（WIOD）2000~2014 年世界投入产出表和中国国家统计局对国际旅游收入及构成的统计分类，将中国旅游贸易分解为增加值出口（DVA）、返回国内的增加值（RDV）、国外增加值（FVA）、纯重复计算（PDC）部分，同时测算中国旅游业全球价值链位置（TGVCPO）和参与度（TGVCPA）指数。对于从全球价值链的角度研究旅游贸易的问题，本书是首次进行尝试。由于本书只是对旅游部门进行研究，所以样本数据只包含 15 个年份，达不到进行回归分析的基本要求。本节考虑在数据允许的情况下对互联网与全球价值链视角下旅游业相关测算指标之间的关系进行大致探讨。

结合现有国家层面互联网发展水平表征指标的统计现状选择国际电信联盟（ITU）统计的 2000~2014 年中国互联网普及率作为中国互联网发展代理变量。本节主要考察互联网与 GVC 视角下中国旅游业增加值出口（DVA）、返回国内的增加值（RDV）、国外增加值（FVA）、纯重复计算（PDC）、中国旅游业位置（TGVCPO）和参与度（TGVCPA）指数之间的相关性，选择运用 Pearson 相关分析法对变量之间的相关系数进行测算来衡量连续性变量之间的相关性。具体测算公式如下：

$$r = \frac{\sum (X - \bar{X})(Y - \bar{Y})}{\sqrt{\sum (X - \bar{X})^2 \sum (Y - \bar{Y})^2}} = \frac{l_{XY}}{\sqrt{l_{XX} l_{YY}}} \tag{5-4}$$

其中，X 的离均差平方和：

$$l_{XX} = \sum (X - \bar{X})^2 \tag{5-5}$$

Y 的离均差平方和：

$$l_{YY} = \sum (Y - \bar{Y})^2 \tag{5-6}$$

X 与 Y 间的离均差积和：

$$l_{XY} = \sum (X - \bar{X})(Y - \bar{Y}) \tag{5-7}$$

$$l_{XX} = \sum (X - \bar{X})^2 = \sum X^2 - \frac{(\sum X)^2}{n} \tag{5-8}$$

$$l_{YY} = \sum (Y - \bar{Y})^2 = \sum Y^2 - \frac{(\sum Y)^2}{n} \tag{5-9}$$

$$l_{XY} = \sum (X - \bar{X})(Y - \bar{Y}) = \sum XY - \frac{(\sum X)(\sum Y)}{n} \tag{5-10}$$

其中，X 为中国互联网普及水平变量；Y 分别代表中国旅游业增加值出口（DVA）、返回国内的增加值（RDV）、国外增加值（FVA）、纯重复计算（PDC）、中国旅游业位置（TGVCPO）和参与度（TGVCPA）指数变量。

（二）相关程度评价

基于互联网与 GVC 视角下中国旅游业出口增加值（DVA）、返回国内的增加值（RDV）、国外增加值（FVA）、纯重复计算（PDC）、中国旅游业位置（TGVCPO）和参与度（TGVCPA）指数之间的相关系数的测算结果可以进行相关程度的分析。相关系数 $|r|$ 用来表明两变量间相关的程度，相关系数的绝对值越大，相关性越强：$r>0$ 表示正相关，$r<0$ 表示负相关，$r=0$ 表示零相关。相关系数越接近于 1 或-1，相关度越强；相关系数越接近于 0，相关度越弱。主要通过表 5-12 取值范围判断变量的相关强度。

表 5-12　相关程度判断

相关系数 $\|r\|$ 区间	$\|r\|$ 表征的相关程度
0.90~1.00	极强相关
0.70~0.89	高度相关

续表

相关系数 |r| 区间	|r| 表征的相关程度
0.40~0.69	中度相关
0.20~0.39	低度相关
0.00~0.19	极弱相关

二、结果分析

（一）散点图

运用 Pearson 相关分析法对相关系数测算之前需要通过变量之间的散点图的形状，大概判断变量之间相关程度的强弱、方向和性质但并不能得知其相关的确切程度。通过散点图判断出两个变量之间存在相关系之后，下一步进行相关系数大小的测算。

通过对散点图的观察发现，具体见图 5-5，互联网普及率与中国旅游业增加值出口（DVA）、返回国内的增加值（RDV）、国外增加值（FVA）、纯重复计算（PDC）之间存在比较明显的相关性，这四个变量都是旅游贸易总产出的组成部分，是对旅游贸易总产出的表征。互联网普及率与中国旅游业位置（TGVCPO）和参与度（TGVCPA）之前的线性相关性不明显。互联网对中国旅游业全球价值链位置的影响为“先负后正”，互联网对中国旅游业全球价值链参与度的影响是“正负交替”出现，主要原因在于，旅游业全球价值链位置和参与度从不同侧面反映旅游业在全球中的竞争力，互联网对旅游业整体竞争力的提升和技术进步的影响不是简单的线性相关。结合前文对互联网与双边旅游贸易之间的研究结果，初步判断互联网对旅游贸易总量的影响是线性相关的，对旅游业竞争力和技术提升的影响是存在门槛效应的。这一判断也与现有相关研究结论相一致，郭家堂和骆品亮（2017）认为，互联网对中国经济技术进步存在网络效应。

基于散点图的分析结果，接下来主要对互联网普及率与中国旅游业增加值出口（DVA）、返回国内的增加值（RDV）、国外增加值（FVA）、纯重复计算（PDC）之间的相关系数进行测算，以进一步明确互联网与 GVC 视角下中国旅游贸易的相关程度。

（二）Pearson 相关系数分析

基于对散点图的分析，确立了对互联网普及率与中国旅游业增加值出口（DVA）、互联网普及率与返回国内的增加值（RDV）、互联网普及率与国外增加值（FVA）、互联网普及率与纯重复计算（PDC）共四组变量的相关关系。首先，对四组变量进行描述统计，结果见表 5-13。

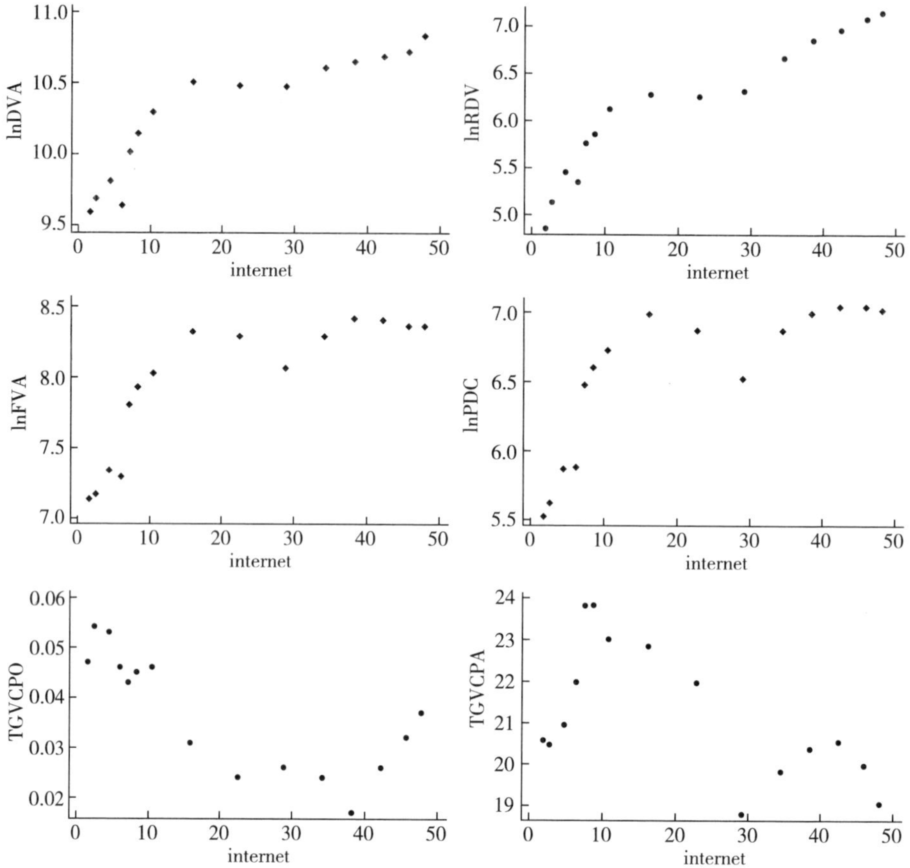

图 5-5　互联网与 GVC 视角下中国旅游贸易相关变量散点图

表 5-13　描述统计

双变量		统计	自助抽样[a]			
			偏差	标准误差	95%置信区间	
					下限	上限
Internet	平均值	21. 1772	-0. 0838	4. 2966	13. 0502	30. 0761
	标准差	16. 91567	-0. 80467	1. 83779	12. 10373	19. 29116
	样本数	15	0	0	15	15
lnDVA	平均值	10. 2726	-0. 0020	0. 1075	10. 0647	10. 4817
	标准差	0. 42723	-0. 01842	0. 05267	0. 29217	0. 49294
	样本数	15	0	0	15	15

续表

双变量		统计	自助抽样[a]			
			偏差	标准误差	95%置信区间	
					下限	上限
Internet	平均值	21.1772	0.0831	4.2592	13.3376	29.8185
	标准差	16.91567	-0.80121	1.89288	11.86475	19.28648
	样本数	15	0	0	15	15
lnRDV	平均值	6.1347	0.0061	0.1810	5.7966	6.4946
	标准差	0.72375	-0.03831	0.09880	0.48423	0.87100
	样本数	15	0	0	15	15
Internet	平均值	21.1772	0.3416	4.3154	13.4620	30.4503
	标准差	16.91567	-0.64117	1.74588	12.41603	19.41715
	样本数	15	0	0	15	15
lnFVA	平均值	7.9404	0.0078	0.1213	7.6996	8.1699
	标准差	0.47896	-0.02387	0.06527	0.30404	0.55602
	样本数	15	0	0	15	15
Internet	平均值	21.1772	-0.0490	4.2748	12.5096	29.2669
	标准差	16.91567	-0.77162	1.83713	11.74801	19.17700
	样本数	15	0	0	15	15
lnPDC	平均值	6.5324	0.0034	0.1361	6.2633	6.7860
	标准差	0.54332	-0.02787	0.08506	0.31045	0.64775
	样本数	15	0	0	15	15

注：a. 除非另行说明，否则自助抽样结果基于1000个自助抽样样本。

其次，对四组变量进行相关系数进行测算，以进一步明确互联网与GVC视角下中国旅游贸易的相关程度。结果如表5-14所示，互联网普及率与中国旅游业增加值出口（DVA）的相关系数为0.908，存在极强相关；互联网普及率与返回国内的增加值（RDV）的相关系数为0.947，存在极强相关；互联网普及率与国外增加值（FVA）的相关系数为0.828，存在高度相关；互联网普及率与纯重复计算（PDC）的相关系数为0.788，存在高度相关，以上四组变量之间均在0.01级别存在双尾相关。通过相关性的结果可以初步看出，从互联网与旅游贸易量之间的相关角度来分析，互联网与增加值出口（DVA）、返回国内的增加值（RDV）相关性更强，也就是说，互联网对国内增加值存在的促进作用可能更大。而互联网对中国旅游业国外增加值（FVA）、纯重复计算（PDC）的相关性略低于前两者但仍属于高度相关，而国外增加值（FVA）、纯重复计算（PDC）代表着旅游业垂直专业化程度，从一个侧面表明互联网对旅游业产业链的全球分工具有一定的促进作用。

表 5-14 Pearson 相关系数计算结果

<table>
<tr><th colspan="3">变量</th><th>INT</th><th>lnDVA</th><th>lnRDV</th><th>lnFVA</th><th>lnPDC</th></tr>
<tr><td rowspan="7">INT</td><td colspan="2">Pearson 相关性</td><td>1</td><td>0.908**</td><td>0.947**</td><td>0.828**</td><td>0.788**</td></tr>
<tr><td colspan="2">显著性（双尾）</td><td>—</td><td>0.000</td><td>0.000</td><td>0.000</td><td>0.000</td></tr>
<tr><td colspan="2">样本数</td><td>15</td><td>15</td><td>15</td><td>15</td><td>15</td></tr>
<tr><td rowspan="2">自助抽样[b]</td><td>偏差</td><td>0</td><td>0.001</td><td>0.001</td><td>0.002</td><td>-0.006</td></tr>
<tr><td>标准误差</td><td>0</td><td>0.035</td><td>0.024</td><td>0.058</td><td>0.075</td></tr>
<tr><td rowspan="2">95%置信区间</td><td>下限</td><td>1</td><td>0.833</td><td>0.888</td><td>0.710</td><td>0.608</td></tr>
<tr><td>上限</td><td>1</td><td>0.969</td><td>0.986</td><td>0.932</td><td>0.906</td></tr>
</table>

注：** 在 0.01 级别（双尾），相关性显著。b. 除非另行说明，否则自助抽样结果基于 1000 个自助抽样样本。

（三）Pearson 相关系数的假设检验

Pearson 相关系数必须通过 T 假设检验才是稳健的。t 检验法计算检验统计量公式如下：

$$t_r = \frac{|r-0|}{\sqrt{\frac{1-r^2}{n-2}}}, \quad v = n-2 \tag{5-11}$$

结果显示，当 $r_{DVA}=0.908$，$n=15$ 时，$t_{r_{DVA}}=7.814$；当 $r_{DVA}=0.947$，$n=15$ 时，$t_{r_{RDV}}=10.629$；当 $r_{DVA}=0.828$，$n=15$ 时，$t_{r_{DVA}}=5.324$；当 $r_{DVA}=0.788$，$n=15$ 时，$t_{r_{RDV}}=4.615$；$v=15-2=13$，查 T 界值表可知，$p<0.001$，拒绝 H0，本书认为以上测算互联网普及率与中国旅游业增加值出口（DVA）、互联网普及率与返回国内的增加值（RDV）、互联网普及率与国外增加值（FVA）、互联网普及率与纯重复计算（PDC）之间的相关系数并判断变量之间存在正相关关系的结论是稳健的。

虽然存在相关关系并不一定是因果关系，有可能是伴随关系，但是本章的研究是基于前文互联网对双边旅游贸易存在显著作用论证的基础上对中国进行的个体研究，因此本书的相关关系在一定程度上也是因果关系的反映。本书在创新 GVC 视角下中国旅游贸易测算方法的基础上，仅进行了互联网与测算结果的相关性分析，仍存在很大改进空间。未来在更多可获取数据的基础上可进一步深化

该主题的研究。本节的结论在对第四章实证结果进行验证的同时，也引出接下来对互联网与旅游业之间可能存在非线性影响（门槛效应）的讨论。互联网对旅游业总产出的影响与互联网对旅游业技术层面的影响是不一致的。

第六节　本章小结

本书利用 Wang 等（2013）的方法对旅游业相关部门的出口进行分解，获取了旅游贸易关联的 9 个部门（c30～c33、c35、c36、c39、c50、c54）的出口 16 项分解结果与增加值出口率，结合国家统计局 2000～2014 年的《中国统计年鉴》中统计的国际旅游收入及构成数据，对中国旅游业贸易增加值出口相关指标及 GVC 地位和参与度指数进行计算，同时也从增加值视角重新测算中美旅游贸易增加值差额，研究结果表明：①总体上来说，相对于传统总值贸易逆差，从全球价值链的视角来看，用增加值方法计算的旅游贸易逆差将会缩减 10%～30%。②2000～2014 年，中国旅游贸易增加值出口（DVA）经历了“平稳增长”到“短暂下降”再到“爆发增长”的“N”形曲线变化，2000～2007 年旅游业 DVA 增长幅度为 148.36%，处于稳步增长阶段；2008～2009 年受金融危机的影响，DVA 小幅度下降；2010～2014 年，金融危机后入境旅游在 2010 年出现了爆发性增长，增长了 13.70%。③中国旅游贸易纯重复项计算（PDC）在 VS 中的占比（20.70%）要低于第二产业（24.37%）和第三产业的平均值（28.74%），相对参与跨国中间品贸易的频繁程度要小于第二产业和服务业其他部门。④旅游业在全球价值链中的地位高于第二产业（0.037>-0.022），但地位指数低于第三产业平均值（0.037<0.085）；旅游贸易的全球价值链参与度明显低于第二产业（19.05%<25.63%），但高于第一产业。相对于中国其他出口部门来说，旅游贸易出口的 GVC 地位处于中上游，中国旅游贸易的国际竞争优势不明显，有较大提升空间。⑤初步判断互联网对旅游贸易总量的影响是线性相关的，对旅游业竞争力和技术提升的影响可能存在门槛效应。互联网与中国旅游业出口国内增加值、返回国内增加值、出口国外增加值和中间品跨国重复计算部分均存在相关关系。互联网与中国旅游业全球价值链位置和参与度不存在线性相关关系。

第六章　互联网与中国旅游业全要素生产率：影响水平与门槛效应

基于第四章构建的省际互联网发展水平指数、第五章对 2006~2016 年中国 31 个省份旅游业全要素生产率的测算结果对互联网与中国旅游业发展实际情况进行事实分析。信息技术的互联网已经渗透到旅游产业链的各个环节，旅游产业链中的关键实体主要有旅游者、旅游供给者、旅游中介及旅游公共服务部门，那么地方互联网发展水平与旅游业全要素生产率之间是否存在着必然联系？本章主要进行了互联网与旅游业全要素生产率的影响机制分析，提出研究假设，并进一步确定估计模型研究互联网对中国 31 个省份旅游业全要素生产率的影响机制，初步验证互联网是否促进了旅游业全要素生产率的增长，并考察了其对技术进步率、技术效率、纯技术效率、规模效率的影响差异。

第一节　影响机制分析

本节主要从以下两个方面重点探究互联网对旅游业全要素生产率的影响机制。首先，阐释省际互联网发展水平对旅游产业全要素生产率的动力机制。其次，进一步分析互联网发展如何影响旅游业全要素生产率的问题，即对互联网影响旅游业全要素生产率的作用机制（传导机制）进行分析。最后，基于前文的分析提出研究假设。

一、动力机制

旅游业全要素生产率的提高是我国旅游业高质量发展的核心问题。互联网通过行业发展的宏观环境、基础设施、普及规模、应用水平四个层面作用于旅游业的技术进步和技术效率，并最终对旅游业全要素生产率产生影响，本章重点分析

了互联网发展为什么会影响旅游业全要素生产率的问题，即互联网影响旅游业全要素生产率的动因。

（一）互联网宏观环境的优化促进了旅游业全要素生产率提升

互联网宏观环境优化是互联网进一步促进旅游业效率提升的原动力。互联网渗透到旅游业发展的各个方面，促进了旅游业提质增效，并进一步成为旅游业发展的新引擎。旅游业全要素生产率的提升不仅受到行业内部治理环境的影响，来自宏观经济环境的外生冲击也是影响我国旅游业效率提升的重要因素（马红和王元月，2017）。从经济环境的角度来看，人均 GDP 是衡量国家或地区的宏观经济运行状况的有效工具，代表地方经济发展的综合实力。地方经济发展水平对互联网整体发展水平产生直接影响，是地方互联网发展的原动力。从消费环境的角度来说，可支配收入水平的上升会提高家庭产生互联网购买行为的概率（易行健等，2015），间接增加旅游业收入，进而促进旅游业效率提升。从行业环境角度来看，依据国际标准行业分类（ISIC Rev 4.0），与互联网相关的计算机编程，咨询和相关活动以及信息服务活动属于第三产业范畴。地区第三产业发展水平和投资水平会直接影响地方对互联网产业发展的支持和投资力度，显著影响互联网的发展水平。从技术环境角度，互联网发展对技术有较高的依赖性，地方研发创新活动是互联网产业发展的内在动力。地区研究与试验发展（R&D）活动经费占 GDP 的比重代表了一个地区在科学技术领域增加知识，以及运用知识创造价值的水平，是地方互联网技术环境的重要表征，可以通过互联网创新和技术转移两个路径促进旅游业全要素生产率的增长（Griffith et al.，2000）。经济环境、消费环境、行业环境和技术环境等宏观环境的改善将促进互联网发展的外部环境趋好，进一步对旅游业技术进步和技术效率产生影响。良好的宏观环境对互联网进一步释放红利具有重要作用（见图 6-1）。

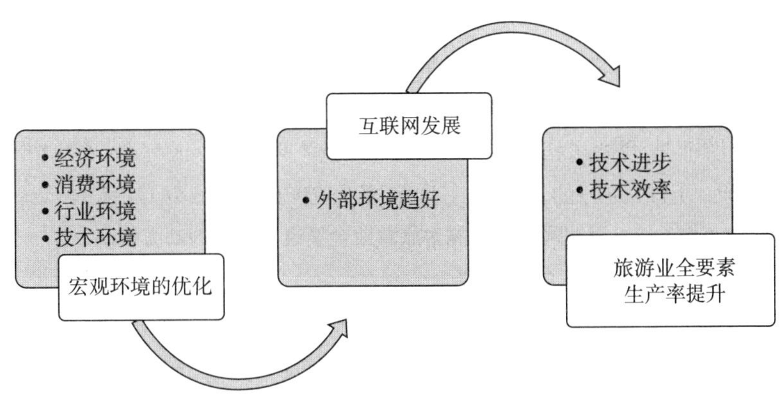

图 6-1　互联网宏观环境对旅游业全要素生产率的动力机制

（二）互联网基础设施的改善促进了旅游业全要素生产率提升

互联网基础设施为数字化价值网络的创造奠定了基础。互联网基础设施的完善是旅游业全要素生产率提升的基本动力。国外研究较早关注基础设施与生产率和经济增速之间的相关性（Leff，1984；Munnell and Alicia，1992）。Jorgenson 和 Vu（2010）提出的信息技术“生产率增长论”认为，信息技术基础设施投资与生产率提高具有非常强的相关性。Barro（1990）提出了公共支出具有正外部性理论，认为基础设施通过降低交易成本来提高经济运行效率。基础设施既可以作为投入要素直接促进地区经济增长，也可以通过规模效应和网络效应间接对全要素生产率产生溢出作用（刘生龙和胡鞍钢，2010）。互联网基础设施的改善可以减少市场中的信息不对称，有效降低协调和沟通成本，提升资源配置效率，对经济增长存在显著的外部性（Hulten et al.，2006；刘生龙和胡鞍钢，2010）。互联网的基础设施主要包括光缆、宽带、局用网等硬件设施和 CN 域名、IPv4 地址、网站数、云计算等软件设施两部分。其中，互联网硬件设施的改善为我国旅游业更好地进行产业模式创新提供了基础条件，为互联网软件设施的升级进一步提供了技术保障。互联网基础设施发展已经使地区之间的联系更加紧密，跨区域合作有助于各地区之间旅游资源优势互补从而提高旅游业效率。互联网基础设施可以通过影响旅游业产出效率间接地影响旅游业产出，成为我国旅游业增长扩张的“加速器”（见图 6-2）。

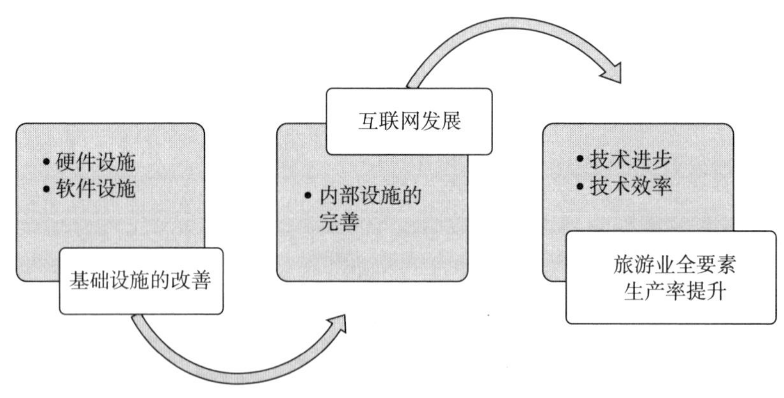

图 6-2　互联网基础设施对旅游业全要素生产率的动力机制

（三）互联网普及规模的扩大促进了旅游业全要素生产率提升

互联网普及规模扩大是旅游业全要素生产率提升的潜在动力。互联网作为一种资源可以为地区经济发展注入新的活力。互联网普及规模主要是由拨号宽带用

户数、移动互联网用户数和网民总数衡量的绝对规模以及互联网普及率表征的相对规模，反映一个地区的互联网使用程度，体现了互联网这种通用技术的扩散程度。互联网经济以传播速度快、渗透率强、关联性强、外部经济特性显著作为区别于传统经济的主要特征。互联网普及规模的扩大，重塑了经济活动中的交易与连接方式，使交易信息传递不受时空限制，提升了经济信息跨时空流动的质量与速度。互联网作为技术投入，可以显著地激发旅游业信息处理技术和能力，这对互联网时代旅游产品的开发、生产和销售成本更低、效益传播更广、效益更高，拓展了旅游产业与新技术融合创新的途径（见图 6-3）。虽然总体来说互联网普及规模的扩大能显著地促进经济增长（Koutroumpis，2009；Czernich and Falck，2011；何仲等，2013；韩宝国和朱平芳，2014），但有部分国内外学者进一步研究后发现，互联网对经济发展的影响存在门槛效应，只有互联网渗透率达到一个临界规模之后，互联网对经济增长的效应才能释放出来。也就是说，互联网对旅游业全要素生产率的提升可能存在非线性影响。

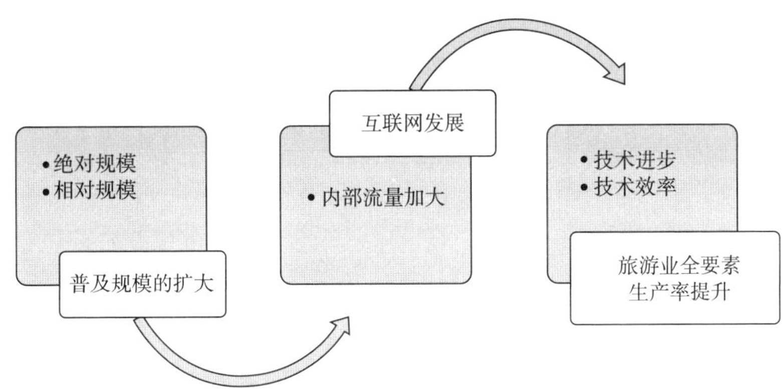

图 6-3　互联网普及规模对旅游业全要素生产率的动力机制

（四）互联网应用水平的提高促进了旅游业全要素生产率提升

互联网应用水平提高是旅游业全要素生产率提升的核心动力。互联网的应用能够直接对社会信息进行整合，实现资源更高效的配置，带来信息的“有效流动”以促进技术扩散与传递（Hagerstrand，1971），而技术扩散是创新溢出的特定的路径（Ajay and Agrawal，2003）。互联网应用提升了旅游产业的技术基础，转变了旅游业的内部关系，改变了营销模式拓展市场，形成新的产业动力，并进一步重塑了旅游业与其他行业的相互关系（从依存到包含，融合再到跨界）。互联网对旅游业生产率的提升主要取决于旅游业在发展过程中对互联网的应用以及相应的配套设施和改进措施是否及时有效跟进（Autor et al.，2001；Bloom and Reenen，2006）。当旅游业的各个环节普及使用互联网时，互联网应用的经济属性才得以实现（韩宝国和朱平芳，2014）。旅游企业通过建立网站进行信息交流和营销宣传，进一步开展在线业务完成与互联网的深度融合，通过去中间化进一步缩减交易成本，提升旅游经营过程中各个环节的效率。个体对互联网的使用主要通过提高获取信息能力以及创新信息内容的水平体现，最终实现信息价值的指数级增长（Hayek，1945）。互联网可以建立旅游业者与旅游企业之间的信息沟通渠道，随着互联网个体用户数量的不断增加，潜在旅游者群体进一步扩大，旅游利益相关者之间的交互作用产生规模报酬递增的网络效应（张红历和王成璋，2006；郭家堂和骆品亮，2016），最终体现为旅游业全要素生产率的提升（见图 6-4）。

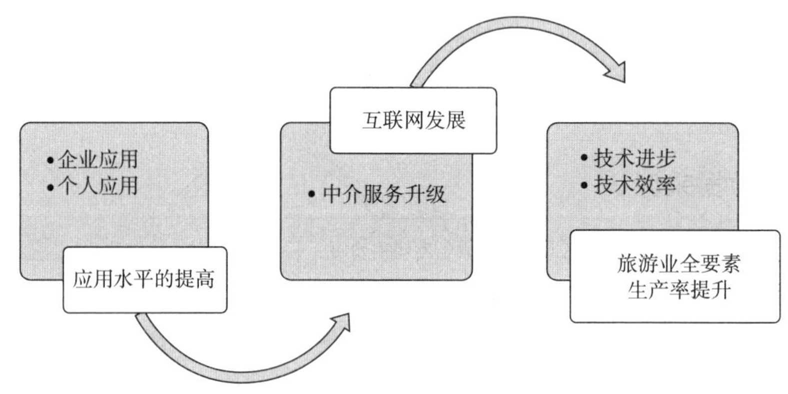

图 6-4　互联网应用水平对全要素生产率的动力机制

二、传导机制

互联网打破信息不对称、降低交易成本、促进专业分工、优化资源配置，为地区旅游业转型升级、创造新动能提供重要途径。旅游业全要素生产率提高在于旅游产业升级与生产力的提升，主要表现在旅游业技术进步和技术效率的提高。通过前文的分析，可以初步判断互联网的发展可以显著作用于旅游业全要素生产率。互联网对旅游业的影响主要体现在经营过程和消费过程。旅游业经营过程涵盖资源开发、产品和服务打造、营销推广三个环节，消费过程主要考虑互联网对消费者行为习惯的影响。

（一）互联网与旅游业技术进步

技术进步是旅游产业结构调整的动力源泉和主要依托。旅游业技术进步主要表现在旅游业投入要素对技术的融合吸收。旅游产业技术进步带来旅游业资源要素的优化配置，进一步促使旅游资源的聚集引发规模经济效益（张奇，2015）。互联网是旅游业发展的技术动力，互联网的出现使信息技术的应用对于旅游业发展产生实质性变化，为旅游业技术进步带来结构性调整。

对于旅游业来说，一方面，互联网作为信息技术工具投入，极大地降低了旅游知识传递的成本，有助于加快知识和技术融入旅游业发展的过程，提高旅游业从业人员的知识学习能力和旅游服务水平；另一方面，互联网带来旅游业从传统经营方式向集约高效转变。旅游业技术进步是创新技术不断被成熟应用、逐渐改变现有经营和消费方式的过程，更是旅游产业转型升级突破桎梏的过程。旅游产业属于服务业，需求收入弹性较高，对以互联网为代表的信息技术投入更加敏感。互联网通过提高科技在旅游业中的贡献率，加快了技术与旅游业结合，增大了投入要素的质量和知识含量，促进了旅游业生产经营成本的降低。近年来，互联网引领信息化新兴前沿技术正逐渐渗入传统旅游行业，推动其不断突破。传统旅游业正从传统运营步入“信息化和数字化”式运营，如今更是朝着“智慧化”方向迈进。但是，也有学者认为，旅游业本身属于应用型行业，技术进步必须在基础研究和核心技术上获得突破，纯粹地依靠其他行业的技术外溢效应并不能带来旅游业的技术进步，那么“索洛悖论”[①] 在旅游业是否存在？这个疑问将在本书后续的实证研究中得到解决。

（二）互联网与旅游业技术效率

旅游业技术效率是衡量旅游业对现有技术和资源利用能力的反映。互联网可以显著提高传统低效服务业生产效率（江小娟，2018）。互联网与旅游的融合创新发展，为旅游管理组织、市场营销、游客出游等带来前所未有的变革。

互联网与旅游业资源开发利用效率。经济能够持续增长的动力在于资源能不断流向效率更高的生产者，以获得最大的产出。互联网的发展加快了信息和知识的传播和扩散，促进了旅游企业对市场信息的迅速获取，加速资源重组，优化资源配置，实现对旅游业资源要素的高效配置和使用效率，提高旅游经济增长速度和质量。互联网促进景区信息化管理平台等软件和硬件建设，能有效提升景区管理运营效率。在开放的互联网面前，旅游业由粗放向集约、传统向智能转变，极大提高了资源开发利用效率。互联网经济不仅通过竞争优化资源配置，而且通过合作达到双赢。

① 1987 年，诺贝尔经济学奖获得者罗伯特·索洛（Robert Solow）通过观察信息技术对美国经济的影响进而提出著名的“索洛悖论”：除了生产率以外，计算机的作用无处不在（You can see the computer age everywhere but in the productivity statistics）。

互联网与旅游业产品和服务效率。互联网推动旅游业数字化和智能化，增加商品或服务的信息含量，提高新的附加值。互联网的运用对提高旅游企业的服务质量至关重要，使旅游企业能够把客户关系管理系统运用于企业的生产、经营、管理过程中，显著提高旅游服务效率。

互联网与旅游业营销推广效率。随着信息技术的发展，传统的旅游营销方式逐步与现代营销方式相融合，短视频、微博营销等不断丰富了现有的营销手段，能够促使旅游企业以更高的效率和更低的成本准确掌控市场需求动向，提高旅游相关主体之间的交易效率。

互联网与旅游业管理效率。互联网的出现促使旅游企业管理模式改进和内部组织结构优化，进一步提高了运作、管理和决策效率。技术效率取决于企业管理层的管理水平和资源配置能力（储俊，2007）。传统旅游企业规模小、经营分散、产业化低下的行业特性导致其产业效率低下。互联网的发展促使旅游企业以电子商务为核心，重新构建其组织模式。通过互联网进行信息资源整合可以提高旅游产业的开发、运营、管理效率。

互联网与消费行为效率。互联网通过中介搜索引擎和相关平台使旅游目的地信息可以更加广泛地送达给旅游者，降低搜索成本和交易成本。同时互联网通过旅游舆情监控和数据分析，进行差异化经营提升用户满意度，为旅游者带来全新的服务和消费体验。互联网在旅游业中的应用已经深入旅游活动的各个环节，极大地改变了旅游者消费行为并提高了旅游消费效率。互联网对旅游业全要素生产率的作用机制，如图 6-5 所示。

三、研究假设

纵观旅游业发展历史，信息技术进步与旅游业发展之间存在着相互支持的平行发展关系。互联网重塑了经济发展的形态，打破了传统经济概念下的资源重组与配置，加速信息流动，提供更加多样、有效的市场信号，降低市场交易成本，提高交易效率，促进旅游业更加主动地适应市场机制，更加有效地实现市场均衡。前文就互联网对旅游业的影响机制进行了深入的分析，本节主要基于以上分析提出互联网对旅游贸易、互联网对旅游业全要素生产率的研究假设。

（一）互联网发展与旅游业全要素生产率具有相关性

对于互联网作用的认识正在由定性走向定量阶段，虽然目前尚未形成统一的衡量指标，但对于互联网作用的量化已经取得较大进展。国内互联网代理变量的选取从单一指标到多指标，再到构建指标体系，已经比较成熟（樊自甫和李汶沁，2018；韩先锋，2018）。互联网发展水平的代理变量和测算结果科学有效。提高资源配置和利用效率是经济研究中的基础命题。互联网作为旅游业发展的外

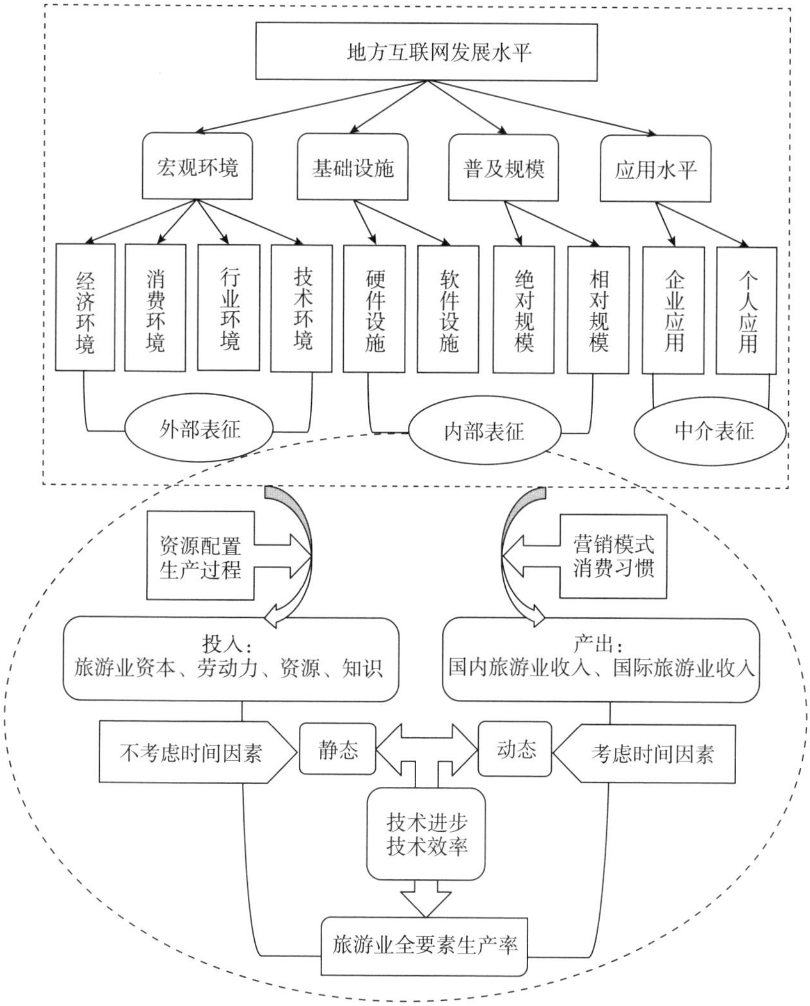

图 6-5　互联网对旅游业全要素生产率的作用机制

生变量，对经济增长的贡献更多体现在互联网对全要素生产率的影响方面（郭家堂和骆品亮，2016）。现有研究已经证明了互联网对中国省际全要素生产率具有积极的影响，旅游业具有信息密集和信息依托的产业特性，互联网必然会对其发展产生影响。本书将对互联网发展水平影响旅游业效率的假设进行论证，并进一步探讨具体的影响机理。互联网显著地影响了中国省际旅游业全要素生产率的提高，并且这种影响存在异质性。

假设 1：互联网发展与旅游业全要素生产率存在明显的相关性。进一步来讲，互联网对我国旅游业全要素生产率的影响属于技术进步推动型。

（二）互联网发展水平对旅游业全要素生产率存在门槛效应

现有研究结果显示互联网对经济的影响存在门槛效应。Koutroumpis（2009）、Röller 和 Waverman（2001）发现，固定电话普及率达到 40%、互联网普及率达到 20%是网络效应对经济产生影响的临界规模。国内学者韩宝国和朱平芳（2014）发现，10%的互联网普及率是中国网络效应发挥作用的临界值。郭家堂和骆品亮（2016）发现，互联网新技术和网络效应对中国全要素生产率的促进作用分别存在 10.85%和 41.43%两个网民人口比例门槛值。通过前文各旅游发展水平指标对旅游业全要素生产率的影响机理分析可知，一定时期内，在控制旅游产业规模、旅游人口密度、旅游资源禀赋和旅游投资规模、旅游从业人数等旅游发展水平相关变量的情况下，地方互联网发展水平与旅游业全要素生产率并不一定是不变的线性关系（见图 6-6）。互联网具有显著的网络效应（Katz and Shapiro，1985），互联网的作用会随着发展水平的提高越来越明显，即互联网对中国旅游业全要素生产率的促进作用可能是非线性的。互联网对中国省际旅游业全要素生产率的影响呈现正向门槛效应和边际效率递增的非线性特征。因此，我们初步判断互联网对中国省际旅游业全要素生产率业存在门槛效应。

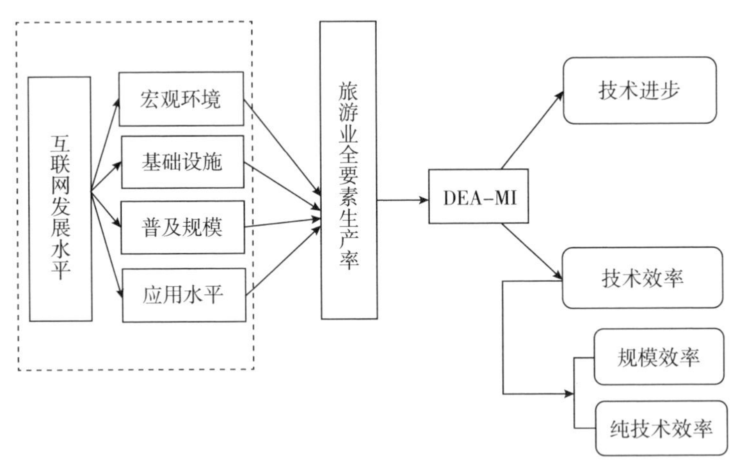

图 6-6　互联网发展水平对旅游业全要素生产率的影响过程

假设 2：互联网对旅游业全要素生产率的作用会随着互联网发展水平的提高越来越明显，即互联网对中国旅游业全要素生产率的促进作用存在门槛效应。

第二节　省际互联网发展水平和旅游业全要素生产率测算

互联网的应用历史并不长，但互联网正在对全球的经济增长产生颠覆性影响。旅游业是服务业高质量发展的重要高地，创新驱动、投入产出效率是旅游业高质量发展的重要表现形式。英国经济学家亚当·斯密最早开始关注生产率对经济发展的重要性，随后国内外学者开始关注生产率增长对不同行业经济发展的影响。本节主要考察互联网发展对区域旅游业全要素生产率的影响，需要测算省际互联网发展水平和旅游业全要素生产率两个层面的评价结果。本节有两个目的：首先，筛选出省际互联网发展水平的衡量指标，构建指标评价体系对中国地方细化互联网发展水平进行量化。其次，梳理现有文献中有关全要素生产率的测度方法，选择合适的方法对旅游业全要素生产率进行测算。

一、省际互联网发展水平测算

我国互联网发展对省际经济发展有着重要影响，构建科学且适宜的省际互联网发展水平评价体系是本研究得以进行的重要前提。本部分主要内容为省际互联网发展水平测算方法的研究现状、构建省际互联网发展指数量化模型、选择数据处理和评价方法、对测算省际互联网发展水平结果进行时空分析。

（一）研究现状

互联网经济指标体系的构建对于衡量和引导互联网经济贡献具有重要意义。随着互联网的不断发展，衡量互联网发展水平的指标不断丰富，大部分以互联网普及率（汪明峰，2011；李立威和景峰，2013；韩宝国和朱平芳，2014；林娟，2016；Salahuddin and Gow，2016；刘姿均和陈文俊，2017）、互联网用户数（生延超和李辉，2018）、网站数量（郭家堂和骆品亮，2016）、互联网域名（卢鹤立和刘桂芳，2005；刘桂芳，2006）、移动电话普及率（张灿，2017）、宽带端口数（王子敏，2012）等具体指标作为单一代理变量进行研究。也有部分学者以两个以上指标作为代理变量，如以 CN 域名和网民作为互联网资源（孙中伟等，2010），以移动电话、固定电话作为电信基础设施的衡量指标（郑世林和周黎安，2014）。同时国内外学者对互联网经济指标体系的相关研究进行了大量的尝试。King 和 Moreggi（1998）尝试基于信息创建、使用、通信基础设施和增值信息流程（Internet），构建包含互联网服务过程的经济指标（投入成本、产出、使用和结果）以及这些指标之间的关系（成本与效益、价格与需求等）的互联网对经济影响程度的评价体系。Tang 和 Chu（2017）运用互联网用户、域名、网站等互联网资源量化互联网发展水平。但总体上来说，在互联网发展水平指标体系构建研究方面，主要应用于国内区域经济研究，但在具体对互联网发展水平指标体系量化的过程中，张越和李琪（2008）、刘宇（2010）、戴子姗和李芳（2017）、周海涛等（2018）考虑了互联网基础资源的相关指标进行表征。俞立平（2005）、谢印成和高杰（2015）、王子敏和李婵娟（2016）则在考虑互联网基础资源水平的前提下，进一步选择衡量互联网应用水平、互联网商务融合程度等方面的指标。樊自甫等（2018）从“互联网”“+互联网”“互联网+”三个方面及“信息基础水平”“融合发展效益”“新生经济能力”“创新发展潜力”四个层次，构建我国省际互联网经济发展水平评价指标体系。韩先锋（2018）从互联网普及、互联网商务应用、互联网基础设施、互联网信息供给和互联网环境五个维度出发，选用十二个指标构建了较为系统的省际互联网发展水平评价体系。现有研究中对互联网发展水平指标体系构建的代表性文献和指标见表 6-1。

表 6-1　中国省际互联网发展水平评价指标选取

代表文献	具体指标
俞立平（2005）	每平方千米光纤长度、互联网普及率、每万人域名数量、电脑拥有量、每万人网站拥有量、带数据库网站比重、电子支付额、电子商务交易额
张越和李琪（2008）	互联网普及率、人均网页数、人均网站数、人均域名数、每百户拥有电脑数、每百平方千米长途光缆数、互联网宽带接入端口数
刘宇（2010）	每千网民 IP 地址数、每千网民域名数、每千网民网站数、每千网民国际出口带宽数
谢印成和高杰（2015）	网民数量、网民购物规模、网络零售交易额
王子敏和李婵娟（2016）	网站数、互联网用户普及率、网页数、一周以内网页更新占比、移动电话数、网页总字节数、长途光纤总长度、电信业务总量、快递业务总量
戴子姗和李芳（2017）	互联网上网人数、域名数量、网站数量、网页数、IPv4 地址数比例、互联网宽带接入端口、互联网拨号用户、移动互联网用户
周海涛等（2018）	上网人数、移动电话年终人数、域名数、网址数、网页数、移动电话普及率、互联网普及率、电话普及率
樊自甫等（2018）	人均电信业务总量、互联网普及率、互联网省际出口带宽、两化融合指数、信息化应用效益指数、智慧城市指数、人均电子商务交易额、互联网金融指数、软件和信息技术服务业营业收入、互联网创新创业指数、R&D 支出占 GDP 的比重、普通高校招收本专科学生数

续表

代表文献	具体指标
韩先锋（2018）	从互联网普及、互联网商务应用、互联网基础设施、互联网信息供给和互联网环境五个维度出发，构建涵盖各省网民普及率、各省网民总数、IPv4 地址占比、万人域名数、长途光缆线路长度、互联网端口数、企业平均拥有网站数、每个网页平均字节、快递业务量、人均 GDP、城镇居民可支配收入、R&D 投入占 GDP 的比重

现有研究为本章科学构建互联网发展水平指标体系并进行测度提供重要借鉴，但也有不尽完善的地方。互联网发展是一个较为复杂和系统的概念，CN 数量、网民规模、网站以及普及率等指标都是影响互联网发展水平高低的重要体现，但采用单一指标或少数独立代理变量难以衡量中国互联网发展的实际情况，并不能较为全面地揭示中国互联网发展的真实情况。另外，在互联网发展指标体系构建的研究方面，由于中国互联网发展时间较短，早期互联网发展水平指标体系构建研究，虽都较为全面、系统地构建了指标评价体系，但所选取的指标大多缺乏数据支撑，无法综合反映中国互联网发展真实情况。总体上来说，现有研究对于指标体系的构建方法已经比较成熟，大多选取各方面指标最终测算一个综合发展指数的结果，只是具体在构成指标体系的变量选取方面会有所差异。

（二）省际互联网发展指数量化模型构建

构建中国省际互联网发展指标体系是进行区域旅游业发展研究的重要步骤。本节借鉴现有的互联网发展指标体系，遵循全面性、科学性、目的性、可行性的指标筛选原则，充分认识经济、体制、政治和社会文化等宏观环境对构建更准确的互联网指标体系的重要作用（Flanigan et al.，1997），从互联网宏观环境、互联网基础设施、互联网普及规模、互联网应用水平四个维度出发，细化为 10 个层面的二级指标，最终筛选出 20 个衡量指标，构建了我国省际互联网发展水平评价体系（见表 6-2）。

表 6-2　中国省际互联网发展水平评价体系

评价目标	一级指标	二级指标	三级指标
省际互联网发展水平	1. 互联网宏观环境	1A 经济环境	1A1 人均 GDP（元）
		1B 消费环境	1B1 城镇居民可支配收入（元）
		1C 行业环境	1C1 第三产业发展水平（%）
			1C2 第三产业投资水平（%）
		1D 技术环境	1D1 R&D 投入占比（%）

续表

评价目标	一级指标	二级指标	三级指标
省际互联网发展水平	2. 互联网基础设施	2A 硬件设施	2A1 光缆里程（千米）
			2A2 宽带端口数（万个）
			2A3 局用网（万门）
		2B 软件设施	2B1CN 域名数（个）
			2B2 IPv4 地址占比（%）
			2B3 网站数（个）
	3. 互联网普及规模	3A 绝对规模	3A1 网民人数（万人）
			3A2 移动互联网用户（人）
			3A3 拨号互联网用户（人）
		3B 相对规模	3B1 互联网普及率（%）
	4. 互联网应用水平	4A 企业应用	4A1 企业平均网站个数（个）
			4A2 企业电商业务比例（%）
		4B 个人应用	4B1 电信业务交易额（亿元）
			4B2 人均在线交易额（元）
			4B3 快递业务总量（万件）

1. 互联网宏观环境

宏观环境是影响产业发展重要的外部因素。互联网发展与地方政治、经济、社会文化等宏观环境密切相关。依据指标筛选的导向性原则，本书主要选择与地方互联网发展水平紧密相关且存在地区差异性的经济环境、消费环境、行业环境和技术环境指标进行量化表征。具体来说，经济环境代表地方经济总体发展水平，选择省际人均 GDP 来衡量地方经济环境，数据来自《中国统计年鉴》(2005~2016 年)；消费环境主要用来反映当地居民的购买能力，选择城镇居民可支配收入作为地方购买水平的代理变量，数据来自《中国统计年鉴》（2005~2016 年)；行业环境体现了地方产业发展的基本实力，互联网作为第三产业的重要组成部分，以第三产业发展水平和第三产业投资水平作为地方互联网产业环境的衡量指标，数据分别来自《中国统计年鉴》（2005~2016 年）和中国国家统计局网站；技术环境体现了地方互联网发展的潜在动力，将 R&D 投入占 GDP 的比重作为地方技术环境的评价指标，数据来自中国国家统计局网站。

2. 互联网基础设施

互联网基础设施是地方互联网发展的根本保障。互联网基础设施主要包含互联网应用的硬件设备和软件设施，其中硬件设施是互联网信息传输的基础设备，衡量指标主要有光缆里程、宽带端口数、局用交换机容量，数据来自《中国统计年鉴》（2005~2016年）；软件设施主要是互联网发展必备的核心资源，衡量指标主要有网站数、IPv4地址占比、CN域名数。域名（Domain Name）是与IP地址相对应的互联网地址标识。现在有IPv4和IPv6两大类，现在使用的绝大多数的IP地址是其中的IPv4地址，用来与互联网上的其他网元通信。网站是相关网页的集合网站是一种沟通工具，供需双方可以提供和获取网络信息额服务的载体。软件设施是互联网内容服务的基础，是互联网信息的载体。互联网软硬件设施共同构成互联网基础资源，在某种程度上决定了其可承载信息量的大小与能提供服务的多少，是互联网赖以生存的基础。数据来自中国互联网网络信息中心（CNNIC）发布的历次《中国互联网络发展状况统计报告》。

3. 互联网普及规模

互联网普及规模是地方互联网发展水平的重要衡量指标。互联网的普及规模表示地方互联网用户规模及普及程度，体现了互联网及相关产业未来的发展潜力和互联网服务需求者数量的多少，主要通过地方网民总量水平的绝对规模和互联网使用比例的相对规模两个方面来表征。其中，绝对规模用来衡量互联网用户基本规模，主要指标有网民人数、移动互联网用户数、拨号互联网用户数。地方网民数为地方使用互联网人数的基本统计。随着移动通信终端设备与互联网的技术、平台、商业模式和应用深度融合，移动互联网用户数逐渐成为表征地方互联网发展水平的重要指标；相对规模主要用网民数占总人口数的比例的互联网普及率来表示。省际网民数、移动互联网用户数、拨号互联网用户数及互联网普及率数据来源于CNNIC。

4. 互联网应用水平

互联网对经济的影响主要在互联网应用过程中释放，互联网的应用程度是地方互联网发展水平的重要衡量指标。互联网的应用主要通过企业和个人进行。首先，针对企业层面的应用指标，企业对于互联网资源的配置多以拥有网站数量进行衡量，地方企业开展电子商务交易的比例从业务层面反映地方企业互联网的应用水平。因此，本书考虑从企业互联网资源配置和业务层面，分别选取企业平均网站拥有量和企业进行电子商务交易的占比作为地方互联网应用强度的表征。其次，对于个人层面的应用指标，主要对个人关联互联网的消费行为进行量化。从移动互联网基础费用角度，选取电信业务交易额作为代理变量。从互联网购物反映个人互联网应用水平角度，选取人均电子商务交易额、快递业务量来衡量个人互联网应用水平。数据来自中国国家统计局《中国统计年鉴》（2006~2016年）。

（三）互联网发展水平测度方法：全局主成分分析法

在构建指标评价体系的基础上，进一步选择科学且适宜的评价方法是科学测度省际互联网发展水平的关键环节。不同的数据处理方法和评价方法各有优势，需要结合评价对象的实际来选择合适的评价方法。现有常用的数据处理方法为无量纲化处理，评价方法包括以下四种：综合得分分析法、主成分分析法、聚类分析法、因子分析法。其中，主成分分析法可以简化问题或发现事物内在联系，以最少的信息丢失为代价将众多的观测变量浓缩为少数几个因素来实现（Jolliffe，1986），主成分分析法的优点已被诸多研究所证实。通过文献梳理和对比筛选，本书主要选定全局主成分分析法进行相关测算。

（四）全局主成分分析方法测算过程

1. 筛选指标：相关性分析

前文构建综合评价指标体系来对中国省际互联网发展水平进行综合测度，包含的 20 个具体的三级指标基本上涵盖了现有度量互联网发展水平的所有可用指标，但也存在部分指标反映的信息重叠问题，可能会影响测算结果的准确性。因此，为了更加准确、全面地反映互联网发展水平，通过相关性分析对 20 个指标进行筛选，剔除 8 个后对 12 个指标进一步测算（见表 6-3）。本书主要基于中国 31 个省份互联网发展水平进行研究，借鉴现有研究基础，分别测算互联网发展宏观环境、基础设施、普及规模、应用水平四个层面的发展水平，最后加权处理得到综合发展指数。为进一步考察互联网发展对旅游业全要素生产率发展的具体影响机制奠定基础。

表 6-3 指标构成

指标编号	指标含义和单位
X1	人均 GDP（元）
X2	R&D 投入占比（%）
X3	城镇居民可支配收入（元）
X4	互联网普及率（%）
X5	网民人数（万人）
X6	IPv4 地址占比（%）
X7	CN 域名数（个/万人）
X8	光缆里程（千米）
X9	宽带端口数（万个）
X10	网站数（个/万人）
X11	网页字节（K/个）
X12	快递业务总量（万件）

2. 数据标准化：无量纲化处理

经过筛选确定的12个具体的三级指标计量单位、测度方向均有所差异，需要消除量纲不同带来的影响才能保证进一步测算结果的准确可靠。本书主要通过数据归一化，对各指标原始数据进行了无量纲化处理，计算公式如下：

$$r_{ij}=\frac{x_{ij}-\bar{x}_j}{s_j} \quad (i=1,\ 2,\ \cdots,\ m;\ j=1,\ 2,\ \cdots,\ n) \tag{6-1}$$

式（6-1）中：

$$\bar{x}_j=\frac{1}{m}\sum_{i=1}^{m}x_{ij} \tag{6-2}$$

$$s_j=\sqrt{\frac{1}{m}\sum_{i=1}^{m}(x_{ij}-\bar{x}_j)^2} \tag{6-3}$$

经过标准差标准化处理后所得到的新数据 x'_{ij}，各要素（指标）的平均值为0，标准差为1，即有：

$$\bar{x}_j=\frac{1}{m}\sum_{i=1}^{m}x'_{ij}=0 \tag{6-4}$$

$$s_j=\sqrt{\frac{1}{m}\sum_{i=1}^{m}(x'_{ij}-\bar{x}'_j)^2}=1 \tag{6-5}$$

上述两个公式中：x_{ij} 是 i 省份指标 j 的实际数值；$\bar{x}_j$ 是指标 j 的平均值；s_j 是 i 省份指标 j 的标准差。经过处理得到矩阵如下：

$$R=(r_{ij})_{m\times n} \tag{6-6}$$

r_{ij} 是 i 省份指标 j 的标准化数值。

3. 具体过程：全局主成分分析测算

本书主要借助全局主成分分析原理和模型，运用SPSS 23.0对互联网发展指标进行全局主成分分析。本书采用全局主成分分析法对我国2006~2016年省际互联网发展水平进行测算。

（1）全局主成分分析可行性检验：KMO和巴特利特球形检验。

KMO检验用于考察各变量之间的偏相关系数是否过小，一般情况下，适合主成分分析的门槛条件是KMO检验值>0.5，当KMO检验值>0.9时效果最佳，位于0.7以上可以接受；巴特利特球形检验只有当显著性水平小于0.01时才能拒绝原假设（相关矩阵为单位矩阵），此时才适合采用主成分分析法进行分析。经检验发现，结果见表6-4，通过计算得到KMO统计值为0.820，巴特利特球形检验近似卡方为4423.653，在自由度为66的条件下，p值为0.000，说明可以拒绝原假设，认为单位矩阵和相关系数矩阵存在显著不同。综上分析可知，可应用全局主成分分析方法对本书所选择互联网经济评价研究样本的全局数据表进行测度。

表 6-4 KMO 和巴特利特球形检验结果

KMO 取样适切性量数		0.820
巴特利特球形检验	近似卡方	4423.653
	自由度	66
	显著性	0.000

资料来源：笔者根据 SPSS 23.0 软件计算所得。

（2）全局主成分分析。

利用 SPSS 23.0 软件对指标数据进行主成分分析。采用最大方差法提取共同因子，得到解释的总方差和成分得分系数矩阵。从表 6-5 可以看出，前 4 个因子旋转后对应的特征值均大于 1；由累计方差贡献率结果可知，前 4 个成分已经解释了方差变异中的 81.246%，这表明因子聚合度很好，可以进行下一步分析。

表 6-5 旋转后主成分特征值及方差贡献率

成分	初始特征值			提取载荷平方和			旋转载荷平方和		
	总计	方差贡献率（%）	累计方差贡献率（%）	总计	方差贡献率（%）	累计方差贡献率（%）	总计	方差贡献率（%）	累计方差贡献率（%）
1	6.113	50.938	50.938	6.113	50.938	50.938	3.937	32.810	32.810
2	2.453	20.444	71.382	2.453	20.444	71.382	3.152	26.267	59.077
3	1.184	9.864	81.246	1.184	9.864	81.246	2.660	22.169	81.246
4	0.714	5.953	87.198						
5	0.465	3.871	91.070						
6	0.334	2.784	93.854						
7	0.290	2.413	96.267						
8	0.161	1.339	97.606						
9	0.110	0.919	98.525						
10	0.077	0.639	99.164						
11	0.061	0.511	99.674						
12	0.039	0.326	100.000						

表 6-5 显示了特征值从大到小的几个主成分的累计方差贡献率及方差贡献率。由表 6-5 可知，特征值大于 1 的是前三个主成分，其累计方差贡献率超过 80%。说明应提取三个主成分来代替原来的 12 个指标，这三个主成分能够较好

地保留原始数据的相关信息，也说明在进行降维后，原始指标的信息损失较小，指标体系的构建是成功的。在此基础上，可对互联网面板数据进行主成分分析，最终确定的因子得分矩阵见表 6-6。

表 6-6 旋转后的成分矩阵

指标	成分		
	F1	F2	F3
X1	0. 493	0. 771	0. 180
X2	0. 857	0. 331	0. 103
X3	0. 400	0. 816	0. 315
X4	0. 364	0. 820	0. 253
X5	0. 142	0. 257	0. 888
X6	0. 905	0. 039	0. 198
X7	0. 845	0. 106	0. 003
X8	-0. 420	-0. 168	0. 651
X9	0. 129	0. 410	0. 845
X10	0. 910	0. 320	-0. 004
X11	-0. 079	0. 799	0. 130
X12	0. 290	0. 309	0. 686

旋转后各自主成分载荷向量除以旋转后各自主成分特征值的算术平方根得到旋转后因子得分系数矩阵，结果如表 6-7 所示。

表 6-7 旋转后因子得分系数矩阵

指标	成分		
	F1	F2	F3
X1	0. 249	0. 434	0. 110
X2	0. 432	0. 186	0. 063
X3	0. 202	0. 459	0. 193
X4	0. 184	0. 462	0. 155
X5	0. 071	0. 145	0. 545
X6	0. 456	0. 022	0. 121
X7	0. 426	0. 060	0. 002

续表

指标	成分		
	F1	F2	F3
X8	-0.212	-0.094	0.399
X9	0.065	0.231	0.518
X10	0.459	0.180	-0.002
X11	-0.040	0.450	0.080
X12	0.146	0.174	0.421

根据表中的旋转后因子得分系数矩阵，将主成分 F1、F2 和 F3 用表中标准化的 X1~X12 数据进行线性表示，四个主成分表达式分别如下：

$$F1=0.249X_1+0.432X_2+0.202X_3+0.184X_4+0.071X_5+0.456X_6+0.426X_7-0.212X_8+0.065X_9+0.459X_{10}-0.040X_{11}+0.146X_{12}$$

$$F2=0.434X_1+0.186X_2+0.459X_3+0.462X_4+0.145X_5+0.022X_6+0.060X_7-0.094X_8+0.231X_9+0.180X_{10}+0.450X_{11}+0.174X_{12}$$

$$F3=0.110X_1+0.063X_2+0.193X_3+0.155X_4+0.545X_5+0.121X_6+0.002X_7+0.399X_8+0.518X_9-0.002X_{10}+0.080X_{11}+0.421X_{12}$$

进一步运用旋转后的主成分方差贡献度对旋转后的主成分因子系数得分矩阵进行加权可得综合主成分得分表达式：

$$F=(32.810\%F_1+26.267\%F_2+22.169\%F_3)\div 81.246\%$$

$$F=0.271X_1+0.252X_2+0.283X_3+0.266X_4+0.224X_5+0.224X_6+0.192X_7-0.007X_8+0.242X_9+0.243X_{10}+0.151X_{11}+0.230X_{12}$$

通过对主成分综合得分表达式进行归一化处理，可以得到细分指标的权重，将互联网发展指数可以具体细分为互联网宏观环境、互联网普及规模、互联网基础设施水平、互联网应用水平。

（五）中国省际互联网发展指数测算结果

根据上述省级互联网发展指标体系的构建和量化方法，本节通过构建多指标综合评价体系，运用全局主成分分析方法对我国 31 个省份的互联网发展水平（2006~2016 年）进行系统的评价，得到中国各省际互联网发展综合指数（见表 6-8）。从互联网发展综合指数的平均值来看，北京、上海的平均值较高，引领中国省际互联网发展。青海、甘肃、贵州、西藏四省的省际互联网综合发展水平较低。虽然近年来各地互联网发展的宏观环境不断改善，互联网基础设施、普及率和应用水平得到较大提升，但不同省际与区域之间的发展差异仍然存在，并且逐渐成为影响资源配置和经济均衡发展的重要因素。

表 6-8 中国 31 个省份的互联网发展综合指数测算结果

省份	2006 年	2008 年	2010 年	2012 年	2014 年	2016 年	平均值
北京	0. 763	0. 888	0. 883	0. 911	0. 952	0. 974	0. 895
天津	0. 518	0. 598	0. 634	0. 671	0. 687	0. 694	0. 634
河北	0. 431	0. 532	0. 559	0. 616	0. 642	0. 680	0. 577
山西	0. 411	0. 521	0. 535	0. 588	0. 602	0. 636	0. 549
内蒙古	0. 392	0. 513	0. 532	0. 575	0. 655	0. 628	0. 549
辽宁	0. 455	0. 560	0. 594	0. 642	0. 671	0. 680	0. 600
吉林	0. 420	0. 515	0. 530	0. 566	0. 589	0. 619	0. 540
黑龙江	0. 419	0. 517	0. 532	0. 563	0. 612	0. 620	0. 544
上海	0. 618	0. 695	0. 729	0. 789	0. 824	0. 837	0. 749
江苏	0. 518	0. 594	0. 663	0. 725	0. 762	0. 788	0. 675
浙江	0. 545	0. 630	0. 680	0. 765	0. 779	0. 842	0. 707
安徽	0. 405	0. 511	0. 528	0. 580	0. 605	0. 643	0. 545
福建	0. 459	0. 575	0. 606	0. 667	0. 693	0. 738	0. 623
江西	0. 401	0. 508	0. 510	0. 549	0. 575	0. 621	0. 527
山东	0. 476	0. 600	0. 623	0. 676	0. 728	0. 732	0. 639
河南	0. 417	0. 523	0. 546	0. 594	0. 628	0. 673	0. 564
湖北	0. 434	0. 532	0. 560	0. 606	0. 633	0. 665	0. 572
湖南	0. 409	0. 527	0. 540	0. 585	0. 617	0. 648	0. 554
广东	0. 556	0. 669	0. 724	0. 799	0. 848	0. 901	0. 749
广西	0. 397	0. 510	0. 520	0. 563	0. 604	0. 623	0. 536
海南	0. 387	0. 509	0. 512	0. 548	0. 563	0. 594	0. 519
重庆	0. 416	0. 525	0. 543	0. 586	0. 609	0. 646	0. 554
四川	0. 426	0. 522	0. 546	0. 592	0. 639	0. 665	0. 565
贵州	0. 372	0. 490	0. 483	0. 527	0. 552	0. 586	0. 502
云南	0. 388	0. 496	0. 500	0. 548	0. 575	0. 606	0. 519
西藏	0. 363	0. 488	0. 497	0. 511	0. 576	0. 574	0. 501
陕西	0. 436	0. 540	0. 558	0. 595	0. 621	0. 639	0. 565
甘肃	0. 395	0. 493	0. 495	0. 531	0. 563	0. 585	0. 510
青海	0. 371	0. 497	0. 503	0. 543	0. 563	0. 581	0. 510
宁夏	0. 397	0. 501	0. 503	0. 554	0. 565	0. 586	0. 518
新疆	0. 380	0. 508	0. 511	0. 548	0. 574	0. 605	0. 521

结合中国31个省份的互联网发展水平的测算结果，选择以2006年为基期，测算2006~2016年中国各地区互联网的增长率发现（见表6-9），从单个省份来看，互联网综合发展水平增长率较高的省份为广东（62.05%）、河南（61.48%）、福建（60.61%）。从四大经济区域来看，近年来东北地区三个省份互联网综合发展水平的增长速度普遍缓慢，呈现“基础较差，增长慢”的特点；东部地区互联网综合发展水平的增长率处于“两极分化”的状态，既有增长最快的也有增长最慢的，其中北京具有“基础好，增长相对较慢”特点，广东则属于“基础较好，增长迅速”的类型；中部地区的增长速度比较符合“中庸之道”，无论是发展基础还是增长速度，都处于“不快不慢，不缓不急”的状态；总体来说，西部地区互联网综合发展水平较低，但内蒙古和新疆增长率相对较快。

表6-9 中国31个省份的互联网发展综合指数测算结果

东北地区		东部地区		中部地区		西部地区	
省份	增长率（%）	省份	增长率（%）	省份	增长率（%）	省份	增长率（%）
辽宁	49.60	北京	27.57	山西	54.75	内蒙古	60.41
吉林	47.11	天津	33.92	安徽	58.82	广西	56.83
黑龙江	47.97	河北	57.54	江西	54.85	重庆	55.50
—	—	上海	35.49	河南	61.48	四川	56.15
—	—	江苏	52.25	湖北	53.34	贵州	57.39
—	—	浙江	54.52	湖南	58.36	云南	56.01
—	—	福建	60.61	—	—	西藏	57.92
—	—	山东	53.73	—	—	陕西	46.42
—	—	广东	62.05	—	—	甘肃	48.06
—	—	海南	53.39	—	—	青海	56.85
—	—	—	—	—	—	宁夏	47.72
—	—	—	—	—	—	新疆	59.07

二、旅游业全要素生产率测算

全要素生产率作为一个衡量生产率水平的指标，其测算方法有很多。通过对现有研究的测算原理和角度进行梳理发现，全要素生产率的测算方法主要有四种：生产函数法、随机前沿法、数据包络分析法和指数法。根据是否设置生产函数并进行参数估计，前两种为参数法，后两种为非参数法。本节主要对全要素生

产率测算的索洛余值法（SR）、随机前沿分析法（SFA）、数据包络分析法（DEA）和指数法（MI）四种典型方法进行梳理和评价，是科学选定旅游业全要素生产率测算方法的重要步骤。

（一）主要测算方法

1. 索洛余值法

生产函数是描述生产过程中投入和产出之间具体关系的数学模型，广泛运用于经济增长理论和生产理论中。索洛余值法是生产函数法的典型代表。1957 年，美国诺贝尔经济学奖获得者罗伯特·索洛在其《技术及不与总量生产函数》中提出了具有规模报酬不变特性的总量生产函数和增长方程，首次明确用全要素生产率表示广泛意义上与生产效率相关的指标：效率改善、技术进步、规模效应。索洛模型基于五个严格的基本假设围绕着两个函数展开：生产函数和资本累计函数。由于生产函数本质上是一定技术条件下要素投入与过程产出之间的表述，如果在生产过程中存在技术进步，则等量的生产要素投入会产出更多的产品。因此，利用生产函数可以定量分析技术进步对产出的影响。设定如下生产函数模型：

$$Y=A(t)F(K,\ L) \tag{6-7}$$

$$A(t)=ce^{\lambda t}=A_0(1+\gamma)^t \tag{6-8}$$

$$F(K,\ L)=K^{\alpha}L^{\beta} \tag{6-9}$$

其中，Y 为总产出，K 为资本要素投入、L 为劳动力要素投入；$A(t)$ 为旅游业技术进步贡献率；α 是资本产出的弹性系数，β 是劳动力产出的弹性系数。通过取对数将式（6-7）转化为线性函数：

$$\ln Y=\ln A+\alpha\ln K+\beta\ln L \tag{6-10}$$

对式（6-10）两边求导可得到：

$$\frac{dY}{Y}=\frac{dA}{A}+\alpha\frac{dK}{K}+\beta\frac{dL}{L} \tag{6-11}$$

令 $y=\Delta Y/Y\approx dY/Y$，$k=\Delta K/K\approx dK/K$，$l=\Delta L/L\approx dL/L$，得到索洛余值法的增长速度方程 $y=a+\alpha k+\beta L$，因此基于时间序列的技术进步贡献率计算公式如下：

$$E_A(t_i)=1-E_{\alpha}(t_i)-E_{\beta}(t_i) \tag{6-12}$$

其中，资本要素 $E_{\alpha}(t_i)$ 和劳动力要素 $E_{\beta}(t_i)$ 对经济增长的贡献率计算公式如下：

$$E_{\alpha}(t_i)=\alpha(t_i)\frac{K_{t_i}-K_{t_{i-1}}Y_{t_{i-1}}}{Y_{t_i}-Y_{t_{i-1}}K_{t_{i-1}}} \tag{6-13}$$

$$E_{\beta}(t_i)=\beta(t_i)\frac{L_{t_i}-L_{t_{i-1}}Y_{t_{i-1}}}{Y_{t_i}-Y_{t_{i-1}}L_{t_{i-1}}} \tag{6-14}$$

罗伯特·索洛认为，所有理论都基于并非十分正确的假设。尽管罗伯特·索洛余值存在假设约束较强和假设弹性系数不随时间变化的缺陷，但为全要素理论和方法的发展和完善提供了重要的参照和借鉴。

2. 随机前沿分析法

Aigner、Lovell、Schmidt 和 Meeusen、Van den Broeck 于 1977 年分别提出了随机前沿生产函数法（SFA）。SFA 法可以进一步将全要素生产率的影响因素进一步分离出来，更加能够反映经济增长的真实状况。随机前沿生产函数模型的一般形式可以表示如下：

$$Y_{it}=F(X_{it},\ t)\exp(v_{it}-\mu_{it}) \tag{6-15}$$

其中，Y_{it} 为生产者 t 时期的产出；X_{it} 为投入向量，表示各种生产要素；t 为前沿技术进步时间趋势；α 是前沿生产函数，表示经济中最优生产技术；$\exp(-\mu_{it})(\mu_{it}\geqslant 0)$ 为技术效率；v_{it} 为随机观测误差和其他随机因素，通常假定它独立于投入和技术水平，服从零均值、不变方差的正态分布。生产者的技术效率一般选用产出期望与随机前沿期望的比值来确定，即：

$$TE=\frac{E[f(x)\exp(v-\mu)]}{E[f(x)\exp(v-\mu)\mid\mu=0]}=\exp(-\mu_{it}) \tag{6-16}$$

SFA 方法是一种以回归分析为基础的参数方法，其特点是考虑到随机因素对生产行为的影响。本书借鉴 Battese 和 Coelli（1995），采用超越对数前沿生产函数测算各省份旅游业全要素生产率，随机前沿函数设定形式如下：

$$Y_{it}=f(X_{it},\ t)\times\exp(v_{it}-u_{it}) \tag{6-17}$$

$$v_{it}\sim N(0,\ \sigma_v^2) \tag{6-18}$$

$$u_{it}=u_i\exp[-\eta(t-T)] \tag{6-19}$$

$$u_i\sim N+(\mu,\ \sigma_u^2) \tag{6-20}$$

其中，Y_{it} 为各省旅游业产出；X_{it} 为投入要素；t 为时间趋势；$f(X_{it},\ t)$ 为在给定投入要素下能够达到的最大产出水平（投入导向型）。v_{it} 代表随机误差，服从正态 $N(0,\ \sigma_v^2)$ 分布的随机变量；u_{it} 表示生产无效的非负随机变量。

3. 数据包络分析法

1978 年由美国著名运筹学家 A Charnes、W W Cooper 和 E Rhodes 提出的数据包络分析（DEA）模型是非参数方法的典型代表。在一般情况下，决策单元的投入和产出指标有多个，用向量表示，某个决策单元的投入向量、产出向量的成对组合就构成了一个参考点，代表所有决策单元的所有参考点组成的集合就成为参考集。设在一个用于评价的投入产出体系当中有 n 个决策单元，这些决策单元独立且同质，记为 $DMU_j(j=1,\ 2,\ \cdots,\ n)$，每个决策单元有 s 种投入、m 种产出，则投入产出指标分别记为：

$$X_j=(x_{1j}, x_{2j}, \cdots, x_{mj}), Y_j=(y_{1j}, y_{2j}, \cdots, y_{sj}), j=1, 2, \cdots, n \quad (6-21)$$

上述成对出现的决策单元组合向量成为参考点，则参考集可以表示为集合 T：

$$T=\{(X_1, Y_1), \cdots, (X_n, Y_n)\} \quad (6-22)$$

那么根据 Charnes 等提出的经典 DEA 模型（CCR 模型）生产集可表示为：

$$T_{CCR}=\left\{(X, Y) \mid \sum_{j=1}^{n}\lambda_j X_j \leqslant X, \sum_{j=1}^{n}\lambda_j Y_j \geqslant Y, \lambda_j \geqslant 0, j=1, 2, \cdots, n\right\} \quad (6-23)$$

生产可能集满足：平凡性：$(X_j, Y_j) \in T$，$j=1, 2, \cdots, n$，平凡公理确保参考点的一般性原则；凸性：对任意 $\alpha \in [0, 1]$，有 $\alpha \times (X', Y')+(1-\alpha)\times(X'', Y'') \in T$ 成立，该公理保证生产可能集的凸性原则；锥性：对任意 $(X, Y) \in T$ 及 $\alpha \geqslant 0$，均有 $\alpha(X, Y)=(\alpha X, \alpha Y) \in T$，表明对决策单元以 α 倍的投入，就会有 α 倍的产出；无效性：对任意 $(X, Y) \in T$，若 $\hat{X} \geqslant X$，$\hat{Y} \leqslant Y$ 均有 $(\hat{X}, \hat{Y}) \in T$；最小性：表明生产可能集 T 为满足上述公理的交集。

考虑到规模报酬对生产系统的影响，Banker、Charnes 和 Cooper 提出 CCR 模型对规模报酬不变的假设 BCC 模型，在生产过程评价的过程中添加了规模报酬可变（Variiable Returns to Scale-VRS）的因素。

$$\min[\theta-\varepsilon(e^{-T}S^{-}+e^{+T}S^{+})] \quad (6-24)$$

$$s.t.\begin{cases}\sum_{j=1}^{n}X_j\lambda_j + S^{-} = \theta X_0 \\ \sum_{j=1}^{n}Y_j\lambda_j - S^{+} = Y_0 \\ \sum_{j=1}^{n}\lambda_j = 1, j = 1, 2, \cdots, n \\ 1 > \lambda \geqslant 0, S^{-} \geqslant 0, S^{+} \geqslant 0\end{cases} \quad (6-25)$$

DEA 方法具有多项投入指标和多项产出指标项的复杂系统有很强的适用性。因此，它能广泛运用于经济、科技、社会等不同的领域。这种方法的优点主要有不需要估计生产函数的具体形式、不需要事先确定各个复杂指标之间的可比性和不需要事先确定各子系统的权重等。但是，数据包络分析方法的缺陷在于将实际产出和前沿产出之差完全归因于技术效率的损失，而忽略了随机因素的影响，因此对奇异值非常敏感。

4. 曼奎斯特指数

增长率测度的指数法是一种典型的统计学方法。前期研究的指数方法主要有德国拉氏贝尔指数（Laspeyres）、帕氏指数（Paashe）、费舍指数（Fisher Ideal）

和托恩奎特指数（Tornqvist）。从早期的拉氏指数过渡到目前被广泛使用的曼奎斯特指数，指数法测度生产率的研究已经日趋成熟。Malmquist 指数最早由曼奎斯特（Malmquist，1953）提出，被广泛用于动态生产率测算，用于研究不同时期的生产率增长变化情况。它测算生产率关键在于确定生产前沿面，基本前提假设是假设各省面对同样的技术前沿，通过计算各省的生产率水平到技术前沿距离的相对变化来度量各省生产效率的变化。

$$M_{i0}^{t}(X_i^{t+1},\ Y_i^{t+1},\ X_i^t,\ Y_i^t)=\left[\frac{d_{i0}^{t}(X_i^{t+1},\ Y_i^{t+1})}{d_{i0}^{t}(X_i^t,\ Y_i^t)}\times\frac{d_{i0}^{t+1}(X_i^{t+1},\ Y_i^{t+1})}{d_{i0}^{t+1}(X_i^t,\ Y_i^t)}\right]^{\frac{1}{2}} \tag{6-26}$$

$(X_i^t,\ Y_i^t)$ 和 $(X_i^{t+1},\ Y_i^{t+1})$ 分别表示第 i 个省际单元 t 时期和 t+1 时期的投入和产出向量，d_{i0}^t 和 d_{i0}^{t+1} 分别表示以 t 时期的技术 Tt 为参照的 t 时期和 t+1 时期的距离函数。该指数大于 1，则表示第 i 个省际单元从 t 时期到 t+1 时期的 TFP 是增长的。MI 可以进一步分解为技术效率变化指数（Technical Efficiency Change，TEC）和技术进步指数（Technical Progress，TP）。TEC 可进一步分为纯技术效率和规模效率，二者的含义如上文所述。TP 则度量了从 t 时期到 t+1 时期的技术进步程度，即要素投入量处在区间 $[X^t,\ X^{t+1}]$ 内的决策单元，其生产边界提高之后所引起的产量的提高。

（二）测度方法选择

1. 选择依据

对旅游业来说，索洛增长核算法需采用时间序列样本，样本数量偏少会引起测量结果的偏误，目前中国旅游业的实际状况难以满足索洛模型的假设前提和样本要求，用该方法进行旅游业全要素生产率的核算可能会带来较大误差，现有成熟且广泛使用的研究旅游业全要素生产率的方法主要有随机前沿分析（SFA）和数据包络分析（DEA），这两种方法各有优劣。DEA 方法测量旅游效率的准确性在很大程度上取决于投入和产出指标选取的合理性。国内目前关于区域旅游业全要素生产率的实证研究多采用 DEA-Malmquist 指数法等非参数分析方法。由于本书主要是研究互联网对中国旅游业全要素生产率水平以及分解指数的影响，因此，主要采用数据包络分析法对 2006~2016 年中国 31 个省份的旅游业全要素生产率和创新发展进行更为科学的测度。

2. 测算模型：DEA-Malmquist

DEA-Malmquist 方法用投入距离和产出距离函数来定义全要素生产率指数可以进一步把全要素生产率分解为技术进步和技术效率变化，主要通过横向和纵向比较不同决策单元的效率变化和差异。具体方法如下：

假设每个时刻 t=1，2，…，T，决策单位使用生产技术 St 将投入要素 $X_t\in R_+^N$

转化为产出 $Y_t \in R_+^M$，St 为 t 时刻的技术可能集：

$$St=\{(X_t,\ Y_t):\ X_t \rightarrow Y_t\} \tag{6-27}$$

t 时刻 Malmquist 全要素生产率指数如下：

$$M_i^t = D_i^t(X^{t+1},\ Y^{t+1})/D_i^t(X^t,\ Y^t) \tag{6-28}$$

$D_i^t(X^t,\ Y^t)$ 表示以 t 时刻的生产技术为参照时（X^t，Y^t）所能达到的最大可能产出与实际产出之比；$D_i^{t+1}(X^{t+1},\ Y^{t+1})$ 表示以 t+1 时刻的生产技术为参照时（X^{t+1}，Y^{t+1}）所能达到的最大可能产出与实际产出之比。以 t+1 时刻的技术为参照，Malmquist 全要素生产率指数可定义为：

$$M_i^t = D_i^{t+1}(X^{t+1},\ Y^{t+1})/D_i^{t+1}(X^t,\ Y^t) \tag{6-29}$$

通过选用 M_i^t 和 M_i^{t+1} 两个 Malmquist 指数的几何平均值来计算全要素生产率的变化来规避随意性误差。假设中国 31 个省份分别为一个决策单元（DWU），用$(X_i^t,\ Y_i^t)$和$(X_i^{t+1},\ Y_i^{t+1})$分别表示省际单元 i 在 t 时期和 t+1 时期的旅游业投入和产出向量，那么从 t 时期和 t+1 时期的全要素生产率变化的 Malmquist 指数如下：

$$M_i^t(X_i^{t+1},\ Y_i^{t+1},\ X_i^t,\ Y_i^t)=\left[\frac{D_i^t(X_i^{t+1},\ Y_i^{t+1})}{D_i^t(X_i^t,\ Y_i^t)}\times\frac{D_i^{t+1}(X_i^{t+1},\ Y_i^{t+1})}{D_i^{t+1}(X_i^t,\ Y_i^t)}\right]^{\frac{1}{2}} \tag{6-30}$$

在规模收益不变的情况下，Malmquist 指数可以分解为：

$$M_i^t(X_i^{t+1},\ Y_i^{t+1},\ X_i^t,\ Y_i^t)=\frac{D_i^{t+1}(X_i^{t+1},\ Y_i^{t+1})}{D_i^t(X_i^t,\ Y_i^t)}\times\left[\frac{D_i^t(X_i^{t+1},\ Y_i^{t+1})}{D_i^{t+1}(X_i^{t+1},\ Y_i^{t+1})}\times\frac{D_i^t(X_i^t,\ Y_i^t)}{D_i^{t+1}(X_i^t,\ Y_i^t)}\right]^{\frac{1}{2}} \tag{6-31}$$

其中，技术效率变动可以表示为：

$$EFFCH=\frac{D_i^{t+1}(X_i^{t+1},\ Y_i^{t+1})}{D_i^t(X_i^t,\ Y_i^t)} \tag{6-32}$$

技术进步可以表示为：

$$TECH=\left[\frac{D_i^t(X_i^{t+1},\ Y_i^{t+1})}{D_i^{t+1}(X_i^{t+1},\ Y_i^{t+1})}\times\frac{D_i^t(X_i^t,\ Y_i^t)}{D_i^{t+1}(X_i^t,\ Y_i^t)}\right]^{\frac{1}{2}} \tag{6-33}$$

在规模收益可变的情况下，以 V 代表可变规模收益，以 C 代表不变规模收益，Malmquist 指数可以进一步分解为：

$$M_i^t(X_i^{t+1},\ Y_i^{t+1},\ X_i^t,\ Y_i^t)=\frac{D_{iv}^{t+1}(X_i^{t+1},\ Y_i^{t+1})}{D_{iv}^t(X_i^t,\ Y_i^t)}\times\left[\frac{D_{iv}^t(X_i^t,\ Y_i^t)}{D_{iv}^{t+1}(X_i^{t+1},\ Y_i^{t+1})}\times\frac{D_{ic}^{t+1}(X_i^{t+1},\ Y_i^{t+1})}{D_{ic}^t(X_i^t,\ Y_i^t)}\right]\times\left[\frac{D_{ic}^t(X_i^{t+1},\ Y_i^{t+1})}{D_{ic}^{t+1}(X_i^{t+1},\ Y_i^{t+1})}\times\frac{D_{ic}^t(X_i^t,\ Y_i^t)}{D_{ic}^{t+1}(X_i^t,\ Y_i^t)}\right]^{\frac{1}{2}} \tag{6-34}$$

其中，纯技术效率变动为：

$$PECH=\frac{D_{iv}^{t+1}(X_i^{t+1},\ Y_i^{t+1})}{D_{iv}^{t}(X_i^{t},\ Y_i^{t})} \tag{6-35}$$

规模效率变动为：

$$SECH=\frac{D_{iv}^{t}(X_i^{t},\ Y_i^{t})}{D_{iv}^{t+1}(X_i^{t+1},\ Y_i^{t+1})}\times\frac{D_{ic}^{t+1}(X_i^{t+1},\ Y_i^{t+1})}{D_{ic}^{t}(X_i^{t},\ Y_i^{t})} \tag{6-36}$$

（三）测度指标选择

1. 现有研究中测度指标评价

投入与产出指标选取的合理性是旅游业全要素生产率测算分析的关键，但关于旅游业全要素生产率测度的投入指标和产出指标至今没有统一的共识。土地、资本、劳动力是经济活动最基本的投入要素。但旅游产业的发展能力通常不受土地面积的约束，故一般不考虑选取相关数据作为旅游投入指标（马晓龙和保继刚，2010；李晨等，2018）。在投入指标方面，劳动力投入可视为旅游经济的重要投入要素之一，旅游产业基础与服务设施等建设需要旅游相关资本投入，地区自身的旅游资源禀赋是旅游核心吸引力。在产出指标方面，主要选择总和作为旅游经济收益的衡量指标。具体来说，国内学者进行旅游业全要素生产率测算考虑的投入和产出指标主要如表 6-10 所示。

表 6-10　旅游业投入产出指标研究现状

代表文献	研究对象	投入指标	产出指标
左冰和保继刚（2008）	旅行社、星级饭店、旅游区（点）、旅游车船公司等旅游企业	旅游就业人数、旅游业资本存量	旅游企业营业收入
陶卓民等（2010）	中国旅游业	旅游资源（优秀旅游城市与全省县级及县级以上城市的比值）、旅游接待服务设施（星级饭店、旅行社数量）、旅游从业人员	国内旅游收入、国际旅游收入
王淑新等（2012）	西部地区旅游业	资本投入、劳动投入、旅游基础设施投入、旅游服务设施投入和旅游资源开发投入	旅游总收入
王永刚（2012）	省际旅游业	省际旅游业固定资产净值、省际旅游从业人员数	省际旅游总收入
赵磊（2013）	省际旅游业	地区旅游业固定资产投资（亿元）、地区旅游业从业人员数（万人）	地区年度旅游业总收入
龚艳等（2014）	中国旅游业	旅游星级饭店数量、旅行社数量、旅游景区数量、第三产业从业人员和等级公路密度	国内旅游收入（y1）和接待人次（y2）、入境旅游收入（y3）和接待人次（y4）

续表

代表文献	研究对象	投入指标	产出指标
张丽峰（2014）	中国旅游业	旅游业固定资产原值、旅游业从业人员数	旅游企业总营业收入
郭悦等（2015）	中国省际旅游企业（旅游景区、星级饭店、旅行社）	各省三类旅游企业从业人员数量之和、各省三类旅游企业固定资产原值之和	各省三类旅游企业营业收入之和
何俊阳和贺灵（2015）	中部地区旅游业	资源（优秀旅游城市比重、A级以上景区）、设施（星级酒店）、资金（旅游业固定资产投资）、技术（旅游业三项专利申请数）、人员（旅游从业人员）	产出指标为旅游业总收入（亿元）、接待国内外游客总人数
刘建国和刘宇（2015）	杭州城市旅游业	劳动力（第三产业从业人数/万人）、资本（固定资产存量/亿元）、旅游吸引力（评A景区数量、星级酒店数量、旅行社数量）	产值（旅游总收入/亿元）、规模（旅游者总人数）
查建平等（2016~2018）	中国旅游业	旅游资源禀赋、第三产业从业人员、城市固定资产投资	旅游总收入
薛献伟等（2017）	安徽省旅游业	住宿业与餐饮业固定资产投资、第三产业从业人数	旅游总收入
吴琳萍（2017）	中国旅游业	旅游企业固定资产净值	旅游企业营业收入
贺腊梅等（2017）	中国省际	旅游固定资产原值、旅游业从业人员	
刘玉丽（2017）	中国旅游业	地区资本投入量、旅游业从业人员	旅游业营业收入
宋瑞（2017）	中国省际旅游企业（旅游景区、星级饭店、旅行社）	旅游企业固定资产存量、旅游企业从业人员	旅游企业营业收入
高俊和张林林（2017）	中国省域旅游企业	旅游企业的年末固定资产原值和企业数量	旅游企业经营总收入
李晨等（2018）	淮河经济区旅游业	城市的第三产业从业人数、固定资产投资、星级饭店数量	城市国内旅游收入、入境旅游收入和国内旅游人次及入境旅游人次
陈松和惠青（2018）	海南旅游产业	A级以上和重点景区数量（个）、星级饭店数量（个）、第三产业的从业人数	旅游总收入和国内外过夜游客人数

从现有指标选取情况来看，投入指标主要有旅游业资本投入、旅游业劳动投入、旅游业资源、旅游设施投入四大类，具体来说主要有旅游固定资产存量（净值）、第三产业从业人数、旅游业从业人员、旅游企业从业人员、优秀旅游城市

比重、A级以上景区、星级酒店等；产出指标主要有旅游收入和旅游人数两类，具体来说有国内旅游收入、国外旅游收入、旅游业总收入、接待国内外游客人数。

2. 测度指标的选择和说明

在现有文献研究的基础上，本书选定各省旅游投入指标为旅游业资本投入（旅游业固定资本规模）、旅游业劳动力（旅游业从业人数）、旅游业资源（AAA以上景区数量）、旅游业设施投入（旅行社数量、星级酒店数量、旅游厕所数量、旅游停车场数量）；选定的旅游业产出指标有：旅游业总收入、旅游接待总人次、在线旅游预订人数。结合前文确定的静态效率和动态效率的测算方法，选用的投入和产出指标如表6-11所示。

表6-11　测算指标的选择

指标类型	指标层级	具体指标	指标编码
投入指标	资本投入	旅游业固定资产总值	T1
	服务投入	旅行社总数量	T2
	接待投入	星级饭店数量、星级饭店房间数	T3、T4
	资源投入	AAAA级以上景区数量	T5
	人力投入	旅游业从业人数、旅游院校学生人数	T6、T7
产出指标	总产出	旅游业总收入	C1
	游客数量	接待游客总人次	C2

（1）投入指标。

旅游业资本投入。资本投入是经济活动正常运行的关键，主要是以固定资产投资为主。目前国内学者对于旅游业资本存量的测算方法存在较大分歧。一部分学者借鉴国际做法，采用永续盘存法推算出一定时期内的资本存量作为旅游业固定资本投入（左冰和保继刚，2008），但考虑到国内旅游业数据的可获取性，也有学者选定基期的固定资产价格指数对固定资产原值进行调整（查建平等，2017）。通过Goldsmith（1951）开创的永续盘存法计算资本存量。本书采用各省份年末旅游业固定资产净值作为近似替代。利用以2005年为基期的固定资产价格指数对固定资产原值进行调整。运用永续盘存法将旅游业固定资本原值转化为旅游业固定资本。数据主要来源于《中国旅游统计年鉴》（2005~2016年）和《中国统计年鉴》（2005~2016年）。

旅游业人力投入。旅游业是劳动密集型产业，劳动力投入是影响旅游业全要

素生产率的关键因素。理想的劳动力投入指标既可以体现“量”又可以衡量“质”。现有研究中有学者利用各省教育年限作为省际劳动力从业素质的表征（杨勇和冯学钢，2008），但是该指标只是宽泛地对各省从业人员素质的综合量化，并没有体现出旅游业从业人员的具体特质。选用第三产业从业人数（刘建国和刘宇，2015；李晨等，2018；陈松和惠青，2018）和旅游业从业人数（王淑新等，2012；赵磊，2013；宋瑞，2017）仍是衡量旅游产业的劳动力投入的重要指标。彼得·德鲁克认为，知识不应该被视为劳动力、资本和土地之类的传统生产资源，是当今时代唯一有意义的生产资源。因此，知识型员工可以说是每一个企业最为重要的资产。本书主要选择旅游业从业人数作为旅游业劳动力投入的表征，选择旅游院校在校学生作为旅游业知识投入指标，二者共同来衡量旅游业人力投入。数据来源于《中国统计年鉴》（2005~2016 年）、《中国旅游年鉴》（2005~2016 年）和《新中国六十年统计资料汇编》。

旅游业资源投入。旅游业作为资源依托型产业，旅游资源的差异会影响地区旅游客流的流量，对区域旅游经济活动产生明显的影响，区域旅游资源禀赋差异制约着区域旅游经济活动的类型和效率（孙盼盼，2011；查建平，2016）。本书以《旅游景区质量等级的划分与评定》（GB/T17775-2003）为景区等级划分的依据，基于 AAA 以上景区数量进行赋值评分，对各地旅游资源质量进行评价，作为省际旅游资源禀赋的投入指标。AAA、AAAA 和 AAAAA 景区数量数据来自国家旅游局所公布的 A 级景区名录、各区域旅游局政务网站统计或通知公告资料等。

（2）产出指标。

旅游业收入。旅游业总收入是国内旅游收入和国外旅游收入的总和，主要由旅游业接待人次和旅游者花费决定。对于旅游业产出指标的选择，有学者以国内旅游业收入、入境旅游收入和国内旅游人次及入境旅游人次（何俊阳和贺灵，2015；李晨等，2018）四个单项指标共同衡量，但由于旅游业总收入是国内外旅游收入和接待国内外旅游人次的总和，更多学者仅选择旅游业总收入作为旅游业产出指标（高俊和张林林，2017；薛献伟等，2017）。考虑到旅游产业的经济活动特性，现有消除价格和通货膨胀因素对旅游收入的影响做法主要有利用旅游消费价格指数（张根明和扶玥，2018）和 GDP 平减指数（查建平等，2018）进行处理。统一转化为以 2006 年为基期的数据，以经过 2006 年为基期调整的旅游企业营业收入作为产出指标。数据主要来自《中国旅游统计年鉴》（2006~2016 年）、《中国统计年鉴》（2006~2016 年）及各个省（市/区）的国民经济和社会发展统计公报。

（四）测算结果分析

依据前文选取的测算方法和投入产出指标，运用 Deap2.1 软件的 DEA-MI 方法，借鉴 Kumbhakar（2000）将全要素生产率（tfpch）分解为技术效率（effch）、技术进步（techch），进一步把技术进步分解为纯技术效率（pech）和规模效率（sech），将中国各省际旅游业全要素生产率增长率的测算期间更新到 2006~2016 年，并进一步对测算的中国 31 个省份的旅游业全要素生产率的分解部分进行初步分析。从平均增长率（见表 6-12）来看，旅游业技术效率、技术进步、纯技术效率、规模效率和全要素生产率的平均增长率分别为 1.6%、11.1%、1.6%、-0.1%和 12.1%，其中只有技术效率中的规模效率出现了负增长。总体来说，近年来旅游业全要素生产率的增长率保持较高水平。

表 6-12　中国省际年度旅游业全要素生产率指数分解

年份	技术效率	技术进步	纯技术效率	规模效率	全要素生产率
2006~2007	1.091	0.991	1.027	1.062	1.081
2007~2008	0.939	1.160	0.975	0.963	1.090
2008~2009	0.980	1.039	1.002	0.979	1.019
2009~2010	1.075	1.061	1.027	1.047	1.141
2010~2011	1.000	1.169	1.013	0.987	1.169
2011~2012	1.007	1.152	1.011	0.996	1.160
2012~2013	0.856	1.340	0.902	0.950	1.147
2013~2014	1.114	0.908	1.080	1.031	1.011
2014~2015	1.081	0.981	1.042	1.038	1.060
2015~2016	1.015	1.309	1.083	0.938	1.329
平均值	1.016	1.111	1.016	0.999	1.121

从时序变化趋势来看，通过中国 31 个省份的年度全要素生产率分解趋势可以发现，如图 6-7 所示，旅游业技术进步和全要素生产率波动上升，旅游业技术效率波动下降。进一步来看，旅游业技术效率下降的原因主要在于规模效率下降趋势比较明显。旅游业全要素生产率增长的主要贡献来自旅游业技术进步，规模效率总体上出现下降趋势，这也表明随着外部环境的改变，旅游业经营规模趋于收紧，分工精细化、业态多元化可能是旅游业新特征。

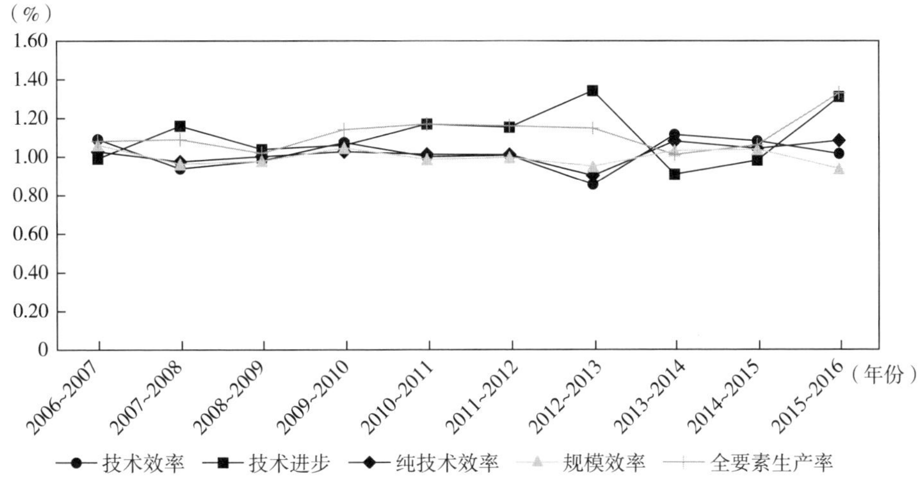

图 6-7 中国省际年度旅游业全要素生产率分解趋势

从具体省份来看，见表 6-13，旅游业全要素生产率及其分解项在各地表现出了明显的差异。2006~2016 年，中国 26 个省份的旅游业全要素生产率出现正增长，从增长幅度来看，山西、陕西、北京、湖北、安徽的增长率分别为 17.6%、12.6%、11.6%、10.8%、10.7%，均达到 10%以上，其中主要依托技术进步是共性特征。内蒙古、西藏、青海、宁夏、新疆五个省份出现负增长，其中内蒙古出现负增长主要由于旅游业技术效率中的规模效率出现了较大的负增长，同时技术进步增长率幅度较小。西藏、青海、宁夏、新疆四个省份的旅游业技术进步均为负增长，分别为-15.4%、-14.6%、-6.6%、-10.7%，这是造成旅游业全要素生产率增长率为负的主要原因，且与四个省份的地理位置也有较大的关系。

表 6-13 2006~2016 年中国 31 个省份的旅游业全要素生产率指数分解

地区	技术效率	技术进步	纯技术效率	规模效率	全要素生产率
北京	1.006	1.109	0.997	1.009	1.116
天津	1.000	1.072	1.000	1.000	1.072
河北	1.006	1.083	1.012	0.995	1.090
山西	1.010	1.165	1.004	1.006	1.176
内蒙古	0.972	1.026	1.014	0.958	**0.997**
辽宁	1.010	1.077	0.994	1.016	1.087

续表

地区	技术效率	技术进步	纯技术效率	规模效率	全要素生产率
吉林	1.008	1.069	1.016	0.992	1.077
黑龙江	0.946	1.124	0.955	0.991	1.064
上海	0.982	1.095	0.984	0.998	1.075
江苏	0.953	1.078	0.999	0.955	1.028
浙江	0.994	1.080	1.007	0.987	1.074
安徽	0.999	1.108	1.023	0.977	1.107
福建	0.980	1.077	0.984	0.996	1.056
江西	1.029	1.065	1.024	1.005	1.095
山东	0.964	1.067	1.000	0.964	1.029
河南	0.960	1.098	1.000	0.960	1.054
湖北	1.012	1.095	1.027	0.986	1.108
湖南	0.993	1.068	1.005	0.989	1.061
广东	0.977	1.099	0.970	1.007	1.073
广西	0.993	1.098	0.987	1.006	1.090
海南	1.014	1.055	1.067	0.951	1.071
重庆	0.979	1.098	0.982	0.997	1.075
四川	1.000	1.098	1.000	1.000	1.098
贵州	1.000	1.019	1.000	1.000	1.019
云南	1.026	1.046	0.992	1.034	1.073
西藏	1.000	0.846	1.000	1.000	**0.846**
陕西	1.031	1.092	1.016	1.015	1.126
甘肃	1.031	1.046	1.050	0.982	1.079
青海	1.000	0.854	1.000	1.000	**0.854**
宁夏	1.000	0.934	1.000	1.000	**0.934**
新疆	1.011	0.893	1.000	1.011	**0.903**

总体来说，2006~2016 年，中国旅游业全要素生产率有了较大增长，但是地区差异仍然较为明显，造成这种现状的原因更多的是各省旅游业技术进步程度存在明显差异。本节对旅游业全要素生产率及其分解项的测算和分析，为下文从互联网角度考察旅游业技术进步的研究奠定了良好的基础。

第三节　估计模型

一、线性模型：基本回归

互联网发展水平高的地区将会快速获得各项资源，对旅游业资源和其他生产要素具有更加优化的配置，可以进一步均衡地区经济发展。互联网信息水平是当今区域发展的重要空间关联性纽带因素。互联网发展以及其所带来的旅游业经营模式、旅游政策、旅游者行为改变都可能会引起区域旅游业效率和技术进步的改变。结合本书的研究目的，对于新常态背景下互联网与中国旅游业全要素生产率之间线性关联性，建立估计模型如下：

$$TFP_{it} = \beta_0 + \beta_1 INT_{it} + \sum_n \lambda_{in} X_{it} + \xi_i + \varepsilon_{it} \tag{6-37}$$

其中，i 表示省份，t 表示年份，TFP_{it} 表示省份 i 在 t 年的旅游业全要素生产率，INT_{it} 为省份 i 在 t 年的互联网发展水平，X_{it} 为相关的控制变量，λ_{in} 为控制变量的系数，β_0 为截距项，β_1 为互联网发展水平的系数，ξ_i 为不可观测的地区效应，ε_{it} 为随机干扰项。

二、门槛模型：核心回归

（一）基本模型

门槛回归（Thershold Variable）模型对于研究结构变化问题，寻找结构变化关键点具有重要作用，是分析变量间可能存在的非线性关系的有效方法。Hansen（1999）提出的个体固定效应面板门槛模型是进行门槛回归的基本模型。基本模型设定如下：

$$\begin{cases} Y_{it} = \alpha_i + X'_{it}\beta_1 + \varepsilon_{it}, & \text{if } q_{it} \leqslant \gamma \\ Y_{it} = \alpha_i + X'_{it}\beta_2 + \varepsilon_{it}, & \text{if } q_{it} > \gamma \end{cases} \tag{6-38}$$

$$\begin{cases} X_{it}(\gamma) = X_{it} I(q_{it} \leqslant \gamma) \\ X_{it}(\gamma) = X_{it} I(q_{it} > \gamma) \end{cases} \tag{6-39}$$

即：$Y_{it} = \alpha_{it} + X'_{it}\beta_1 I(q_{it} \leqslant \gamma) + X'_{it}\beta_2 I(q_{it} > \gamma) + \varepsilon_{it}$　　(6-40)

其中，i=1，2，…，N；t=1，2，…，T；q_{it} 为门槛变量，γ 为待估计门槛值，X_{it} 为外生解释变量，ε_{it} 为独立同分布，且与 X_{it} 不相关。I（·）为指标函数，当括号条件满足取值为 1，否则取值为 0。

（二）估计模型

本部分主要基于 Hansen（1999）所提出的门槛回归模型，采用面板数据检验互联网对省际旅游业全要素生产率的非线性影响效应。重点回答互联网发展对中国旅游业全要素生产率是否具有非线性的影响关系？不同的门槛变量下互联网对旅游业全要素生产率的影响又具有怎样的差异？从而在一定程度上解释中国当下互联网对旅游业全要素生产率影响的内生机制，为中国信息化和旅游业高质量发展提供一定的实证证据。估计模型设定如下：

$$\ln TTFP=\alpha_i+\beta_1 INT_{it}I(Q_{it},\ \gamma)+\lambda_i X_{it}+\varepsilon_{it} \tag{6-41}$$

其中，i 表示省份，i=1，2，…，31；t 表示年份，t=1，2，…，11；TTFP 为被解释变量，反映旅游业全要素增长率，INT_{it} 为核心解释变量（门槛依赖变量），反映了中国 31 个省份的互联网发展水平，X_{it} 为一组控制变量，Q_{it} 代表门槛变量集，γ 为待估计门槛值；I(·) 为指标函数，当括号条件满足取值为 1，否则取值为 0，γ 为对应门槛估计值，ε_{it} 为随机误差项，服从独立同分布，且与 X_{it} 不相关。在初步得到门槛值之后，需要进行显著性检验，并进一步确定其门槛值的置信区间。

第四节　变量设定与数据来源

一、变量设定

（一）被解释变量

本章主要探究地方互联网发展水平对旅游业全要素生产率的影响。前文通过构建指标体系，将旅游业全要素生产率进一步分解为旅游业技术进步、旅游业技术效率、旅游业纯技术效率、旅游业规模效率。本书线性回归被解释变量为 DEI-MI 方法计算的 2006~2016 年中国 31 个省份的旅游业全要素生产率（TTFP）、旅游业技术进步指数（TTECH）、旅游业技术效率指数（TEFF）。基于线性回归结果，门槛回归的被解释变量主要为 2006~2016 年中国 31 个省份的旅游业全要素生产率、旅游业技术进步指数。

（二）核心解释变量和门槛变量

本章线性回归的核心解释变量为运用全局主成分分析方法计算的 2006~2016 年中国 31 个省份的互联网发展水平指数。线性回归中的工具变量为电信业务量（TELCOM），考虑到电信业务总量。门槛回归中的门槛变量和核心解释变量为同

一变量，均为2006~2016年中国31个省份的互联网发展水平指数。同时为了进行稳健性检验，借鉴现有研究基础选择互联网普及规模（ISCA）作为互联网发展水平指数的代理变量进行门槛回归。

（三）控制变量

为了保证回归结果的可比性，线性回归和门槛回归控制变量的选取为减少因遗漏变量而造成的估计偏差，借鉴郭家堂和骆品亮（2016）、张家平等（2018）的研究成果，均选定与地区经济发展和地区旅游业生产率高度相关的变量进行控制：政府支出（GOV），采用政府财政支出占地区GDP比重表征；贸易依存度（TRA），选用31个省份的进出口贸易占GDP比重进行衡量，其中进出口总额数据按照当年人民币对美元的平均汇率换算成人民币；第三产业发展水平（SER），选择地区第三产业GDP占总GDP的比重进行量化；省际教育投入年限（EDU），通过测算人均受教育年限[①]进行衡量；城镇化水平（URB），运用各省际城镇人口与人口总数比值进行衡量；专利授权水平（PAT）为各省际百万人口中拥有授权专利的数量。

二、数据来源

本章实证研究数据以2006~2016年中国31个省份的面板数据为主，被解释变量、核心解释变量和控制变量的描述性统计结果如表6-14所示。在表6-14中，统计了变量的观测值、平均值、标准值、最小值和最大值，并对其含义的单位进行了描述。本书被解释变量旅游业全要素生产率（TTFP）、旅游业技术进步指数（TTECH）、旅游业技术效率指数（TEFF）均来自本书第五章的测算结果；核心解释变量及门槛解释变量1为基于本书第四章全局主成分分析法测算的中国31个省份的互联网发展指数；门槛解释变量2为中国省份的互联网普及率（ISCA），数据来源于中国互联网信息中心（CNNIC）发布的2006~2016年《中国互联网络发展状况统计报告》；电信业务量（TELCOM）、政府支出（GOV）、贸易依存度（TRA）、第三产业发展水平（SER）、城镇化水平（URB）、专利授权水平（PAT）均选取来自中国经济信息网的相关数据进行测算；省际教育投入年限（EDU）则运用国家统计局以及劳动和社会保障部公布的各省份不同受教育年限劳动者人数等相关数据进行测算。

① 数据来自手动计算，采用国家统计局以及劳动和社会保障部公布的各省份不同受教育年限劳动者人数占比计算而得。具体的计算标准是：小学=6年，初中=9年，高中=12年，大专及以上=16年。

表 6-14 变量描述性统计分析

变量类型	变量	变量含义	观测值	平均值	标准值	最小值	最大值
被解释变量	TTFP	旅游业全要素生产率	341	1.1584	0.5702	0.2480	3.7260
	TTECH	旅游业技术进步指数	341	1.1348	0.4556	0.2610	3.5680
	TEFF	旅游业技术效率指数	341	1.0202	0.2399	0.3940	2.8940
核心解释变量 门槛解释变量 1	INT	互联网发展指数	341	0.5884	0.1115	0.3630	0.9740
门槛解释变量 2	ISCA	互联网普及规模	341	0.3646	0.1774	0.0380	0.7780
工具变量	TELCOM	电信业务量	341	611.1116	554.9827	20.39	4175.3800
控制变量	GOV	政府支出	341	0.2487	0.1908	0.0204	1.3781
	TRA	贸易依存度	341	0.3133	0.3845	0.0321	1.7843
	SER	第三产业发展水平	341	0.4199	0.0902	0.2860	0.8020
	EDU	教育水平	341	8.6713	1.0550	5.1680	12.3040
	URB	城镇化水平	341	0.5201	0.1453	0.2105	0.8960
	PAT	专利水平	341	5.8016	8.2809	0.1771	46.2853

第五节 实证分析

一、线性相关分析

基于前文的理论分析和数据描述，在不考虑门槛效应的情况下，首先将互联网对中国旅游业全要素生产率的线性关系作为对照组。本书运用 F 检验和 Hausman 检验发现在 1%的显著性水平下拒绝随机效应估计结果，因此本书采用固定效应模型进行回归估计，主要对制造业企业从省份（Province）和年份（Year）两个方面进行控制。其次运用动态面板固定效应考察中国省际互联网发展指数对旅游业全要素生产率的影响，使用面板数据最小二乘法对运用 DEA-MI 方法计算的旅游业全要素生产率 TTFP 进行基准回归。同时为了考察区域差异，基于我国四大经济区域分类①，考虑本研究样本的均衡性，将我国四大经济区域中的东北

① 根据《中共中央国务院关于促进中部地区崛起的若干意见》、《国务院发布关于西部大开发若干政策措施的通知》以及党的十六大报告精神，目前对中国四大经济区域的划分如下：东北地区：辽宁省、吉林省、黑龙江省；东部地区：北京市、天津市、河北省、上海市、江苏省、浙江省、福建省、山东省、广东省、海南省；中部地区：山西省、安徽省、江西省、河南省、湖北省、湖南省；西部地区：内蒙古自治区、广西壮族自治区、重庆市、四川省、贵州省、云南省、西藏自治区、陕西省、甘肃省、青海省、宁夏回族自治区、新疆维吾尔自治区。

地区和东部地区进行合并，主要通过差异回归实证分析中国互联网发展水平对东部、中部、西部地区旅游业全要素生产率的影响差异。

（一）基准回归

在表 6-15 控制相关变量之后，第一列和第二列最小二乘法估计结果分别显示了中国省际互联网发展水平对旅游业全要素生产率、技术进步在 1%的水平上有显著正影响，对技术效率的影响不显著。具体来说，若中国省际互联网发展水平提高 1%，那么旅游业全要素生产率将提升 2.698%、旅游业技术进步提升 3.251%。中国省际互联网发展水平对旅游业技术效率的作用为负，但是不显著，表明在样本期间中国省际互联网发展水平对旅游业技术效率可能存在负向影响，一定程度上造成效率低下。

总之，在控制了省际政府支出、贸易依存度、第三产业发展水平、专利水平、城镇化水平、人均教育程度等变量后，在控制变量符号基本符合预期的情况下，中国省际互联网发展水平对旅游业全要素生产率具有显著的促进作用，具体来说主要通过对旅游业技术进步的影响发挥作用。

表 6-15　基准回归：互联网发展水平与旅游业全要素生产率

变量	(1)	(2)	(3)
	lnTTFP	lnTTECH	lnTEFF
lnINT	2.698*** (0.766)	3.251*** (0.640)	-0.553 (0.532)
lnGOV	0.139 (0.130)	0.083 (0.108)	0.056 (0.090)
lnTRA	0.010 (0.088)	0.100 (0.073)	-0.090 (0.061)
lnSER	0.699** (0.312)	0.639** (0.261)	0.061 (0.217)
lnEDU	0.337 (0.494)	-0.032 (0.413)	0.370 (0.343)
lnURB	0.932 (0.578)	0.460 (0.484)	0.472 (0.402)
lnPAT	0.046 (0.086)	-0.056 (0.072)	0.103* (0.060)
Constant	2.449* (1.271)	3.279*** (1.064)	-0.832 (0.884)
Observations	341	341	341

续表

变量	(1)	(2)	(3)
	lnTTFP	lnTTECH	lnTEFF
R-squared	0. 556	0. 606	0. 210
Number of region	31	31	31

注：表中数据来源于Stata13的计算结果；运算中对标准差进行了聚类调整处理；括号内数据为t值；***、**、*分别表示在1%、5%、10%的水平上显著性；如无特殊说明，下表均如此。

（二）稳健性检验

考虑到动态面板数据可能存在双向因果关系内生性，本书采用了IV-GMM估计方法解决双向因果问题。借鉴郭家堂和骆品亮（2016）的研究结论，考虑前文回归结果，互联网发展对旅游业技术效率的影响不显著，稳健性检验主要考察互联网发展对旅游业全要素生产率及旅游业技术进步的影响。首先，将中国省际互联网发展指数的一阶滞后变量作为核心解释变量分别对旅游业全要素生产率（TTFP）、旅游业技术进步（TECH）进行回归。其次，由于固定效应模型（FE）难以解决内生性问题，本部分通过选取合适工具变量解决内生性问题。从中国省际互联网发展相关的可用度量指标来看，剔除前文测算互联网发展指数所使用的变量后，考虑运用中国省际电信业务量（TELCOM）作为工具变量进行稳健性检验解决内生性问题。

表6-16中分别列示了运用系统GMM对滞后一阶变量和工具变量的回归结果。第1列至第4列分别显示了省际互联网发展指数的一阶滞后项作为工具变量对TTFP和TTECH的回归结果，与基准回归结果基本一致，中国省际互联网发展水平对旅游业全要素生产率、技术进步在1%的水平上有显著正影响，回归系数分别为3. 772和3. 850。第3列至第4列显示了以中国省际电信业务量作为工具变量进行回归的结果，中国省际互联网发展水平对旅游业全要素生产率（TTFP）、旅游业技术进步（TECH）在1%的水平上有显著正影响，回归系数分别为12. 022和9. 597。同时为了验证工具变量的适用性，进行了弱工具变量检验和过度识别检验，所选中国省际电信业务量作为工具变量是适合的。

表6-16　稳健性检验：滞后期回归和工具变量回归

变量	(1~3) 滞后期 (IV-GMM)			(4~6) 电信业务量 (IV-GMM)		
	lnTTFP	lnTTECH	lnTEFF	lnTTFP	lnTTECH	lnTEFF
lnINT	3. 772*** (1. 145)	3. 850*** (0. 956)	-0. 077 (0. 794)			

续表

变量	(1~3) 滞后期 (IV-GMM)			(4~6) 电信业务量 (IV-GMM)		
	lnTTFP	lnTTECH	lnTEFF	lnTTFP	lnTTECH	lnTEFF
lnTELCOM				12.022*** (2.699)	9.597*** (2.116)	2.425 (1.587)
lnGOV	0.119 (0.128)	0.072 (0.107)	0.047 (0.088)	-0.035 (0.165)	-0.035 (0.129)	0.000 (0.097)
lnTRA	0.028 (0.087)	0.110 (0.072)	-0.082 (0.060)	0.166 (0.115)	0.207** (0.090)	-0.040 (0.067)
lnSER	0.584* (0.319)	0.575** (0.266)	0.010 (0.221)	-0.300 (0.467)	-0.041 (0.366)	-0.259 (0.274)
lnEDU	0.367 (0.483)	-0.016 (0.403)	0.383 (0.335)	0.595 (0.605)	0.143 (0.474)	0.452 (0.356)
lnURB	0.607 (0.623)	0.279 (0.520)	0.328 (0.432)	-1.887* (1.040)	-1.459* (0.815)	-0.428 (0.612)
lnPAT	0.025 (0.086)	-0.068 (0.071)	0.093 (0.059)	-0.141 (0.116)	-0.183** (0.091)	0.043 (0.068)
Constant	2.621** (1.284)	3.376*** (1.072)	-0.755 (0.891)	3.945** (1.643)	4.298*** (1.288)	-0.354 (0.966)
Observations	341	341	341	341	341	341
R-squared	0.552	0.605	0.217	0.306	0.459	0.215
Number of region	31	31	31	31	31	31

（三）差异性分析

前文已论证了互联网对旅游业全要素生产率具有显著促进作用，接下来本书要讨论上述影响是否在不同发展程度的国家之间存在差异？为了考察中国互联网发展对区域旅游业全要素生产率的影响差异，本书将中国 31 个省份分为东部、中部、西部地区进行差异回归分析。表 6-17 中列示了中国省际互联网发展对东部、中部、西部地区旅游业全要素生产率和技术进步水平的回归结果。结果显示，互联网对东部、中部、西部地区旅游业全要素生产率的影响均在 1%的水平上显著为正。具体来说，以旅游业全要素生产率为被解释变量，东部、中部、西部地区互联网变量回归系数分别为 2.161、8.334、7.295，进一步以旅游业全要素生产率组成部分旅游业技术进步指数为被解释变量，东部、中部、西部地区互联网变量回归系数分别为 3.446、4.760、5.297。

表 6-17 差异回归结果：东部、中部、西部地区

变量	(1) 东部	(2) 中部	(3) 西部	(4) 东部	(5) 中部	(6) 西部
	lnTTFP	lnTTFP	lnTTFP	lnTTECH	lnTTECH	lnTTECH
lnINT	2.161** (0.881)	8.334** (3.145)	7.295*** (1.548)	3.446*** (0.692)	4.760** (1.926)	5.297*** (1.318)
lnGOV	0.012 (0.112)	3.069** (1.203)	0.403 (0.584)	-0.041 (0.088)	1.571* (0.782)	-0.159 (0.471)
lnTRA	-0.146 (0.208)	-0.103 (0.213)	0.166 (0.146)	0.061 (0.163)	-0.113 (0.129)	0.269** (0.115)
lnSER	0.403 (0.462)	0.750 (0.599)	0.402 (0.658)	0.046 (0.363)	0.811** (0.379)	0.788 (0.518)
lnEDU	1.978** (0.791)	3.589*** (1.133)	0.470 (0.719)	2.530*** (0.621)	1.721** (0.818)	-0.967 (0.655)
lnURB	-0.412 (1.055)	-2.156 (3.196)	2.241 (1.367)	-1.543* (0.827)	-0.824 (1.896)	2.589** (1.086)
lnPAT	0.328** (0.137)	-0.051 (0.162)	-0.113 (0.172)	0.154 (0.107)	-0.063 (0.099)	-0.275** (0.136)
Constant	-3.975** (1.873)	1.208 (3.092)	6.733*** (2.390)	-5.150*** (1.469)	1.929 (1.868)	8.983*** (1.896)
Observations	143	66	132	143	66	132
R-squared	0.484	0.837	0.553	0.568	0.930	0.662
Number of region	13	6	12	13	6	12

总的来说，差异回归的结果显示了互联网发展水平不同对地区旅游业全要素生产率的影响存在明显差异。无论是对旅游业全要素生产率，还是对其细分项旅游业技术进步指数，互联网对其影响都显示了东部弱、中西部强的趋势，这一结果与张家平等（2018）考察互联网对经济增长的地区差异结果具有一致性。互联网对东部发达省份旅游业全要素生产率的影响并没有强于中西部地区，该研究结论在一定程度上说明了进一步对互联网与旅游业全要素生产率进行门槛回归的必要性。

二、门槛回归分析

本书基于互联网发展水平指标与旅游业全要素生产率的非线性假设，采用门槛面板回归模型，分析地方互联网发展水平对旅游业全要素生产率的影响或作用可能存在的变化特征。在进行门槛模型回归之前，首先需要设定门槛变量，进行

门槛效应检验。其次进行门槛模型估计，确定门槛估计值，并根据门槛值将总样本划分为不同的子样本进行回归分析。最后通过回归估计出不同样本区间内门槛变量对被解释变量的系数，进一步分析产生变化的内在原因。

（一）门槛效应检验

本书利用自抽样方法，分别检验单一门槛、双重门槛和三重门槛假设下模型的显著性水平，从而确定门槛个数。面板数据处理采用 Stata 13.1 软件，其中自抽取设定 1000 次，分组子样本异常值去除比例为 5%，将样本分成 100 个栅格后取 100 个中间参数，采用稳健标准差的 OLS 估计结果。表 6-18 显示：以省际旅游业全要素生产率（TTFP）、旅游业技术进步指数（TTECH）为被解释变量，选择省际互联网发展水平（INT）为核心解释变量和门槛变量，互联网发展水平（INT）对旅游业全要素生产率、旅游业进步指数均存在双重门槛效应，分别在 10%和 5%的水平上显著；以省际旅游业技术效率指数为（TEFF）被解释变量，选择省际互联网发展水平（INT）为核心解释变量和门槛变量，互联网发展水平（INT）对旅游业技术效率的影响不显著，即不具有门槛效应。

表 6-18　门槛效应检验结果

被解释变量	门槛变量	门槛模型	F 值	P 值	10%临界值	5%临界值	1%临界值
TTFP	INT	单一门槛	18.8400**	0.0300	15.6960	17.9404	24.5326
		双子门槛	4.0600*	0.0880	14.3556	18.0118	29.5298
		三重门槛	4.2400	0.7880	13.3408	15.9239	16.7379
TTECH		单一门槛	21.2800**	0.0400	16.8963	19.2967	29.4524
		双重门槛	4.0620**	0.0410	7.3709	8.0760	11.7133
		三重门槛	3.6200	0.9300	12.8709	13.5048	19.2081
TEFF		单一门槛	2.4300	0.8600	8.4833	11.6307	17.9789
		双重门槛	2.8300	0.7400	6.9091	8.0106	9.6361
		三重门槛	6.4900	0.2400	9.8204	10.7882	12.9819

具体来看，在表 6-19 中，以省际旅游业全要素生产率（TTFP）为被解释变量，互联网发展水平（INT）在 5%的显著水平下存在两个门槛值，分别为 0.502 和 0.708，置信区间［0.4985，0.5030］和［0.6950，0.7110］处于合理有效范围内；以省际旅游业全要素生产率（TTFP）、旅游业技术进步指数（TTECH）为被解释变量，互联网发展水平（INT）在 5%的显著水平下存在两个门槛值，分别为 0.546 和 0.680，置信区间［0.5410，0.5470］和［0.6770，0.6820］合理且适宜。

表 6-19　门槛值估计结果

被解释变量	门槛变量	门槛值 R1		门槛值 R2	
		估计值	置信区间	估计值	置信区间
TTFP	INT	0.502	[0.4985, 0.5030]	0.708	[0.6950, 0.7110]
TTECH		0.546	[0.5410, 0.5470]	0.680	[0.6770, 0.6820]

根据以上互联网发展水平的门槛值，将互联网发展水平分为三个区间，2006~2016 年中国 31 个省份的互联网发展水平的分布情况如表 6-20 所示。2006~2016 年，中国各省际互联网发展水平有了较大幅度提高，以旅游业全要素生产率（TTFP）为被解释变量、互联网发展水平（INT）为门槛变量，2006 年大多数省际互联网发展水平处于第一区间内，2016 年中国 31 个省份的互联网发展水平均处于第二区间和第三区间。

表 6-20　互联网发展水平不同门槛区间所涵盖地区数量（TTFP）

被解释变量	INT	2006 年	2007 年	2008 年	2009 年	2010 年	2011 年	2012 年	2013 年	2014 年	2015 年	2016 年
TTFP	低水平	25	22	6	4	4	0	0	0	0	0	0
	中水平	5	7	23	25	24	28	26	25	25	24	24
	高水平	1	2	2	2	3	3	5	6	6	7	7
	合计	31	31	31	31	31	31	31	31	31	31	31
TTECH	低水平	28	25	22	19	19	11	4	2	0	0	0
	中水平	2	4	7	9	9	15	22	22	23	22	23
	高水平	1	2	2	3	3	5	5	7	8	9	8
	合计	31	31	31	31	31	31	31	31	31	31	31

表 6-21 中显示了 2006 年、2011 年、2016 年互联网发展水平对旅游业全要素生产率（TTFP）、旅游业技术进步指数（TTECH）影响的不同门槛区间涵盖的地区分布情况。以旅游业全要素生产率为被解释变量，2006~2016 年，处于互联网发展水平中高门槛区间的地区逐渐增加，2011 年，中国 31 个省份均达到中高水平门槛区间，也就是说此时互联网对所有地区的旅游业全要素生产率均起到显著的促进作用。2006 年，处于互联网高水平门槛区间的仅有北京一个地区，2016 年增加为北京、上海、江苏、浙江、福建、山东、广东七个地区。以旅游业技术进步指数（TTECH）作为被解释变量，2006~2016 年，进入互联网发展水平中高门槛区间的地区增加速度低于以旅游业全要素生产率为被解释变量的情

形，也就是说，旅游业技术进步对互联网发展水平有更高的门槛要求。2014年，中国31个省份均达到中高水平门槛区间，2016年，北京、天津、上海、江苏、浙江、福建、山东、广东八个地区处于高水平门槛区间。总的来说，互联网发展处于高水平门槛的地区主要集中在东部地区，样本涵盖期间内中西部地区互联网发展水平也有了较大提升。

表6-21　基于TTFP和TTECH的互联网发展水平（INT）门槛值的省际情况

被解释变量	INT	2006年	2011年	2016年
TTFP	低水平	河北、山西、内蒙古、辽宁、吉林、黑龙江、安徽、福建、江西、山东、河南、湖北、湖南、广西、海南、重庆、四川、贵州、云南、西藏、陕西、甘肃、青海、宁夏、新疆		
	中水平	天津、上海、江苏、浙江、广东	天津、河北、山西、内蒙古、辽宁、吉林、黑龙江、江苏、浙江、安徽、福建、江西、山东、河南、湖北、湖南、广西、海南、重庆、四川、贵州、云南、西藏、陕西、甘肃、青海、宁夏、新疆	天津、河北、山西、内蒙古、辽宁、吉林、黑龙江、安徽、江西、河南、湖北、湖南、广西、海南、重庆、四川、贵州、云南、西藏、陕西、甘肃、青海、宁夏、新疆
	高水平	北京	北京、上海、广东	北京、上海、江苏、浙江、福建、山东、广东
TTECH	低水平	天津、河北、山西、内蒙古、辽宁、吉林、黑龙江、江苏、浙江、安徽、福建、江西、山东、河南、湖北、湖南、广西、海南、重庆、四川、贵州、云南、西藏、陕西、甘肃、青海、宁夏、新疆	黑龙江、江西、贵州、云南、西藏、甘肃、青海、宁夏、新疆、广西、海南	
TTECH	中水平	上海、广东	天津、河北、山西、内蒙古、辽宁、吉林、安徽、福建、山东、河南、湖北、湖南、重庆、四川、陕西	河北、山西、内蒙古、辽宁、吉林、黑龙江、安徽、江西、河南、湖北、湖南、广西、海南、重庆、四川、贵州、云南、西藏、陕西、甘肃、青海、宁夏、新疆
	高水平	北京	北京、上海、江苏、浙江、广东	北京、天津、上海、江苏、浙江、福建、山东、广东

（二）门槛回归结果分析

在门槛回归中，将解释变量和门槛变量均设置为中国省际互联网发展指数，反映随着互联网发展水平的变化，当超过某一互联网发展水平（门槛值）时，将对被解释变量旅游业全要素生产率的作用或影响会发生显著变化，探讨被解释变量对解释变量的非线性门槛效应。

中国省际互联网发展水平对旅游业全要素生产率及旅游业进步指数影响的门槛效应回归结果，如表 6-22 所示。研究结果表明，互联网发展处于低水平（INT≤0.502）时，互联网发展水平（INT）对旅游业全要素生产率的系数为 1.268，但不显著，说明当互联网发展水平低于一定的水平时，对旅游业全要素生产率的促进作用不显著；互联网发展处于中水平（0.502<INT≤0.708）时，互联网发展水平（INT）对旅游业全要素生产率的系数为 1.624，在 5%的水平上显著为正，说明当互联网发展水平达到一定的水平时，对其旅游业全要素生产率产生显著的促进作用，门槛效应开始显现；互联网发展处于高水平（0.708<INT）时，互联网发展水平（INT）对旅游业全要素生产率的系数为 1.405，在 10%的水平上显著为正，但回归系数小于 1.624，说明互联网对旅游业全要素生产率水平的作用也不是无穷限的，当互联网发展超过一定的水平时，对旅游业全要素生产率增长的作用会出现递减趋势。

表 6-22　中国省际互联网发展对旅游业全要素生产率的固定效应和门槛估计结果

变量	固定效应模型		门槛回归模型	
	lnTTFP	LnTTECH	lnTTFP	lnTTECH
INT	1.023* (0.545)	2.485*** (0.515)		
lnGOV	0.165** (0.076)	0.053 (0.104)	0.091 (0.090)	-0.105 (0.147)
lnTRA	-0.032 (0.051)	0.106 (0.070)	-0.200*** (0.054)	0.379*** (0.091)
lnSER	-0.031 (0.188)	0.348 (0.259)	0.741*** (0.190)	-0.367 (0.305)
lnEDU	0.987*** (0.272)	-0.005 (0.373)	0.458 (0.302)	0.977** (0.488)
lnPAT	-0.008 (0.048)	-0.080 (0.066)	0.038 (0.053)	-0.371*** (0.088)

续表

变量	固定效应模型		门槛回归模型	
	lnTTFP	LnTTECH	lnTTFP	lnTTECH
lnUBR	2.557*** (0.317)	0.317 (0.467)	2.452*** (0.407)	-0.556 (0.648)
INT（INT≤0.502）			1.268 (0.838)	
INT（0.502<INT≤0.708）			1.624** (0.803)	
INT（0.708<INT）			1.405* (0.766)	
INT（INT≤0.546）				2.511** (1.180)
INT（0.546<INT≤0.680）				3.266*** (1.144)
INT（0.680<INT）				3.610*** (1.075)
Constant			0.266 (0.856)	-3.758*** (1.404)
Observations	341	341	341	341
Number of region	31	31	31	31
R-squared	0.846	0.634	0.780	0.224

互联网发展处于低水平（INT≤0.546）时，互联网发展水平（INT）对旅游业技术进步指数的系数为2.511，在5%的水平上显著为正，互联网作为一种新兴技术，在导入初期对旅游业全要素生产率的促进作用就开始显现；互联网发展处于中水平（0.546<INT≤0.680）时，互联网发展水平（INT）对旅游业技术进步指数的系数为3.266，在1%的水平上显著为正；互联网发展处于高水平（0.680<INT）时，互联网发展水平（INT）对旅游业技术进步的系数为3.610，在1%的水平上显著为正。以上结果显示随着互联网发展水平的提高，其作用系数高于互联网发展处于低水平时其对旅游业技术进步的作用，原因可能在于当互联网作为一种技术投入，其发展水平的提高意味着技术进步，对旅游业技术进步存在显著的促进作用，但是互联网发展水平不同对旅游业技术进步促进程度存在阶段性差异。

（三）稳健性检验

为了进一步验证门槛回归的结论，选用如下方法来进行稳健性分析：首先，以互联网普及率（ISCA）代替互联网发展水平指数进行固定效应回归作为对照组。其次，运用互联网普及率代替互联网发展水平指数进行门槛回归。参照前文的方法，分别将旅游业全要素生产率、旅游业技术进步指数作为被解释变量，以互联网普及率为门槛变量进行单一门槛、双重门槛和三重门槛检验。在表 6-23 中，检验结果与前文以互联网发展水平（INT）为门槛变量的检验结果基本一致，互联网普及率对旅游业全要素生产率和旅游业技术进步指数的影响存在双重门槛效应，分别在 5%和 10%的水平上显著。

表 6-23　门槛效应检验结果

被解释变量	门槛变量	门槛模型	F 值	p 值	10%临界值	5%临界值	1%临界值
TTFP	ISCA	单一门槛	11.5300	0.0270	17.2401	18.4980	23.4373
		双重门槛	15.8100	0.0500	11.6813	15.5198	26.9365
		三重门槛	15.7200	0.7400	46.8753	50.2520	83.6161
TTECH		单一门槛	16.5100	0.0000	9.3303	10.2931	13.5574
		双重门槛	4.2100	0.0700	13.2865	16.8510	32.7015
		三重门槛	3.4500	0.9200	14.4580	16.5388	33.2580

具体来说，在表 6-24 中，以省际旅游业全要素生产率（TTFP）为被解释变量，互联网普及率为核心解释变量和门槛变量时，互联网普及率在 5%的显著水平下存在两个门槛值，分别为 0.164 和 0.506。进一步以省际旅游业技术进步指数（TTECH）为被解释变量，选择互联网普及率（ISCA）为核心解释变量和门槛变量时，互联网普及率在 5%的显著水平下存在两个门槛值，分别为 0.347 和 0.604。

表 6-24　门槛值估计结果

被解释变量	门槛变量	门槛值 R1		门槛值 R2	
		估计值	置信区间	估计值	置信区间
TTFP	ISCA	0.164	[0.1565，0.1660]	0.506	[0.4990，0.5070]
TTECH		0.347	[0.3460，0.3490]	0.604	[0.6000，0.6080]

研究结果表明，在表 6-25 中，互联网普及率处于低规模（ISCA≤0.164）

时，互联网普及率（ISCA）对旅游业全要素生产率的系数为0.890，但不显著；互联网普及率处于中等规模（0.164<ISCA≤0.506）时，互联网普及率（ISCA）对旅游业全要素生产率的系数为0.732，在5%的水平上显著为正，说明当互联网发展达到一定的水平时，对旅游业全要素生产率产生显著的促进作用；互联网发展处于高水平（0.506<ISCA）时，互联网发展水平（ISCA）对旅游业全要素生产率的系数为1.173，在1%的水平上显著为正。

表6-25　稳健性检验：固定效应对照组和工具变量回归

变量	固定效应模型		门槛回归模型	
	lnTTFP	lnTTECH	lnTTFP	lnTTECH
ISCA	1.284*** (0.263)	1.521*** (0.378)		
lnGOV	0.151** (0.073)	0.092 (0.105)	0.151* (0.086)	0.136 (0.123)
lnTRA	0.011 (0.050)	0.096 (0.071)	-0.137** (0.054)	0.048 (0.084)
lnSRE	-0.152 (0.180)	0.455* (0.259)	0.413** (0.183)	1.014*** (0.293)
lnEDU	0.628** (0.273)	-0.149 (0.393)	0.356 (0.295)	1.406*** (0.419)
lnPAT	-0.057 (0.046)	-0.046 (0.066)	-0.068 (0.052)	0.063 (0.080)
lnURB	2.121*** (0.320)	0.614 (0.459)	2.638*** (0.389)	1.986*** (0.566)
ISCA（ISCA≤0.164）			0.890 (0.600)	
ISCA（0.164<ISCA≤0.506）			0.732** (0.331)	
ISCA（0.506<ISCA）			1.173*** (0.331)	
ISCA（ISCA<0.347）				0.852* (0.913)
ISCA（0.347<ISCA≤0.604）				1.393** (0.699)
ISCA（0.604<ISCA）				1.851*** (0.577)

续表

变量	固定效应模型		门槛回归模型	
	lnTTFP	lnTTECH	lnTTFP	lnTTECH
Constant	-0.294 (0.692)		1.204 (0.765)	-1.241 (1.127)
Observations	341	341	341	341
Number of region	31	31	31	31
R-squared	0.856	0.624	0.791	0.498

互联网普及率处于低规模（ISCA≤0.347）时，互联网发展水平（ISCA）对旅游业技术进步的系数为0.852，在10%的水平上显著为正；互联网发展处于中水平（0.347<ISCA≤0.604）时，互联网发展水平（ISCA）对旅游业技术进步指数的系数为1.393，在5%的水平上显著为正；互联网发展处于高水平（0.604<ISCA）时，互联网发展水平（ISCA）对旅游业全要素生产率的系数为1.851，在1%的水平上显著为正。

总的来说，考虑固定效应对照组、工具变量后，稳健性检验结果与前文回归的结果一致，表明前文的论证结果稳健。

第六节　本章小结

本章首先作为门槛回归的对照组，考察互联网与旅游业全要素生产率增长的线性相关关系。其次对门槛效应进行了检验。在确定了门槛值后，使用面板门槛模型，实证分析省际互联网发展水平对旅游业全要素生产率增长的门槛效应。同时，选择省际互联网发展水平的代理变量进行稳健性检验。研究结果发现：

第一，从线性回归结果来看，若中国省际互联网发展水平提高1%，旅游业全要素生产率将提升2.698%，旅游业技术进步提升3.251%。中国省际互联网发展水平对旅游业技术效率的作用为负，但是不显著，表明在样本期间中国省际互联网发展水平对旅游业技术效率可能存在负向影响，在一定程度上造成效率低下。在控制了省际政府支出、贸易依存度、第三产业发展水平、专利水平、城镇化水平、人均教育程度等变量之后，在控制变量符号基本符合预期的情况下，中国省际互联网发展水平对旅游业全要素生产率具有显著的促进作用，具体来说，主要通过对旅游业技术进步的影响发挥作用。

第二，从门槛检验结果来看，以省际旅游业全要素生产率（TTFP）为被解

释变量，省际互联网发展水平（INT）在5%的显著水平下存在两个门槛值，分别为0.502和0.708；以省际旅游业全要素生产率（TTFP）、旅游业技术进步指数为被解释变量，互联网发展水平（INT）在5%的显著水平下存在两个门槛值，分别为0.546和0.680。表明省际互联网水平对旅游业全要素生产率存在显著的门槛效应，并且主要通过旅游业技术进步产生影响。

第三，从门槛回归结果来看，互联网发展处于低水平（INT≤0.502）时，互联网发展水平（INT）对旅游业全要素生产率的系数为1.268，但不显著；互联网发展处于中水平（0.502<INT≤0.708）时，互联网发展水平（INT）对旅游业全要素生产率的系数为1.624，在5%的水平上显著为正；互联网发展处于高水平（0.708<INT）时，互联网发展水平（INT）对旅游业全要素生产率的系数为1.405，在10%的水平上显著为正。互联网发展处于低水平（INT≤0.546）时，互联网发展水平（INT）对旅游业技术进步的系数为2.511，在5%的水平上显著为正；互联网发展处于中水平（0.546<INT≤0.680）时，互联网发展水平（INT）对旅游业技术进步指数的系数为3.266，在1%的水平上显著为正；互联网发展处于高水平（0.680<INT）时，互联网发展水平（INT）对旅游业技术进步的系数为3.610，在1%的水平上显著为正。

综上所述，对于旅游业全要素生产率来说，当互联网发展低于一定水平时，对旅游业全要素生产率的促进作用不显著。原因在于：在互联网发展水平为低规模区间的起步阶段，互联网作为一种新兴技术和基础设施对旅游业全要素生产率的正向促进作用并不显著；当互联网发展达到一定水平时，对旅游业全要素生产率产生显著的促进作用，门槛效应开始显现。但是互联网发展的网络效应也并非是无穷的，当互联网发展水平超过一定水平时，互联网发展对旅游业全要素生产率增长的作用会出现递减趋势。对于旅游业技术进步来说，随着互联网发展水平的提高，其作用系数高于互联网发展处于低水平时其对旅游业技术进步的作用。原因在于：当互联网作为一种技术投入，其自身发展水平的提高意味着技术进步，对旅游业技术进步存在显著的促进作用，但是互联网发展水平不同对旅游业技术进步促进程度存在阶段性差异。

第七章　结论与展望

为探寻互联网驱动旅游业发展的理论与现实依据，本书围绕互联网与双边旅游贸易、GVC 中国旅游贸易、中国旅游业全要素生产率的理论与实证研究展开，较为系统地对互联网影响旅游贸易、旅游业全要素生产率的理论机理进行了探讨，并进行一系列较为全面的实证研究。本章通过对本书的研究主要结论和政策建议进行梳理和总结，进一步发现和提出研究不足，对未来需要深入研究的方向进行展望。

第一节　研究结论

一、互联网与中国旅游业发展存在明显区域差异

首先，互联网发展在不同地区之间存在较大异质性。从四大经济区域来看，近年来东北地区三个省份互联网综合发展水平的增长速度普遍缓慢，呈现“基础较差，增长慢”的特点；东部地区互联网综合发展水平的增长率处于“两极分化”的状态，既有增长最快的也有增长最慢的，其中北京具有“基础好，增长相对较慢”特点，广东则属于“基础较好，增长迅速”的类型；中部地区的增长速度比较符合“中庸之道”，无论是发展基础还是增长速度，都处于“不快不慢，不缓不急”的状态；西部地区总体上来说互联网综合发展水平较低。从互联网综合发展水平的平均值来看，北京、上海、广州仍占据前三名的位置，引领中国省际互联网发展。总的来说，2006~2016 年中国 31 个省份的互联网综合发展水平均不断提升，各地互联网发展的宏观环境不断改善，互联网基础设施、普及率和应用水平得到较大提升，我国近年来一系列助推互联网普及和发展的政策效应逐步显现，但互联网发展水平在不同省际与区域之间仍存在明显的差异，并逐

渐成为影响资源配置和经济均衡发展的重要因素。

其次，中国旅游业全要素生产率呈现增长快、不均衡的局面。旅游业全要素生产率的提高是我国旅游业高质量发展的核心问题。通过全面考察中国省际旅游业投入要素和产出要素，对中国31个省份的旅游业全要素生产率测算结果显示：从平均增长率来看，旅游业技术效率、技术进步、纯技术效率和全要素生产率的平均增长率均为正增长，只有技术效率中的规模效率出现负增长。综合来看，旅游业全要素生产率的增长率达到较高水平。从时序变化趋势来看，中国31个省份的年度旅游业技术进步和全要素生产率波动上升，技术效率波动下降。具体来说，旅游业技术效率下降的原因主要在于规模效率下降趋势比较明显。旅游业全要素生产率增长的主要贡献来自旅游业技术进步，规模效率总体上出现下降趋势，这也表明随着外部环境的改变，旅游业经营规模趋于收紧，分工精细化、业态多元化可能是旅游业新特征。从省际层面来看，旅游业全要素生产率及其分解项在各地表现出了明显的差异。2006~2016年，中国26个省份的旅游业全要素生产率出现正增长，主要依托技术进步是共性特征。5个省份出现负增长，主要原因在于旅游业技术进步增长率和技术效率中的规模效率出现了较大负增长，同时与这5个省份的地理区位劣势也有较大关系。总体而言，2006~2016年，中国旅游业全要素生产率有了较大增长，但是地区差异仍然较为明显，造成这种现象的原因更多在于各省旅游业技术进步程度存在明显差异。

二、互联网对双边旅游贸易具有显著的促进作用

互联网发展水平是双边旅游发展的重要决定因素之一。在一定程度上，互联网发展程度越高，更有利于出入境旅游的发展。贸易伙伴国家（地区）之间可搜索的双边网址链接数量越多，表明双边国家（地区）的互联网开放程度越高，更有利于出入境旅游的发展。

第一，从基准回归结果来看，双边网址链接数量增加1%会带动双边旅游贸易量增加0.83%，表明互联网发展会促进双边旅游的发展且具有显著的正向作用。在一定程度上，一国（地区）拥有贸易伙伴国家（地区）双边网址数量越多，表明该国（地区）互联网发展程度越高，更易于出境旅游的发展。贸易伙伴国家（地区）可搜索到本国（地区）的双边网址链接数量越多，表明该国（地区）的互联网开放程度越高，更有利于入境旅游的发展。

第二，从总量和行业分析结果来看，双边网址链接增加1%会带动中国商品贸易量增加0.3%、国际视听服务贸易量增加0.45%、国际金融增加0.55%、总服务贸易量增加0.73%，互联网对国际贸易促进作用存在明显的异质性，相较于商品贸易和其他细分服务行业，双边旅游的发展对于信息获取具有更高的依

赖性。

第三，从地区及发展程度来看，互联网对各地区双边旅游发展均有显著影响，但对经济发展程度不同的地区影响程度存在差异。发达国家（地区）和发展中国家（地区）双边网址链接数量增加 1%分别带动双边旅游贸易量增加 0.71%和 0.59%，表明互联网对发展程度更高地区的双边旅游促进作用更大。具体来说，互联网发展程度高对发达国家（地区）出境旅游的促进作用大于对发展中国家（地区）的促进作用，这主要在于出入境旅游消费需求产生与一国（地区）经济发展水平高度相关，具有一定的经济黏性。

总的来说，从传统贸易角度来看，互联网对双边旅游的发展具有显著的促进作用。互联网对双边旅游贸易发展的影响程度大于对商品贸易和其他细分服务行业的影响；互联网对双边旅游贸易的影响具有较强的外部依赖性，互联网对发展程度更高地区双边旅游贸易的促进作用更大。

三、互联网与全球价值链视角下中国旅游业发展高度相关

通过对全球价值链视角下中国旅游贸易增加值出口进行测度，从全球价值链视角重新计算中美旅游贸易差额，与利用传统旅游贸易总收入计算的差额进行对比研究；基于全球价值链框架对中国旅游贸易垂直专业化程度、GVC 参与度与地位指数进行测算；进一步考察互联网与全球价值链视角下中国旅游业的关系。结论如下：

第一，相对于传统总值贸易逆差，全球价值链分析框架下中美旅游贸易差额缩减 10%~30%。将中美两国旅游贸易置于全球价值链中考虑更接近真实的贸易状况。

第二，全球价值链分析视角下中国旅游贸易增加值出口由“高速增长”走向“稳定增长”。总体来看，2000~2007 年中国旅游产业国内增加值出口（DVA）处于高速增长阶段；2008~2009 年受金融危机影响，中国旅游产业总出口和国内增加值出口（DVA）有小幅度的下降；2010~2014 年，入境旅游在 2010 年出现了“爆发性”增长，2011~2013 年增长比较平稳，2014 年中国旅游业增加值出口达到了一个新的增长点。

第三，我国旅游贸易产品和服务链不断完善。通过产业结构升级，中国旅游产业正在由参与全球价值链中低端向中间环节攀升，并且随着国际生产链的不断延长，中国旅游产业越来越多参与到跨国中间品贸易，产业链不断完善，对国外最终产品的依赖程度减弱，对国外中间产品的依赖增加。

第四，中国旅游业全球价值链位置和参与度程度进一步加深。旅游业在全球价值链中的位置处于中下游，更多以为其他国家提供最终品出口的形式参与到全球价值链中，且地位指数要低于第三产业平均值，高于第二产业；旅游业在全球

价值链中的地位高于第二产业，但是参与度却明显低于第二产业。总的来说，中国旅游业前向参与度比重下降，后向参与度比重有所上升，中国旅游业在全球价值链中的总的参与度指数有所下降。

第五，旅游业全球价值链地位和参与度在我国出口部门中位于中下游。中国旅游业在出口中间品到其他国家方面的竞争力要优于更多的部门，参与全球价值链最终环节对出口最终产品到其他国家的依赖程度变小，说明旅游业出口产品和服务不断完善，结构性改革正在发挥作用，仍有较大的提升空间。

第六，从全球价值链视角下考察互联网与中国旅游贸易的相关性，初步判断互联网对旅游贸易总量的影响是线性相关的，对旅游业竞争力和技术提升的影响可能存在门槛效应。互联网与中国旅游业出口国内增加值、返回国内增加值、出口国外增加值和中间品跨国重复计算部分均存在相关关系。互联网与中国旅游业全球价值链位置和参与度不存在线性相关关系，即可能存在潜在的网络效应。

四、互联网对中国旅游业全要素生产率增长存在门槛效应

基于对互联网与中国省际旅游业全要素生产率的门槛效应考察来看，以省际旅游业全要素生产率（TTFP）为被解释变量，省际互联网发展水平（INT）在5%的显著水平下存在两个门槛值，分别为0.502和0.708；以省际旅游业全要素生产率（TTFP）、旅游业技术进步指数为被解释变量，互联网发展水平（INT）在5%的显著水平下存在两个门槛值，分别为0.546和0.680。表明省际互联网水平对旅游业全要素生产率存在显著的门槛效应，并且主要通过旅游业技术进步产生影响。从互联网对旅游业全要素生产率门槛结果来看，2016年，除了北京、上海、江苏、浙江、福建、山东、广东处于互联网发展高水平区间外，其他24个省份均处于互联网发展中等水平区间。

对于旅游业全要素生产率来说，当互联网发展低于一定的水平时，对旅游业全要素生产率的促进作用不显著。当处于互联网发展低水平区间时，互联网作为一种新兴技术和基础设施，对旅游业全要素生产率的正向促进作用开始显现，但由于互联网发展水平较低，作用还不显著；当互联网发展达到一定水平时，其对旅游业全要素生产率产生显著的促进作用，门槛效应开始显现。但是互联网发展的网络效应也并非是无穷的，当互联网发展超过一定水平时，互联网发展对旅游业全要素生产率增长的作用会出现递减趋势。对于旅游业技术进步来说，随着互联网发展水平的提高，其作用系数高于互联网发展处于低水平时其对旅游业技术进步的作用，原因可能在于当互联网作为一种技术投入，其自身发展水平的提高意味着技术进步，对旅游业技术进步存在显著的促进作用，但是互联网发展水平不同对旅游业技术进步促进程度存在阶段性差异。

第二节　政策启示

在服务业强劲增长的背景下，旅游业已经成为社会投资热点和综合性大产业。互联网、提质增效、旅游业技术进步等相关问题是当前各界关注的热点话题。在互联网发展水平参差不齐和区域旅游业发展不均衡的新环境下，如何通过互联网发展与旅游业贸易发展的深度融合，并进一步推动国内旅游业技术进步，成为亟待解决的现实问题。根据上述结论，可以得到如下政策启示。

一、互联网基础设施建设完善和开放度提高方面的相关启示

新经济时代要求国家建设信息基础设施，互联网的普及可以推动广阔的高能量经济。企业发展也需要改善其信息基础设施融入高速联通的互联网。中国作为全球互联网第一大国，网络基础设施并不能完全匹配市场需求，同时网络基础设施管理能力也有待提升。不同国家的互联网政策会有所差异，在保障将互联网的风险降到最低的同时，适度增加网络开放度政策，有利于将互联网的价值最大化。

第一，互联网基础设施建设完善和普及率提高仍然是促进旅游贸易发展的关键所在。中国互联网普及率由 2006 年的 10.52%提升到 2016 年的 53.40%，[①] 但是相比于发达国家 80%以上的互联网用户比例，还有较大的提升空间。一方面，互联网基础设施是信息经济时代的基本保障。从政策层面要加强旅游业平台化建设，推动旅游信息与互联网服务协同发力。另一方面，要进一步提高互联网的普及率以共享融入全球价值链带来的成本集约和价值提升。完善网络基础工程建设，大力发展以互联网为代表的新兴通信技术。互联网等信息技术的进步提高了信息传输速度与灵活性，为生产环节与高端服务、服务环节与先进制造相结合提供载体，是充分发挥互联网的辐射带动效应的基本前提。

第二，适度增加信息服务市场开放度，促进互联网更深入参与旅游业价值链。要充分利用信息化、智能化手段改造生产方式，政策引导和行业规范监管并行，鼓励互联网技术性研发和突破，积极发挥互联网对中间贸易的促进作用，促进我国旅游业深度参与全球价值链。一是加大信息服务开放力度，有效拓展全球市场，扩大我国作为国际旅游目的地的影响力，重视培育高附加值旅游产品和服

① 资料来源：《中国统计年鉴》（2006~2016 年）。

务，推动我国旅游市场与国际市场接轨，促进我国旅游业深度参与跨国生产过程。二是加强国内相关旅游企业间的信息关联度，协同我国入境旅游核心产品、配套产品供应商和旅游经销商、中介服务机构、地方政府等行为主体，组成灵活敏捷、协同互补的动态旅游价值链体系，全面满足入境旅游市场的差异化需求，有效实现入境旅游价值创造过程的相关环节整合。

二、互联网与双边旅游贸易发展方面的相关启示

在服务贸易强劲增长的背景下，旅游业已经成为社会投资热点和综合性大产业，双边旅游发展及其决定因素的研究具有重要理论意义和现实意义。基于本书以上的研究结果，我们可以得到以下政策启示：

从互联网层面来说，一方面，互联网发展程度越高的国家越有助于本国游客获取目的地国的旅游信息，互联网开放程度高的国家的信息可以更多地被客源国的游客搜索。未来要着力提升客源国对中国相关旅游信息的可搜索性，借助互联网信息的协同聚合作用，为入境旅游的持续增长奠定了基础。另一方面，建立互联网与旅游贸易信息的监控和协调机制。扩大互联网的开放度会伴随着网络信息的安全性问题，在通过互联网媒介提高旅游贸易信息的可获取性的同时，建立好配套的监管和协调机制，出台相关互联网信息安全法等，确保我国的网络环境和相关的信息安全得到保障，使旅游服务贸易发展做到有的放矢。

针对旅游行业的异质性，推动旅游行业互联网信息标准体系建设及“互联网+旅游”的深度融合发展。双边旅游贸易对互联网信息具有更大的依赖性，通过建立涵盖旅游服务企业、旅游资源、监管平台、相关技术支持等在内的旅游产业大数据平台来为互联网开放提供内容支持。同时，鼓励和支持国际旅游网络营销、网络预订、网上支付以及咨询服务等旅游业务发展，推进双边旅游贸易的互联网服务体系建设，提升入境旅游服务效率，实现我国入境旅游总收入的持续增长，推进贸易强国建设。

关于国际合作方面，借助互联网加强中国国际旅游宣传推广，推动建立更多合作联盟（如 WTA），完善旅游宣传推广体系。同时要鼓励和支持旅游行业组织、旅游企业参与国际旅游交流，多方位提升我国作为目的地国的形象。以“一带一路”沿线国家为重点，充分发挥互联网的联动作用，加强沿线国家双边旅游开放合作，形成由近及远、双向互济的国际旅游开放格局。由于双边旅游发展的经济粘性，在推进跨境旅游合作的过程中，尤其是要关注与发达经济体国家之间的互联网旅游信息开放和共享，形成面向全球的双边旅游贸易、服务网络，培育国际旅游合作入境旅游竞争新优势。

三、互联网促进中国旅游业迈向全球价值链中高端方面的相关启示

随着全球国际分工的日益分化，旅游贸易的重心也将从最终产品和服务贸易转移到中间产品和服务贸易。我国正处于对外贸易结构转型升级的关键时期，相对于其他旅游目的地大国来说，中国旅游业位于全球价值链中下游，作为全球旅游目的地的国际竞争优势不明显。与我国其他出口部门相比，我国旅游业全球价值链的参与度和位置处于中下游，旅游贸易主要以提供最终品的形式参与全球价值链贸易。从上述研究结论，可以得到以下启示：

（1）旅游贸易差额核算方法需要进一步优化，以准确评估中国旅游产业出口的贸易差额。传统的旅游贸易的核算方法中“重复”计算部分拉高了中国旅游贸易的“逆差”，在全球价值链核算体系相对成熟的前提下，需要突破旅游产业固有的核算体系，对中国与世界其他国家的旅游贸易差额进行重新核算，使旅游业可以更大程度上在与其他产业部门进行比较。

（2）拓展入境旅游产品和服务链的长度，推动中国旅游业更深入地参与GVC。入境旅游产品和服务的多元化、中国入境旅游产品和服务链的延长是从根本上增加旅游产业的国际竞争力的有效途径。鼓励旅游行业内小企业和非正式部门的发展，对于改善入境旅游产品和服务将会发挥积极作用；重视培育前端旅游产品和服务、加快国际旅游品牌建设、创新国际营销宣传渠道、重塑旅游企业发展模式、增强旅游质量竞争优势，形成以旅游消费链为导向、旅游服务链为动力、旅游产业链为支撑的良性业态循环，是促进我国旅游贸易产品和服务完成由中低端向高端转型，实现从全球价值链的低附加值向高附加值转变的关键环节。

（3）提升旅游贸易的国际化水平，推动旅游贸易高质量发展。近几年，中国旅游业 GVC 地位有了明显下降，需要重视中国旅游业增加值出口在国际贸易中的价值创造力，通过旅游产业供给侧结构性调整，特别是通过引入旅游企业相关外国直接投资，改善与入境旅游发展高度相关行业的融资、通信、运输和其他服务，提高旅游贸易的国际竞争力，以提升旅游产业直接生产率和间接外溢效应；适当扩大入境旅游的开放度，简化入境手续，进一步释放入境旅游活力，激发中国旅游产业出口的国内价值创造力，推动旅游贸易出口的增长和高质量发展。

（4）通过互联网推动旅游业中间环节向产业链上游转移，寻找为顾客创造价值的新方式。互联网等信息技术的进步提高了信息传输速度与灵活性，为旅游业价值链环节拓展和“旅游+”提供载体，是充分发挥互联网的辐射带动效应的基本前提。建立国际互联网合作平台，形成联合监管和协调机制。对互联网等连接服务的明确限制，将增加国家间生产交流和协作成本，阻碍各国全球价值链参

与度提升。加强互联网监管和协调有利于促进国内旅游信息与国际旅游的衔接与融合，进一步推进互利共赢的全球旅游市场布局和合作网络，优化全球旅游资源配置效率，促进旅游业全球良性竞争并进一步推动旅游业更多参与和融入全球价值链的生产分工。

我国现阶段处于入境旅游潜力释放的关键时期，旅游贸易是推动旅游业高质量发展的重要领域。强化旅游企业核心价值环节，借助互联网迈向 GVC 中高端获取更大收益以调动旅游企业经营入境旅游业务的积极性，是推动我国旅游业迈向价值链中高端的核心动力。

四、互联网与中国省际旅游业全要素生产率增长方面的相关启示

随着互联网技术不断向旅游业渗透，许多传统旅游业出现互联网的技术经济特征。互联网对中国旅游业全要素生产率的网络效应也会为旅游发展带来新的机遇和挑战。互联网能够从整体上优化旅游业生产要素配置水平，使其接近帕累托最优状态，旅游业全要素生产率的提高对中国未来旅游业发展的支撑作用将逐步增强。前文理论和实证研究结论将对互联网与中国旅游业发展带来如下政策启示：

（1）缩小中国省际互联网发展水平差距。2006~2016 年，中国 31 个省份的互联网综合发展水平都有了较大提升，但是东部、中部、西部区域之间仍然存在较大阶梯性差异。针对目前中国省际互联网发展之间存在的“数字鸿沟”问题，首先需要政府加大对中西部地区的互联网基础设施建设及政策扶持，注重互联网适用不同年龄层次的需求，开发老年人对互联网的认知程度及使用意愿。未来要重点对西藏、青海、甘肃、贵州、宁夏、海南、新疆等地区互联网发展水平进行提升。其次地方企业需要提供与地区需求相契合的互联网应用服务。积极进行技术升级和数据积累，缩小区域之间的信息不对称性，增强地区产业发展效率。

（2）加速互联网对中国省际旅游业的技术改造。前文研究显示互联网主要通过促进旅游业技术进步作用于中国旅游业全要素生产率。技术驱动型旅游企业将促进对旅游产品和服务价值的深度挖掘。未来旅游业最终要回归产品和服务的价值挖掘上，互联网将会在旅游产品和服务的创新能力提升发挥更大作用。互联网的高效信息传播优势将继续加速旅游业格局的成熟化和高效化。除了互联网的基础信息技术外，SaaS 技术、大数据技术、人工智能等互联网技术将帮助旅游产业对旅游消费者需求挖掘与匹配、旅游资源互联互通、旅游产品体验升级。

（3）通过互联网创新旅游业与其他产业集群的边界。旅游与生活方式的融合会不断扩大旅游边界，需求越来越多元化，这就促使旅游与其他产业的融合、市场细分、消费场景细分，这一系列的变化需要互联网的覆盖广度持续升级，线

上线下多元融合。无论是互联网企业还是传统企业都在寻求线上线下的融合，但是目前更多的是渠道的融合。随着互联网在旅游行业的渗透，在渠道融合基础上，通过建立和维护庞大的旅游业数字化信息库，不同场景下的线上线下服务融合、体验融合、数字化需求融合将更多地出现在用户面前。旅游业依托互联网技术提供定制化的产品和交叉销售服务，能够极大提高旅游业生产效率。

第三节 研究展望

本书从互联网与双边旅游贸易、互联网与 GVC 视角下中国旅游贸易、互联网与中国省际旅游业全要素生产率三个角度系统全面地考察了互联网对旅游业的影响，但限于主客观因素的影响，本书仍存在一些局限性。从当下发展形势以及未来趋势来看，本书有待在以下方面进行深化。

一、互联网发展水平衡量指标体系需不断完善

本书虽然选取代理变量对全球不同国家和地区的互联网发展水平进行量化，同时考虑中国 31 个省份的互联网发展现状，选取指标构建评价体系测算互联网发展指数。但是现有互联网应用方面的指标并不能完全反映互联网发展水平，尤其是云计算、人工智能、工业互联网、5G 领域的互联网基础设施投入使用，对互联网作用的量化提出了新的挑战。未来互联网发展水平的衡量指标可以进一步优化，尝试从互联网企业竞争力水平角度对互联网发展水平进行衡量。尽管互联网对商业活动的积极效益似乎很明显，但很少有实证研究能够仔细量化互联网对企业绩效的影响。探索企业级数据至关重要，以便了解互联网使用对经济的影响。

二、互联网与全球价值链视角下旅游业的研究亟待深入

本书基于全球价值链的核算框架和中国国家统计局的细分统计完成了 GVC 视角下对中国旅游贸易的核算。通过获取美国抽样调查的结果对美国旅游贸易进行测算，完成传统旅游贸易和增值价值贸易核算方法下中美旅游贸易逆差的对比研究，并进一步对互联网与 GVC 视角下中国旅游业的关系进行分析。但是由于旅游业不是一个独立的产业，涉及交通运输、住宿和餐饮、旅行社和旅游业经营者、邮政和快递、文娱、电信等众多部门，无法作为独立的部门进行核算，需要从关联部门中剥离出属于旅游业收入的数据，并且对关联部门的认定也不一致。

目前无法获得更多国家关于旅游特征产业中归属于旅游业收入的抽样调查比例，全球价值链框架下旅游贸易的对比研究无法在更多国家之间展开。考察互联网对GVC视角下更多国家旅游业影响的研究并不能顺利进行。为了使旅游产业在全球统一的核算口径下进行对比研究，未来需要加强各国旅游部门、出入境部门、外贸部门、外汇部门、统计部门与信息部门等多方面的沟通协作，进一步从理论层面深入研究以完善旅游贸易统计的核算方法，为展开更加全面的研究提供数据支撑。

三、互联网对旅游贸易影响机制的实证研究可进一步拓展

本书从理论上分析了互联网对旅游贸易的成本节约、溢出和异质性效应，但限于数据的可得性，只是实证研究了互联网对双边旅游贸易的影响程度和对不同区域影响的差异性，并没有进一步探索互联网对双边旅游流程及其子成分的影响。互联网对服务贸易不同的细分行业的影响存在明显的异质性，相比于商品贸易来说，更值得深入研究，未来需要从定量方面深入探讨互联网对旅游贸易的影响机制，并进一步开展互联网对金融、文化等领域的影响研究。

四、互联网发展对旅游业全要素生产率的研究视角可进一步丰富

本书主要从四个层面对互联网自身发展水平进行解构，进一步探讨互联网发展对旅游业全要素生产率的影响差异。但关于互联网与旅游业技术进步的研究还可以进一步拓展。原因在于旅游业自身存在特殊的行业特性，本书利用省际面板数据探究了互联网影响地方旅游业全要素生产率的长短期效应，尚存在一些可以优化的空间：一是可以进一步基于区域层面探索互联网对不同类型旅游主体技术进步的影响情况，揭示其可能存在的所有制差异；二是可以从具体微观企业层面获取数据，如利用上市公司数据进行分析，可以预期在统计资料逐步完善的情况下，微观层面的分析必定能为互联网影响旅游业技术进步的研究提供更为坚实的支撑。未来可以从互联网技术、互联网平台、互联网思维等角度进一步考察互联网对旅游业全要素生产率的影响。

参考文献

[1] Aboushouk M, Waimun L, Megicks P. Internet adoption by travel agents: A case of Egypt [J]. *International Journal of Tourism Research*, 2013, 15 (3): 298-312.

[2] Aivaz K A, Vancea D P C. A study of the black sea tourism companies efficiency using envelope techniques [J]. *Transformations in Business & Economics*, 2009, 8 (3): 217-230.

[3] Alzua-Sorzabal A, et al. Obtaining the efficiency of tourism destination website based on data envelopment analysis [J]. *Social and Behavioral Sciences*, 2015 (175): 58-65.

[4] Anderson J, Wincoop E. Gravity with Gravitas: A solution to border puzzle [J]. *American Economic Review*, 2003, 93 (1): 170-192.

[5] Androutsos A. Access link bandwidth externalities and endogenous internet growth: A long-run economic approach [J]. *International Journal of Network Management*, 2011, 21 (1): 21-44.

[6] Anuvareepong S. The assessment of hospitality and tourism SMEs awareness on the use of mobile technology and Internet services: A case study of hotel businesses in Thailand [C] //*International Conference on Science in Information Technology*. IEEE, 2017.

[7] Arrow K J. *The Economics of Information* [M]. Boston: Harvard University Press, 1984.

[8] Artola C, et al. Can internet searches forecast tourism inflows? [J] *International Journal of Manpower*, 2015, 36 (1): 103-116.

[9] Assaf A G, Tsionas M. Changing the basics: Toward more use of quantile regressions in hospitality and tourism research [J]. *International Journal of Hospitality Management*, 2018 (72): 140-144.

[10] Autor D H, Levy F, Murnane R J. The skill content of recent technological change: An empirical exploration [J]. *NBER Working Papers*, 2001, 118 (4): 1279-1333.

[11] Balassa B. *Trade liberalization among industrial countries: Objectives and alternatives* [M]. New York: Mc Graw Hill, 1967.

[12] Baldwin R E, Taglioni D. Gravity for dummies and dummies for gravity equations [R]. *CEPR Discussion Papers*, 2006.

[13] Baloglu S, Pekcan Y A. The website design and Internet site marketing practices of upscale and luxury hotels in Turkey [J]. *Tourism Management*, 2006, 27 (1): 171-176.

[14] Barro R J. Government spending in a simple model of endogenous growth [J]. *Journal of Political Economy*, 1990 (98): 103-125.

[15] Barros C P. Measuring efficiency in the hotel sector-Science Direct [J]. *Annals of Tourism Research*, 2005, 32 (2): 456-477.

[16] Beirne E, Curry P. *The Impact of the Internet on the Information Search Process and Tourism Decision Making* [Z]. 1999.

[17] Benito B, Solana, José, et al. Determinants of Spanish regions' tourism performance: A two-stage, double-bootstrap data envelopment analysis [J]. *Tourism Economics*, 2014, 20 (5): 987-1012.

[18] Bertschek I, Briglauer W, Hhschelrath K, et al. The economic impacts of broadband internet: A Survey [J]. *Review of Network Economics*, 2015, 14 (4): 201-227.

[19] Billon M, et al. Educational inequalities do they affect the relationship between internet use and economic growth? [J] *Information Development*, 2018, 34 (5): 447-459.

[20] Bloom N, Van Reenen J. Management practices, work-life balance, and productivity: A review of some recent evidence [J]. *Oxford Review of Economic Policy*, 2006, 22 (4): 457-482.

[21] Blum S, Goldfarb A. Does the internet defy the law of gravity? [J]. *Journal of International Economics*, 2006, 70 (2): 384-405.

[22] Bojnec S, Fertoe I. Internet and international food industry trade [J]. *Industrial Management & Data Systems*, 2010, 110 (5-6): 744-761.

[23] Bond S C, et al. Application of the Internet as a tool for enhancing resident involvement for sustainable rural tourism development [C]. *Travel and Tourism Re-*

search Association, 1996.

[24] Bresnahan T F, Stern S, Trajtenberg M. Market segmentation and the sources of rents from innovation [J]. *NBER Working Papers*, 1996, 175 (175): 129-133.

[25] Brida J G, et al. Tourism and transport systems in mountain environments: Analysis of the economic efficiency of cableways in South Tyrol [J]. *Journal of Transport Geography*, 2014 (36): 1-11.

[26] Bristow R S. Serving maps on the internet: A recreation and tourism example [R]. *Northeastern Recreation Research Symposium*, 2003.

[27] Buhalis D, Cristina L B. The future eTourism intermediaries [J]. *Tourism Management*, 2002, 23 (3): 207-220.

[28] Buhalis D. E-Tourism: Information Technology for Strategic Tourism Management [M]. *Essex*: *Pearson Education*, 2003.

[29] Buhalis D. Strategic use of information technologies in the tourism industry [J]. *Tourism Management*, 1998, 19 (5): 409-421.

[30] Buhalis D, Law R. Progress in information technology and tourism management: 20 years on and 10 years after the internet—The state of eTourism research [J]. *Tourism Management*, 2008, 29 (4): 609-623.

[31] Buhalis D, Schertler W. The cost and benefits of information technology and the Internet for small and medium-sized tourism enterprises [C] //*Information & Communication Technologies in Tourism International Conference in Innsbruck*, 1999: 218-227.

[32] Buhl H U, Will A. Economic aspects of electronic commerce in financial services and advantageous steps to extended offers in Internet banking [C] //*Proceedings of the Thirty-First Hawaii International Conference on System Sciences*, 1998: 282-289.

[33] Cao F D, et al. Influence of Chinese economic fluctuations on tourism efficiency in national scenic areas [J]. *Tourism Economics*, 2016, 22 (5): 884-907.

[34] Chen H M, Sheldon P J. Destination information systems: Design issues and directions [J]. *Journal of Management Information Systems*, 1997, 14 (2): 151-176.

[35] Ching H S, Huarng K. Using the internet as a catalyst for Asia-Pacific regional economic cooperation: An example of new Chinese networks [J]. *Technology in Society*, 1998, 20 (2): 131-139.

[36] Choi C. The effect of the internet on service trade [J]. *Economics Letters*,

2010, 109 (2): 102-104.

[37] Choi C, Yi M H. The Internet, R&D expenditure and economic growth [J]. *Applied Economics Letters*, 2018, 25 (4): 264-267.

[38] Choi J J, et al. How does the internet affect trading? Evidence from investor behavior in 401 (k) plans [J]. *Journal of Financial Economics*, 2002, 64 (3): 397-421.

[39] Choi S, Lehto X Y, Morrison A M. Destination image representation on the web: Content analysis of Macau travel related websites [J]. *Tourism Management*, 2007, 28 (1): 118-129.

[40] Chua C E H, Wareham J, Robey D. The role of online trading communities in managing internet auction fraud [J]. *MIS Quarterly*, 2007, 31 (4): 759-781.

[41] Chung. *The geography of global Internet hyperlinks and cultural content analysis* (*Dissertation*) [D]. New York: University at Buffalo, 2011.

[42] Ciurana J T P, et al. Analysis of the efficiency of golf tourism via the internet application to the Mediterranean countries [J]. *Current Issues in Tourism*, 2015, 18 (6): 595-608.

[43] Clarke G R G, Wallsten S J. Has the internet increased trade? Developed and developing country evidence [J]. *Economic Inquiry*, 2006, 44 (3): 465-484.

[44] Corne A. Benchmarking and tourism efficiency in France [J]. *Tourism Management*, 2015 (51): 91-95.

[45] Cracolici M F, et al. Assessment of tourism competitiveness by analysing destination efficiency [J]. *Tourism Economics*, 2008, 14 (2): 325-342.

[46] Crotts J C, Mason P R, Davis B. Measuring guest satisfaction and competitive position in the hospitality and tourism industry: An application of stance-shift analysis to travel blog narratives [J]. *Journal of Travel Research*, 2009, 48 (2): 139-151.

[47] Crouch G. The study of international tourism demand: A survey of practice [J]. *Journal of Travel Research*, 1994, 32 (4): 41-55.

[48] Czernich N, Falck O, Kretschmer T, Woessmann L. Broadband infrastructure and economic growth [J]. *The Economic Journal*, 2011, 121 (552): 505-532.

[49] Dickinger A. The trustworthiness of online channels for experience - and goal-directed search tasks [J]. *Journal of Travel Research*, 2011, 50 (4): 378-391.

[50] Dickson P R. Understanding the trade winds: The global evolution of pro-

duction, consumption, and the internet [J]. *Journal of Consumer Research*, 2000, 27 (1): 115-122.

[51] Diego, Ochoa J, Carlos, et al. Economic growth and internet access in developing countries: The case of South America [C]. *Spain*: *Iberian Conference on Information Systems and Technologies*, 2018.

[52] Dignazio A, Giovannetti E. From exogenous to endogenous economic networks: Internet applications [J]. *Journal of Economic Surveys*, 2006, 20 (5): 757-796.

[53] Doolin B, Lois B B, Joan C C. Evaluating the use of the web for tourism marketing: A case study from New Zealand [J]. *Tourism Management*, 2002, 23 (5): 557-561.

[54] Elliott R, Boshoff C. The marketing of tourism services using the internet: A resource-based view [J]. *South African Journal of Business Management*, 2009, 40 (3): 35-49.

[55] Evans P B, Wurster T S. Strategy and the new economics of information [J]. *Harvard Business Review*, 1997, 75 (5): 71-82.

[56] Fabrikant A, Koutsoupias E, Papadimitriou C H. Heuristically optimized trade-offs: A new paradigm for power laws in the internet [J]. *Lecture Notes in Computer Science*, 2002 (3): 110-122.

[57] Felbermayr G J, Toubal F. Cultural proximity and trade [J]. *European Economic Review*, 2010, 54 (2): 290-293.

[58] Filieri R, Mcleay F. E-WOM and accommodation: An analysis of the factors that influence travelers' adoption of information from online reviews [J]. *Journal of Travel Research*, 2013, 53 (1): 44-57.

[59] Flanigan E, et al. Impact of economic, cultural, and social factors on Internet usage in selected European and Asian countries [C]. *Austin*: *Decision Sciences Institute*. 1997 Annual Meeting, Proceedings, 1997: 431-433.

[60] Freund C L, Weinhold D. The effect of the internet on international trade [J]. *Journal of International Economics*, 2004, 62 (1): 171-189.

[61] Freund C, Weinhold D. The Internet and international trade in service [J]. *American Economic Review*, 2002, 92 (2): 236-240.

[62] Fuentes R. Efficiency of travel agencies: A case study of Alicante, Spain [J]. *Tourism Management*, 2011, 32 (1): 75-87.

[63] Ghose A. Internet exchanges for used goods: An empirical analysis of trade

patterns and adverse selection [J]. *SSRN Electronic Journal*, 2009, 33 (2): 263-291.

[64] Goldsmith R. *A Perpetual Inventory of National Wealth* [M]. New York: National Bureau of Economic Research, 1951.

[65] Gossling S, Lane B. Rural tourism and the development of internet-based accommodation booking platforms: A study in the advantages, dangers and implications of innovation [J]. *Journal of Sustainable Tourism*, 2015, 23 (8-9): 1386-1403.

[66] Grgona J, et al. Influence of internet on consumer behavior in tourism [C]//*Annals of Daaam for* 2008 & *Proceedings of the* 19*th International Daaam Symposium. B. Katalinc*, 2008: 561-562.

[67] Griffith R, Reenen R J V. Mapping the two faces of R&D: Productivity growth in a panel of OECD industries [J]. *The Review of Economics and Statistics*, 2004, 86 (4): 883-895.

[68] Guillen M F, Suarez S L. Explaining the global digital divide: Economic, political and sociological drivers of cross-national Internet use [J]. *Social Forces*, 2005, 84 (2): 681-708.

[69] Gunn C A. *Vacationscape: Designing tourist regions* [M]. Austin: University of Texas Press, 1972.

[70] Hadad S, et al. The economic efficiency of the tourism industry: A global comparison [J]. *Tourism Economics*, 2012, 18 (5): 931-940.

[71] Hagerstrand T. Innovation diffusion as a spatial process [J]. *Economic Development and Cultural Change*, 1969, 16 (18): 543-544.

[72] Hanna J R P, Millar R J. Promoting tourism on the internet [J]. *Tourism Management*, 1997, 18 (7): 469-470.

[73] Hansen B E. Sample splitting and threshold estimation [J]. *Econometrica*, 2000, 68 (3): 575-603.

[74] Hansen B E. Threshold effects in non-dynamic panels: Estimation, testing and inference [J]. *Journal of Econometrics*, 1999, 93 (2): 345-368.

[75] Hanson G, Xiang C. Trade barriers and trade flows with product heterogeneity: An application to US motion picture exports [J]. *Journal of International Economics*, 2011, 83 (1): 14-26.

[76] Hayek F A. The use of knowledge in society [J]. *American Economic Review*, 1945, 35 (4): 519-530.

[77] Hays S, Page S J. Social media as a destination marketing tool: Its use by

national tourism organisations [J]. *Current Issues in Tourism*, 2013, 16 (3): 211-239.

[78] Hellmanzik C, Schmitz M. Taking gravity online: The role of virtual proximity in international finance [R]. *Working Paper*, 2016.

[79] Hellmanzik C, Schmitz M. Virtual proximity and audiovisual service trade [J]. *European Economic Review*, 2015, 77 (7): 82-101.

[80] Horner H, Roos A W. How the internet economy changes the provision of economic information [J]. *Nfd Information-Wissenschaft Und Praxis*, 2001, 52 (3): 143-150.

[81] Hsieh L F, Lin L H. A performance evaluation model for international tourist hotels in Taiwan—An application of the relational network DEA [J]. *International Journal of Hospitality Management*, 2010, 29 (1): 14-24.

[82] Hulten C R. Infrastructure, externalities, and economic development: A study of the Indian manufacturing industry [J]. *The World Bank Economic Review*, 2006, 20 (2): 291-308.

[83] Hummels D, Ishii J, Yi K M. The nature and growth of vertical specialization in world trade [J]. *Journal of International Economics*, 2001, 54 (1): 75-96.

[84] Hurt C. Regulating public morals and private markets: Online securities trading, internet gambling and the speculation paradox [J]. *Social Science Electronic Publishing*, 2005, 86 (2): 371-441.

[85] Hu Z F, Khan M S. Why is China growing so fast? [J]. *Staff Papers*, 1997, 44 (1): 103-131.

[86] Hyde K, Bronner F, De Hoog R. A new perspective on tourist information search: Discussion in couples as the context [J]. *International Journal of Culture Tourism and Hospitality Research*, 2011, 5 (2): 128-143.

[87] Ibanez J S, et al. Efficiency and exogenous factors: Evidence from Spanish tourism regions [J]. *Academia-Revista Latinoamericana De Administracion*, 2017, 30 (1): 108-123.

[88] Inversini A, Masiero L. Selling rooms online: The use of social media and online travel agents [J]. *International Journal of Contemporary Hospitality Management*, 2014, 26 (2): 272-292.

[89] Izquierdo Yusta A, et al. The adoption of the internet as a new distribution channel for holiday tourism in Spain: The challenge of consumer perceived risk and consumer attitudes [C] //*Dexa* 2008: 19*th International Conference on Database and*

Expert Systems Applications, *Proceedings. A. M. Tjoa and R. R. Wagner*, 2008: 485-489.

[90] Jiménez, Martha, Matus J A, et al. Economic growth as a function of human capital, internet and work [J]. *Applied Economics*, 2014, 46 (26): 3202-3210.

[91] Johnson R C, Noguera G. Accounting for intermediates: Production sharing and trade in value added [J]. *Journal of International Economics*, 2012, 86 (2): 224-236.

[92] Jorgenson D W, Vu K. Information technology and the world economy [J]. *Scandinavian Journal of Economics*, 2010, 107 (4): 631-650.

[93] Jurowski C, Gursoy D. Distance effects on residents' attitudes toward tourism [J]. *Annals of Tourism Research*, 2004, 31 (2): 296-312.

[94] Karanasios S, Burgess S. Tourism and internet adoption: A developing world perspective [J]. *International Journal of Tourism Research*, 2008, 10 (2): 169-182.

[95] Katz M L, Shapiro C. Network externalities, competition, and compatibility [J]. *American Economic Review*, 1985, 75 (3): 424-440.

[96] Kent R, Lee M. Using the internet for market research: A study of private trading on the internet [J]. *Journal of the Market Research Society*, 1999, 41 (4): 377-385.

[97] Kim D Y, Lehto X Y, Morrison A M. Gender differences in online travel information search: Implications for marketing communications on the internet [J]. *Tourism Management*, 2007, 28 (2): 423-433.

[98] Kim E, Nam D I, Stimpert J L. The applicability of porter's generic strategies in the digital age: Assumptions, conjectures, and suggestions [J]. *Journal of Management*, 2004, 30 (5): 569-589.

[99] Kim H, Fesenmaier D R. Persuasive design of destination web sites: An analysis of first impression [J]. *Journal of Travel Research*, 2008, 47 (1): 3-13.

[100] King S A, Moreggi D. Internet therapy and self-help groups—The pros and cons [J]. *Psychology & the Internet Intrapersonal Interpersonal & Transpersonal*, 1998 (1): 77-109.

[101] Ko K, et al. The Internet dilemma and control policy: Political and economic implications of the internet in North Korea [J]. *Korean Journal of Defense Analysis*, 2009, 21 (3): 279-295.

[102] Koopman R, Powers W M, Wang, Z, et al. Give credit where credit is due: Tracing value added in global production chains [Z]. 2010.

[103] Koutroumpis P. The economic impact of broadband on growth: A simultaneous approach [J]. *Telecommunications Policy*, 2009, 33 (9): 471-485.

[104] Kumbhakar S C, Denny M, Fuss M. Estimation and decomposition of productivity change when production is not efficient: A paneldata approach [J]. *Econometric Reviews*, 2000, 19 (4): 312-320.

[105] Law R, Cheung C, Hu T. Analyzing the usability of travel web sites in Hainan, China [J]. *International Journal of Contemporary Hospitality Management*, 2009, 21 (5): 619-626.

[106] Law R, Qi S, Buhalis D. Progress in tourism management: A review of website evaluation in tourism research [J]. *Tourism Management*, 2010, 31 (3): 297-313.

[107] Leamer E E, Storper M. The economic geography of the internet age [J]. *Journal of International Business Studies*, 2001, 32(4): 641-665.

[108] Lee K C, Lee S. A causal knowledge-based expert system for planning an Internet-based stock trading system [J]. *Expert Systems with Applications*, 2012, 39 (10): 8626-8635.

[109] Leff, Nathaniel H. Externalities, information costs, and social benefit-cost analysis for economic development: An example from telecommunications [J]. *Economic Development and Cultural Change*, 1984, 32 (2): 255-276.

[110] Leiper N. The framework of tourism. Towards a definition of tourism, Tourist and tourist industry [J]. *Annals of Tourism Research*, 1974, 1 (4): 390-407.

[111] Leung D, Law R, Hoof H V, et al. Social media in tourism and hospitality: A literature review [J]. *Journal of Travel & Tourism Marketing*, 2013, 30 (1-2): 3-22.

[112] Lin F. Estimating the effect of the internet on international trade [J]. *Journal of International Trade & Economic Development*, 2015, 24 (3): 1-20.

[113] Litvin S W, Goldsmith R E, Pan B. Electronic word-of-mouth in hospitality and tourism management [J]. *Tourism Management*, 2008, 29 (3): 458-468.

[114] Liu S H, Jing Y W. Study on the sustainable cultivation of talents needed by tourism Enterprises in the mobile internet era [Z]. 2014.

[115] Loh L, Ong Y S. The adoption of internet-based stock trading: A conceptual framework and empirical results [J]. *Journal of Information Technology*, 1998,

13 (2): 81-94.

[116] Lucio M M, Walker S, Trevorrow P. Making networks and (re) making trade union bureaucracy: A European-wide case study of trade union engagement with the Internet and networking [J]. *New Technology Work and Employment*, 2010, 24 (2): 115-130.

[117] Ma G Q. Literature review: Economic analysis of internet enterprise M&A motivation [C] //*Proceedings of the* 2017 2*nd International Conference on Financial Innovation and Economic Development. C. Huang*, *Y. Zhong and Z. Wang*, 2017: 57-60.

[118] Malecki E J. The economic geography of the internet's infrastructure [J]. *Economic Geography*, 2002, 78 (4): 399-424.

[119] Marrocu E, Paci R. They arrive with new information. Tourism flows and production efficiency in the European regions [J]. *Tourism Management*, 2011, 32 (4): 750-758.

[120] Martin G D, Coetzee J A. Pet stores, aquarists and the internet trade as modes of introduction and spread of invasive macrophytes in South Africa [J]. *Water S A*, 2011, 37 (3): 371-380.

[121] Mc Kercher B. A chaos approach to tourism [J]. *Tourism Management*, 1999 (20): 425-434.

[122] Melitz J, Toubal F. Native language, spoken language, translation and trade [J]. *Journal of International Economics*, 2014, 93 (2): 351-363.

[123] Melitz M J. The impact of trade on intra-industry reallocations and aggregate industry productivity [J]. *Econometrica*, 2003, 71 (6): 1695-1725.

[124] Mendieta-Penalver L F, et al. Is hotel efficiency necessary for tourism destination competitiveness? An integrated approach [J]. *Tourism Economics*, 2018, 24 (1): 3-26.

[125] Mizrach B, Weerts S. Experts online: An analysis of trading activity in a public internet chat room [J]. *Journal of Economic Behavior & Organization*, 2009, 70 (1-2): 266-281.

[126] Munar A M, Jacobsen J K S. Motivations for sharing tourism experiences through social media [J]. *Tourism Management*, 2014 (43): 46-54.

[127] Munnell A H. Why has productivity growth declined? Productivity and public investment [J]. *New England Economic Review*, 1990 (40): 3-22.

[128] Munnell, Alicia H. Policy watch: Infrastructure investment and economic

growth [J]. *Journal of Economic Perspectives*, 1992, 6 (4): 189-198.

[129] Pan B, Fesenmaier D R. Online information search: Vacation planning process [J]. *Annals of Tourism Research*, 2006, 33 (3): 809-832.

[130] Pan B, Litvin S W, O' Donnell T E. Understanding accommodation search query formulation: The first step in putting "heads in beds" [J]. *Journal of Vacation Marketing*, 2007, 13 (4): 371-381.

[131] Park J H. Exports and economic growth in developing countries: The case of Latin America [J]. *Lancet*, 1992, 369 (9557): 229-242.

[132] Pestana B C, Laurent B, Nicolas P, et al. Performance of French destinations: Tourism attraction perspectives [J]. *Tourism Management*, 2011, 32 (1): 141-146.

[133] Peypoch N, Solonandrasana B. Aggregate efficiency and productivity analysis in the tourism industry [J]. *Tourism Economics*, 2008, 14 (1): 45-56.

[134] Picazo-Tadeo A J, Gomez-Limon J A, Reig-Martinez E. Assessing farming eco-efficiency: A data envelopment analysis approach [J]. *Journal of Environmental Management*, 2011, 92 (4): 1154-1164.

[135] Pitoska E. E-tourism: The use of internet and information and communication technologies in tourism: The case of hotel units in peripheral areas [C] //*2nd International Scientific Conference Tourism in Southern and Eastern Europe* 2013: *Crisis-a Challenge of Sustainable Tourism Development? S. Jankovic and D. S. Jurdana*, 2013: 335-344.

[136] Power D, Singh P. The e-integration dilemma: The linkages between Internet technology application, trading partner relationships and structural change [J]. *Journal of Operations Management*, 2007, 25 (6): 1292-1310.

[137] Poyhonen P. A tentative model of the volume of trade between countries [J]. *Economics and Finance Archive*, 1963, 90 (1): 35-35.

[138] Pradhan R P, et al. Financial depth, internet penetration rates and economic growth: Country-panel evidence [J]. *Applied Economics*, 2016, 48 (4): 331-343.

[139] Prasad M, et al. The effectiveness of internet applications in destination marketing: Evidence from Singapore and Sri Lanka tourism [C]. *Proceedings of the* 14*th International Conference on Innovation and Management*, 2017.

[140] Qin Y H. A Study on the operating efficiency of Chinese tourism enterprises: From the space-time perspective [C]. *Proceedings of* 2010 *International Confer-*

ence on Management Science and Engineering, 2010.

[141] Ragulina Y V, et al. *Perspectives on the use of new information and communication technology* [Z]. 2019.

[142] Ramayah T, Rouibah K, Gopi M, et al. A decomposed theory of reasoned action to explain intention to use internet stock trading among Malaysian investors [J]. *Computers in Human Behavior*, 2009, 25 (6): 1222-1230.

[143] Raventos P. The internet strategy of the Costarican Tourism Board [J]. *Journal of Business Research*, 2006, 59 (3): 375-386.

[144] Rizkallah, Elias G. Impact of computers and internet on the social and economic welfare of low income people: The case of smartriverside digital inclusion program [C]. *International Conference on Society and Information Technologies*, 2010.

[145] Röller L H, Waverman L. Telecommunications infrastructure and economic development: A simultaneous approach [J]. *American Economic Review*, 2001, 91 (4): 909-923.

[146] Ajay K, Agrawal. Innovation and the growth of cities [J]. *Journal of Economic Issues*, 2003, 3 (4): 458-461.

[147] Saberi S, Nagurney A, Wolf T. A network economic game theory model of a service-oriented internet with price and quality competition in both content and network provision [J]. *Service Science*, 2014, 6 (4): 229-250.

[148] Sabherwal S, Sarkar S K, Zhang Y. Do internet stock message boards influence trading? Evidence from heavily discussed stocks with no fundamental news [J]. *Journal of Business Finance & Accounting*, 2011, 38 (9-10): 1209-1237.

[149] Salahuddin M, Gow J. The effects of Internet usage, financial development and trade openness on economic growth in South Africa: A time series analysis [J]. *Telematics and Informatics*, 2016, 33 (4): 1141-1154.

[150] Sarkar S K, Sarkar P K. *Use of Internet Applications & Tools by Health Tourism Agents in Malaysia: An Exploratory Study* [M] //Information and Communication Technologies in Tourism 2010. Vienna: Springer, 2010.

[151] Saundry R, Stuart M, Antcliff V. Broadcasting discontent—freelancers, trade unions and the internet [J]. *New Technology Work & Employment*, 2010, 22 (2): 178-191.

[152] Schmallegger D, Carson D. Blogs in tourism: Changing approaches to information exchange [J]. *Journal of Vacation Marketing*, 2008, 14 (2): 99-110.

[153] Seo M H, Shin Y. Dynamic panel with threshold effect and endogeneity

[J]. *Journal of Econometrics*, 2016, 195 (2): 169-186.

[154] Shen D, Zhang W, Xiong X, et al. Trading and non-trading period internet information flow and intraday return volatility [J]. *Physica A Statistical Mechanics & Its Applications*, 2016 (3): 519-524.

[155] Sigala M, Marinidis D. E-Democracy and web 2.0: A framework enabling DMOS to engage stakeholders in collaborative destination management [J]. *Tourism Analysis*, 2012, 17 (2): 105-120.

[156] Smith S L J. Measurement of tourism's economic impacts [J]. *Annals of Tourism Research*, 2000, 27 (2): 530-531.

[157] Solow R, Budd A, Von Weizsacker C. The conservative revolution: A roundtable discussion [J]. *Economic Policy*, 1987, 2 (5): 181.

[158] Standing C, et al. The impact of the internet in travel and tourism: A research review 2001-2010 [J]. *Journal of Travel & Tourism Marketing*, 2014, 31 (1): 82-113.

[159] Stefko R, et al. Credibility of current travelers to internet purchase in tourism sphere [C]. *Vision* 2020: *Innovation Management*, *Development Sustainability*, *and Competitive Economic Growth*, 2016.

[160] Tang G H, Chu R L. Research on the economic effects of regional inbound tourism based on internet diffusion [C] //*Proceedings of the 7th International Conference on Management*, *Education*, *Information and Control*, 2017: 355-363.

[161] Teo T S H, Tan M, Peck S N. Adopters and non-adopters of internet stock trading in Singapore [J]. *Behaviour & Information Technology*, 2004, 23 (3): 211-223.

[162] Tikkanen R, Ross M W. Technological tearoom trade: Characteristics of Swedish men visiting gay internet chat rooms [J]. *Aids Education & Prevention*, 2003, 15 (2): 122-132.

[163] Tinbergen J. *Shaping the World Economy*: *Suggestions for an International Economic Policy* [M]. New York: The Twentieth Century, 1962.

[164] Tomaras P, et al. New technology and international marketing of services: Providing evaluated tourism websites information through the internet using the electre II method [J]. Marketing and Management Sciences, 2008 (98): 542-545.

[165] Tranos E. The causal effect of the internet infrastructure on the economic development of European city regions [J]. *Spatial Economic Analysis*, 2012, 7 (3): 319-337.

[166] Tran T C T, Nguyen N T. Determinants and solutions for improving the efficiency of tourism business [C]. *Proceedings of the 2nd International Conference on Finance and Economics*, 2015.

[167] Tussyadiah I P, Fesenmaier D R. Mediating tourist experiences: Access to places via shared videos [J]. *Annals of Tourism Research*, 2009, 36 (1): 24-40.

[168] Vermeulen I E, Seegers D. Tried and tested: The impact of online hotel reviews on consumer consideration [J]. *Tourism Management*, 2009, 30 (1): 123-127.

[169] Vijay K V, Shahid S. Impact of commercialization of the internet on international trade: A panel study using the extended gravity model [J]. *International Trade Journal*, 2009, 23 (4): 458-484.

[170] Wang D, Park S, Fesenmaier D R. The role of smartphones in mediating the touristic experience [J]. *Journal of travel research*, 2012, 51 (4): 371-387.

[171] Wang H Q. The analysis of negative effects brought by internet economy under new economic normality [C] //*Proceedings of the* 2016 *International Conference on Modern Management, Education Technology, and Social Science*, 2016: 304-309.

[172] Wang Y, Quaehee Yu, Daniel R, Fesenmaier. Defining the virtual tourist community: Implications for tourism marketing [J]. *Tourism Management*, 2002, 23 (4): 407-417.

[173] Ward S, Lusoli W. Dinosaurs in cyberspace? British trade unions and the Internet [J]. *European Journal of Communication*, 2003, 18 (2): 147-179.

[174] Wen I. Factors affecting the online travel buying decision: A review [J]. *International Journal of Contemporary Hospitality Management*, 2009, 21 (6-7): 752-765.

[175] Wheatley W P, Roe T L. The effects of the internet on U. S. bilateral trade in agricultural and horticultural commodities [J]. *International agricultural trade and development*, 2008, 4 (2): 231-253.

[176] Wu H, Sun X K. Impact of internet on chinese tourism industry chain [C]. *Research on Organizational Innovation-Proceedings of International Conference on Enterprise Engineering and Management Innovation*, 2007.

[177] Wu S I, et al. Influential factors and relational structure of internet banner advertising in the tourism industry [J]. *Tourism Management*, 2008, 29 (2): 221-236.

[178] Wynne C, et al. The impact of the internet on the distribution value chain-

The case of the South African tourism industry [J]. *International Marketing Review*, 2001, 18 (4): 420-431.

[179] Xiang Z, et al. Semantic representation of tourism on the internet [J]. *Journal of Travel Research*, 2009, 47 (4): 440-453.

[180] Xiang Z, et al. Information technology and consumer behavior in travel and tourism: Insights from travel planning using the internet [J]. *Journal of Retailing and Consumer Services*, 2015 (22): 244-249.

[181] Xiang Z, Gretzel U. Role of social media in online travel information research [J]. *Tourism Management*, 2010, 31 (2): 179-188.

[182] Xiang Z, Wober K, Fesenmaier D R. Representation of the online tourism domain in search engines [J]. *Journal of Travel Research*, 2008, 47 (2): 137-150.

[183] Yadav N. The role of Internet use on international trade: Evidence from Asian and Sub-Saharan African enterprises [J]. *Global Economy Journal*, 2014, 14 (2): 189-214.

[184] Ye Q, Law R, Gu B. The impact of online user reviews on hotel room sales [J]. I*nternational Journal of Hospitality Management*, 2009, 28 (1): 180-182.

[185] Yeung C, et al. A multi-agent based Tourism Kiosk on internet [C] // *Proceedings of the Thirty-First Hawaii International Conference on System Sciences. Internet and the Digital Economy Tract*, 1998: 452-461.

[186] Yoo S H. Internet access charge and economic activity [J]. *Applied Economics Letters*, 2007, 14 (10): 761-764.

[187] Yu C, Li M. An efficiency evaluation and a regional variance analysis of the provincial forest park tourism [J]. *Ciril Engineearing and Urban Planning IV*, 2016 (5): 207-211.

[188] Yu M M, Bruce C. Y. Lee. Efficiency and effectiveness assessment of services business-evidence from international tourist hotels in Taiwan [J]. *Tourism Management*, 2008 (30): 571-580.

[189] Zhang Q, Ma J H. Research on business efficiency of hotel and tourism enterprises based on the influence of innovation factors [J]. *International Conference on Energy, Environment and Development*, 2011 (5): 742-746.

[190] 包富华，李玲，郑秋婵. 互联网旅游企业商业模式分析研究——以携程旅行服务公司为例 [J]. 生态经济，2013 (3): 156-159+165.

[191] 曹芳东，黄震方，徐敏，王坤. 风景名胜区旅游效率及其分解效率的

时空格局与影响因素——基于 Bootstrap-DEA 模型的分析方法 [J]. 地理研究，2015，34（12）：2395-2408.

[192] 陈刚强，李映辉. 技术溢出、空间差异与旅游业增长趋同 [J]. 旅游学刊，2017，32（3）：85-94.

[193] 陈刚，赵琼. “互联网+”背景下我国旅游业发展创新 [J]. 现代企业，2018（9）：115-116.

[194] 陈松，惠青. 全域旅游视角下海南省旅游产业影响因素研究 [J]. 现代商业，2018（34）：60-62.

[195] 储俊. 基于 DEA 模型的视角对我国商业银行效率的实证分析 [J]. 海南金融，2007（6）：9-12+40.

[196] 代明，姜寒，陈霄. 网络化对知识产权出口的影响——基于阿罗信息悖论的分析 [J]. 财贸经济，2016，37（11）：97-109.

[197] 戴斌. 旅游服务贸易统计规则厘清与算法修正 [J]. 旅游学刊，2016，31（3）：13-15.

[198] 戴子姗，李芳. 基于因子分析的互联网主要指标发展情况 [J]. 物流工程与管理，2017，39（5）：138-139.

[199] 邓洪波，陆林. 基于 DEA 模型的安徽省城市旅游效率研究 [J]. 自然资源学报，2014，29（2）：313-323.

[200] 董超群. 基于我国旅游电子商务瓶颈问题的对策研究 [J]. 商业经济，2007（10）：113-115.

[201] 窦群. 区域旅游产业定位的理论困惑及其影响 [J]. 旅游学刊，2001（1）：9-11.

[202] 杜子芳，王维. 从统计角度看旅游定义的缺陷 [J]. 调研世界，2017（5）：53-56.

[203] 樊玲玲，侯志强，李定可. 中国旅游全要素生产率研究综述 [J]. 上饶师范学院学报，2018，38（3）：88-94.

[204] 樊志勇. 互联网改变了旅游行业五种力量的竞争力 [J]. 旅游学刊，2016，31（6）：4-7.

[205] 樊自甫，李汶沁. 我国省域互联网经济发展水平评价研究 [J]. 重庆邮电大学学报（社会科学版），2018，30（2）：96-103.

[206] 方远平，阳玉珍，毕斗斗. 信息技术对旅游业创新影响研究述评 [J]. 旅游研究，2018，10（3）：18-30.

[207] 封希占. 现代信息技术在旅游业中的影响 [J]. 中外企业家，2015（6）：24.

［208］冯萍，刘建江. 互联网对中国出口贸易流量影响的实证研究［J］. 统计与决策，2010（3）：99-101.

［209］冯郑凭. 互联网对我国旅游分销渠道的影响研究——从旅游业者视野的角度分析［J］. 北京第二外国语学院学报，2010，32（3）：44-50.

［210］高俊，张琳林. 中国旅游产业集聚、全要素生产率与旅游经济关系研究［J］. 资源开发与市场，2017，33（8）：1005-1010.

［211］葛丽芳，田纪鹏. 上海旅游服务贸易国际竞争力及其影响因素实证研究［J］. 财贸研究，2011，22（1）：52-58.

［212］葛宇菁. OTA 是"旅游+互联网"背景下的一场效率革命［N］. 中国旅游报，2015-10-19.

［213］耿松涛. 中国旅游上市公司全要素生产率研究［J］. 南京社会科学，2012（5）：15-21.

［214］龚艳，郭峥嵘. 江苏旅游业发展效率及对策研究——基于超效率 DEA 和 Malmquist 指数分析［J］. 华东经济管理，2014，28（4）：7-12+17.

［215］郭家堂，骆品亮. 互联网对中国全要素生产率有促进作用吗？［J］. 管理世界，2016（10）：34-49.

［216］郭来喜，保继刚. 中国旅游地理学的回顾与展望［J］. 地理研究，1990（1）：78-87.

［217］郭为. 入境旅游：基于引力模型的实证研究［J］. 旅游学刊，2007，22（3）：30-34.

［218］郭又荣. "互联网+"下旅游电商个性化旅游产品营销策略——以途牛网为例［J］. 改革与战略，2016，32（2）：110-112.

［219］郭悦，钟廷勇，安烨. 产业集聚对旅游业全要素生产率的影响——基于中国旅游业省级面板数据的实证研究［J］. 旅游学刊，2015，30（5）：14-22.

［220］韩宝国，朱平芳. 宽带对中国经济增长影响的实证分析［J］. 统计研究，2014，31（10）：49-54.

［221］韩先锋. 互联网对中国区域创新效率的影响研究［D］. 西安：西北大学，2018.

［222］韩长根，张力. 互联网普及对于城乡收入分配的影响——基于我国省际面板数据的系统 GMM 分析［J］. 经济问题探索，2017（8）：18-27.

［223］何俊阳，贺灵. 中部地区旅游全要素生产率评价及其影响因素分析［J］. 湘潭大学学报（哲学社会科学版），2015，39（3）：85-90.

［224］何勇，陈新光. 互联网影响国际贸易的理论与实证研究［J］. 经济经纬，2015（4）：54-60.

［225］何仲，吴梓栋，陈霞，吕廷杰. 宽带对我国国民经济增长的影响［J］. 北京邮电大学学报（社会科学版），2013，15（1）：82-86.

［226］贺腊梅，于萌，查建平. 基于 BML 生产率指数的中国旅游业能源效率评价与影响因素研究［J］. 长江流域资源与环境，2017，26（12）：1991-2002.

［227］侯汉坡，何明珂，庞毅，郑国梁. 互联网资源属性及经济影响分析［J］. 管理世界，2010（3）：176-177.

［228］胡宇娜. 中国旅游产业效率时空演变特征与驱动机制研究［D］. 长春：东北师范大学，2016.

［229］胡宇娜，梅林，魏建国. 基于 GWR 模型的中国区域旅行社业效率空间分异及动力机制分析［J］. 地理科学，2018，38（1）：107-113.

［230］胡志毅. 基于 DEA-Malmquist 模型的中国旅行社业发展效率特征分析［J］. 旅游学刊，2015，30（5）：23-30.

［231］黄远水，宋子千. 论旅游业的概念、范围与层次［J］. 河北工程大学学报（社会科学版），2007（2）：8-10+13.

［232］江小涓. 高度联通社会中的资源重组与服务业增长［J］. 经济研究，2017，52（3）：4-17.

［233］江小涓. 网络空间服务业：效率、约束及发展前景——以体育和文化产业为例［J］. 经济研究，2018，53（4）：4-17.

［234］蒋录全，邹志仁. 互联网经济的测度指标［J］. 情报理论与实践，2001（1）：8-10.

［235］蒋依依，杨劲松. 以免税为主导的旅游购物政策创新破解旅游服务贸易逆差的扩大化［J］. 旅游学刊，2014，29（9）：9-11.

［236］雷平，施祖麟. 出境旅游、服务贸易与经济发展水平关系的国际比较［J］. 旅游学刊，2008（7）：28-33.

［237］李兵，李柔. 互联网与企业出口：来自中国工业企业的微观经验证据［J］. 世界经济，2017，40（7）：102-125.

［238］李晨，史春云，周慧慧，等. 淮海经济区旅游全要素生产率时空格局研究［J］. 旅游研究，2018，10（2）：50-61.

［239］李春. “互联网+”时代文化旅游的媒介推广——以河南省文化旅游推广策略为例［J］. 新闻战线，2016（2）：63-64.

［240］李佳钰，周宇. 互联网对中国工业技术创新效率的影响：基于阶段异质效应的分析［J］. 人文杂志，2018（7）：34-43.

［241］李江帆，李美云. 旅游产业与旅游增加值的测算［J］. 旅游学刊，1999（5）：16-19+76.

［242］李俊江，何枭吟. 美国数字经济探析［J］. 经济与管理研究，2005（7）：13-18.

［243］李立威，景峰. 互联网扩散与经济增长的关系研究——基于我国 31 个省份面板数据的实证检验［J］. 北京工商大学学报（社会科学版），2013，28（3）：120-126.

［244］李秋雨. 中国旅游业经济效应的时空分析与协调性研究［D］. 长春：东北师范大学，2017.

［245］李瑞，吴殿廷，殷红梅，等. 2000 年以来中国东部四大沿海城市群城市旅游业发展效率的综合测度与时空特征［J］. 地理研究，2014，33（5）：961-977.

［246］李文辉，江涌芝，何秋锐，等. 中国省域高校科技创新能力、效率及其经济贡献率研究［J］. 重庆大学学报（社会科学版），2019，25（3）：108-121.

［247］李响. 消费者移动互联网旅游信息搜寻行为及影响因素研究［D］. 广州：华南理工大学，2011.

［248］李晓钟，吕培培. 互联网对中国进出口贸易的影响研究——基于“一带一路”沿线国家的实证［J］. 国际经济合作，2018（5）：90-95.

［249］李鑫. 网络经济对我国国民经济发展的影响［J］. 中外企业家，2018（22）：60.

［250］李钰. 基于互联网金融的旅游企业融资路径拓展与共性发展［J］. 商业经济研究，2015（11）：97-98.

［251］梁明珠，易婷婷. 广东省城市旅游效率评价与区域差异研究［J］. 经济地理，2012，32（10）：158-164.

［252］廖燕凌. 基于互联网的我国旅游业竞争策略研究［J］. 电子商务，2007（10）：39-43.

［253］林娟. 互联网对经济收敛性的影响研究［J］. 经济问题探索，2016（1）：7-13.

［254］刘锋. 旅游系统规划的实施途径与案例研究——以宁夏回族自治区为例［J］. 地理科学进展，2000（3）：237-243.

［255］刘桂芳. 中国互联网区域差异的时空分析［J］. 地理科学进展，2006（4）：108-117.

［256］刘建国，刘宇. 2006—2013 年杭州城市旅游全要素生产率格局及影响因素［J］. 经济地理，2015，35（7）：190-197.

［257］刘丽华，何军. “互联网+旅游”背景下旅游服务业重构问题探讨

[J]. 商业经济研究，2015（26）：134-135.

[258] 刘培刚，魏小娟. 信息技术视角下旅游目的地营销系统的功能提升研究——以上海世博网为例 [J]. 旅游研究，2011，3（4）：56-58.

[259] 刘生龙，胡鞍钢. 基础设施的外部性在中国的检验：1988—2007 [J]. 经济研究，2010，45（3）：4-15.

[260] 刘顺鸿. 中美高技术争端分析 [D]. 成都：西南财经大学，2007.

[261] 刘小燕. 基于 Tinbergen C-D 生产函数视角的中国旅游业经济增长分析 [J]. 统计与决策，2018，34（13）：138-141.

[262] 刘宇. 互联网对国民经济影响的定量分析 [J]. 中央财经大学学报，2010（12）：44-49.

[263] 刘玉丽. 我国旅游业全要素生产率及其区域分异特征研究 [J]. 商业经济研究，2017（17）：169-172.

[264] 刘姿均，陈文俊. 中国互联网发展水平与经济增长关系实证研究 [J]. 经济地理，2017，37（8）：108-113+154.

[265] 卢鹤立，刘桂芳. 中国互联网与区域经济 [J]. 人文地理，2005（5）：101-104.

[266] 陆国锋，黄晓燕，吕绍和，王晓东. 基于互联网信息的多约束多目标旅游路线推荐 [J]. 计算机工程与科学，2016，38（1）：163-170.

[267] 罗丽. 旅游业概念与旅游经济问题——旅游学术座谈会简介 [J]. 经济学动态，1986（5）：8-11.

[268] 马红，王元月. 投资规模、投资效率与宏观经济环境——基于我国上市公司经验数据的分析 [J]. 商业研究，2017（3）：35-42.

[269] 马琳. 从出境旅游外汇漏损谈旅游贸易中的产业升级 [J]. 旅游学刊，2011，26（8）：9-10.

[270] 马威，张耀南，敏玉芳，陈玥. 基于互联网搜索数据的甘肃省旅游客源地时空分析 [J]. 中国沙漠，2016，36（3）：857-864.

[271] 马晓龙，保继刚. 中国主要城市旅游效率的区域差异与空间格局 [J]. 人文地理，2010，25（1）：105-110+99.

[272] 马晓龙，保继刚. 中国主要城市旅游效率影响因素的演化 [J]. 经济地理，2009，29（7）：1203-1208.

[273] 马仪亮. 旅游经济综合贡献乘数——从国际比较到量化解释 [EB/OL]. [2018-03-27]. https：//www. sohu. com/a/226496447_124717.

[274] 马跃如，余航海. "互联网+"背景下社群旅游的兴起、特征与商业模式构建 [J]. 经济地理，2018，38（4）：193-199.

[275] 孟祺. 互联网对国际贸易的影响：集约边际抑或扩展边际 [J]. 当代财经，2017 (9)：100-108.

[276] 倪红福. 全球价值链测度理论及应用研究新进展 [J]. 中南财经政法大学学报，2018 (3)：115-126+160.

[277] 倪红福，夏杰长. 中国区域在全球价值链中的作用及其变化 [J]. 财贸经济，2016 (10)：87-101.

[278] 彭华，钟韵. 关于旅游开发与城市建设一体化初探 [J]. 经济地理，1999 (1)：112-116.

[279] 彭建军，陈浩. 基于 DEA 的星级酒店效率研究——以北京、上海、广东相对效率分析为例 [J]. 旅游学刊，2004 (2)：59-62.

[280] 平新乔. "新经济" 的经济学——从《信息规则》谈起 [J]. 国际经济评论，2000 (Z4)：19-24.

[281] 钱建伟，Rob Law. "互联网+" 时代的旅游业巨变 [J]. 旅游学刊，2016，31 (6)：2-4.

[282] 任武军，李新. 基于互联网大数据的旅游需求分析——以北京怀柔为例 [J]. 系统工程理论与实践，2018，38 (2)：437-443.

[283] 茹玉骢，李燕. 电子商务与中国企业出口行为：基于世界银行微观数据的分析 [J]. 国际贸易问题，2014 (12)：3-13.

[284] 生延超，李辉. 中国互联网规模对技术效率的影响与空间溢出效应 [J]. 地理科学，2018，38 (9)：1402-1411.

[285] 盛丹，包群，王永进. 基础设施对中国企业出口行为的影响："集约边际" 还是 "扩展边际" [J]. 世界经济，2011 (1)：17-36.

[286] 盛来运，李拓，毛盛勇，等. 中国全要素生产率测算与经济增长前景预测 [J]. 统计与信息论坛，2018，33 (12)：3-11.

[287] 施炳展. 互联网与国际贸易——基于双边双向网址链接数据的经验分析 [J]. 经济研究，2016 (5)：172-187.

[288] 石良平，王素云. 互联网促进我国对外贸易发展的机理分析：基于 31 个省市的面板数据实证 [J]. 世界经济研究，2018 (12)：48-59+132-133.

[289] 石培华. 中国旅游业对就业贡献的数量测算与分析 [J]. 旅游学刊，2003 (6)：45-51.

[290] 石枕. 怎样理解和计算 "全要素生产率" 的增长——评一个具体技术经济问题的计量分析 [J]. 数量经济技术经济研究，1988 (12)：68-71.

[291] 世界旅游理事会 (WTTC). 旅游经济展望 [M] // [美] 威廉·瑟厄波德. 全球旅游新论 [M]. 张广瑞，等译. 北京：中国旅游出版社，2001：15.

［292］宋瑞. 我国旅游业全要素生产率研究——基于分行业数据的实证分析［J］. 中国社会科学院研究生院学报，2017（6）：72-80.

［293］孙多勇，王银生. 旅游经济系统的发展战略研究［J］. 系统工程，1990（2）：66-72.

［294］孙景荣，张捷，章锦河，等. 中国区域旅行社业效率的空间分异研究［J］. 地理科学，2014，34（4）：430-437.

［295］孙中伟，张兵，王杨，牛建强. 互联网资源与我国省域经济发展的关系研究［J］. 地理与地理信息科学，2010，26（3）：44-48.

［296］陶卓民，薛献伟，管晶晶. 基于数据包络分析的中国旅游业发展效率特征［J］. 地理学报，2010，65（8）：1004-1012.

［297］汪明峰. 中国互联网技术的空间扩散与区域差异——基于探索性空间数据分析［J］. 南京社会科学，2011（10）：22-29.

［298］王大悟，魏小安. 新编旅游经济学［M］. 上海：上海人民出版社，2000.

［299］王德刚. 互联网对旅游业创新能力提升的促进作用［J］. 旅游学刊，2016，31（5）：7-8.

［300］王迪云. 南岳旅游景观系统分析与调整优化［J］. 经济地理，2005（1）：135-138.

［301］王欠欠，夏杰长. 互联网发展对全球价值链贸易的影响评估［J］. 改革，2018（9）：142-150.

［302］王淑新，王学定，徐建卫. 西部地区旅游经济空间变化趋势及影响因素研究［J］. 旅游科学，2012，26（6）：55-67.

［303］王晓辉. 互联网传播的西藏旅游形象研究——基于中文旅游网站文本的语义网络分析［J］. 贵州民族研究，2014，35（10）：165-168.

［304］王新越，韩霞霞. "一带一路"中国沿海港口城市旅游效率测度与空间特征研究［J］. 中国海洋大学学报（社会科学版），2018（5）：36-42.

［305］王永刚. 中国旅游业全要素生产率增长的实证研究［J］. 经济问题探索，2012（3）：175-180.

［306］王子敏. 经济增长、互联网发展与快递业的关系研究［J］. 北京交通大学学报（社会科学版），2012，11（3）：63-67+73.

［307］王子敏，李婵娟. 中国互联网发展的节能减排影响实证研究：区域视角［J］. 中国地质大学学报（社会科学版），2016，16（6）：54-63+152.

［308］翁钢民，孙亚坤. 旅游微博：互联网背景下旅游信息传播新模式［J］. 企业经济，2014（2）：111-114.

[309] 吴必虎. 旅游系统：对旅游活动与旅游科学的一种解释［J］. 旅游学刊，1998（1）：20-24.

[310] 吴琳萍. 中国旅游业全要素生产率的估算［J］. 统计与决策，2017（9）：135-139.

[311] 吴茂英，陆均良. 互联网背景下的中国出境游客行为新特点［J］. 旅游学刊，2016，31（5）：5-7.

[312] 夏杰长. 如何把旅游业打造成幸福产业［N］. 经济日报，2018-01-25.

[313] 夏杰长，瞿华. 中国旅游服务贸易国际竞争力实证分析与提升策略［J］. 浙江树人大学学报（人文社会科学），2017，17（3）：30-36.

[314] 夏杰长，王欠欠. 互联网发展对双边旅游贸易的影响评估［J］. 改革，2019（2）：136-148.

[315] 夏明，张红霞. 跨国生产、贸易增加值与增加值率的变化——基于投入产出框架对增加值率的理论解析［J］. 管理世界，2015（2）：32-44.

[316] 向蓉美. 互联网产业对国民经济影响的投入产出分析［J］. 统计与决策，2008（11）：75-77.

[317] 向玉成. 对“旅游+互联网”背景下旅游产业发展的思考［J］. 旅游学刊，2016，31（5）：8-10.

[318] 肖利平. “互联网+”提升了我国装备制造业的全要素生产率吗［J］. 经济学家，2018（12）：38-46.

[319] 肖亮，赵黎明. 互联网传播的台湾旅游目的地形象——基于两岸相关网站的内容分析［J］. 旅游学刊，2009，24（3）：75-81.

[320] 谢旭斌，刘再起. 互联网发展对我国入境旅游的影响——基于面板数据分析［J］. 武汉商学院学报，2017，31（1）：12-18.

[321] 谢印成，高杰. 互联网发展对中国经济增长影响的实证研究［J］. 经济问题，2015（7）：58-61+105.

[322] 徐金海，王俊. “互联网+”时代的旅游产业融合研究［J］. 财经问题研究，2016（3）：123-129.

[323] 薛献伟，吴大明，张明珠. 基于索洛余值法的安徽省旅游产业增长要素贡献分析［J］. 滁州职业技术学院学报，2017，16（1）：54-56.

[324] 杨恋令，杨翠红，陈相因. 基于投入产出方法的中美旅游贸易增加值研究［C］//中国管理现代化研究会，复旦管理学奖励基金会，2014：107-115.

[325] 杨莎莎，孔令乾. 旅游业发展与产业结构升级的互动机理探讨：低碳经济视角［J］. 重庆大学学报（社会科学版），2017，23（1）：1-16.

[326] 杨新军，刘家明. 论旅游功能系统——市场导向下旅游规划目标分析

[J]. 地理学与国土研究，1998（1）：60-63.

［327］杨雪芬. “互联网+” 环境下宜春旅游业发展对策研究［C]. 江西省宜春市社会科学界联合会,2015.

［328］杨彦锋. 互联网技术成为旅游产业融合与新业态的主要驱动因素［J]. 旅游学刊，2012，27（9）：7-8.

［329］杨勇，冯学钢. 中国旅游企业技术效率省际差异的实证分析［J]. 商业经济与管理，2008（8）：68-74+80.

［330］叶初升，任兆柯. 互联网的经济增长效应和结构调整效应——基于地级市面板数据的实证研究［J]. 南京社会科学，2018（4）：18-29.

［331］易行健，张家为，张凌霜，杨碧云. 家庭收入与人口结构特征对居民互联网购买行为的影响——来自中国城镇家庭的经验证据［J]. 消费经济，2015，31（3）：3-12.

［332］余东华，信婧. 信息技术扩散、生产性服务业集聚与制造业全要素生产率［J]. 经济与管理研究，2018，39（12）：63-76.

［333］俞立平. 中国互联网发展水平测度指标体系研究［J]. 中国流通经济，2005（12）：32-34.

［334］查建平. 中国低碳旅游发展效率、减排潜力及减排路径［J]. 旅游学刊，2016，31（9）：101-112.

［335］查建平，贺腊梅，舒皓羽. 中国旅游经济增长源泉分解及其时空演化特征［J]. 长江流域资源与环境，2017，26（12）：1981-1990.

［336］查建平，钱醒豹，赵倩倩，等. 中国旅游全要素生产率及其分解研究［J]. 资源科学，2018，40（12）：2461-2474.

［337］张灿. 互联网发展与经济增长：机理与实证研究［J]. 金融与经济，2017（7）：32-36+63.

［338］张朝枝，游旺. 互联网对旅游目的地分销渠道影响——黄山案例研究［J]. 旅游学刊，2012，27（3）：52-59.

［339］张大鹏，邓爱民，李莺莉. 基于 DEA-MI 模型的资源枯竭型城市旅游业效率评价研究［J]. 宏观经济研究，2015（9）：117-126.

［340］张根明，扶玥. 中国省域旅游业 TFP 增长率测算及收敛性分析［J]. 财务与金融，2018（1）：88-95.

［341］张广海，高俊. 中国星级酒店业 TFP 时空特征与影响因素研究［J]. 旅游学刊，2018，33（12）：66-75.

［342］张红历，王成璋，陈思君. B2B 电子商务经济效率分析［J]. 科技进步与对策，2006（10）：121-124.

[343] 张辉，范容廷，赫玉玮. 中国旅游统计问题与改革方向 [J]. 旅游学刊，2016，31 (4)：11-14.

[344] 张家平，程名望，潘烜. 互联网对经济增长溢出的门槛效应研究 [J]. 软科学，2018，32 (9)：1-4.

[345] 张璟，王永贵，刘文霞. "互联网+" 模式下民族旅游服务营销的民族展示策略 [J]. 贵州民族研究，2015，36 (10)：164-167.

[346] 张丽峰. 基于 DEA-Malmquist 指数模型的旅游业全要素生产率研究 [J]. 干旱区资源与环境，2014，28 (7)：183-187.

[347] 张琳. 网络作品产权问题的经济学思考 [J]. 理论导刊，2006 (11)：82-84.

[348] 张柳. 网络信息对旅游流的导引与互动机制研究 [D]. 西安：陕西师范大学，2012.

[349] 张美晨. 互联网普及对中国高技术产业的影响研究 [D]. 北京：北京交通大学，2017.

[350] 张奇. 旅行社的技术进步与业务模式创新 [J]. 管理观察，2015 (1)：69-71.

[351] 张涛. 旅游业内部支柱性行业构成辨析 [J]. 旅游学刊，2003，18 (4)：24-29.

[352] 张相文，黄漫宇. 互联网革命下的贸易创新研究 [J]. 中南财经政法大学学报，2003 (3)：84-88+143.

[353] 张奕芳. 互联网内生贸易、网址链接数据与增长边际效应——理论模型及来自中国的经验证据 [J]. 当代财经，2017 (9)：91-99.

[354] 张奕芳，刘富华. 互联网贸易、出口效率改进及经济增长效应——基于随机前沿模型的新理论解释 [J]. 经济问题探索，2018 (8)：115-124.

[355] 张永林. 互联网、信息元与屏幕化市场——现代网络经济理论模型和应用 [J]. 经济研究，2016，51 (9)：147-161.

[356] 张越，李琪. 互联网对我国各省区经济发展的影响 [J]. 山西财经大学学报，2008 (6)：38-44.

[357] 赵磊. 中国旅游全要素生产率差异与收敛实证研究 [J]. 旅游学刊，2013，28 (11)：12-23.

[358] 赵振斌，赵倩倩. 国际互联网上传播的西安旅游形象：分裂与整合 [J]. 干旱区资源与环境，2012，26 (9)：178-183.

[359] 郑世林，周黎安，何维达. 电信基础设施与中国经济增长 [J]. 经济研究，2014，49 (5)：77-90.

［360］郑治伟，王崇文. 互联网技术革新在旅游信息服务中的应用［J］. 商业时代，2007（33）：92-93.

［361］钟韵，彭华. 旅游研究中的系统思维方法：概念与应用［J］. 旅游学刊，2001（3）：48-53.

［362］周海涛，胡艳超，叶志锌. 基于灰色关联模型的互联网发展水平与经济增长实证研究［J］. 江苏商论，2018（7）：32-33+37.

［363］朱峰，项怡娴，丁新新. 互联网的传播作用对旅游目的地演化的影响——基于婺源的个案研究［J］. 人文地理，2013，28（5）：147-152.

［364］朱顺林. 区域旅游产业的技术效率比较分析［J］. 经济体制改革，2005（2）：116-119.

［365］左冰，保继刚. 1992—2005 年中国旅游业全要素生产率及省际差异［J］. 地理学报，2008（4）：417-427.